紺谷典子

平成経済20年史

GS
幻冬舎新書
103

はじめに

平成20年（２００８）は、サブプライム・ローン問題で幕を閉じることになりそうだ。平成の日本経済は、バブル崩壊で始まったが、ちょうど20年目に、世界の金融崩壊に直面することになった。

平成の20年は、「改革」に明け暮れた20年でもあった。日米構造協議に始まった平成の改革は、「政治改革」、「行政改革」、「財政構造改革」、「年金改革」、「医療保険改革」、「三位一体の改革」など、ほかにも数々の改革が進められた。

日本の人々は「改革」が好きだ。改革と名づけられただけで、中身を疑わず、良いこと、正しいことと思い込むほどである。

しかし、これだけ多くの改革を進めてきたにもかかわらず、国民生活は一向に改善せず、むしろ悪化してきたように思えるのは不思議なほどである。改革は本当に改革だったのだろうか。

バブル崩壊から20年が経過しようとしているのに、日本の株価も地価も、20年前に遠く及ばない。資産デフレから回復できないまま、日本経済は新たな危機に直面することになった。

不思議なのは、サブプライム・ローン問題の傷が比較的浅いとされる（当初考えられていたよりも深いにしろ）日本の株価暴落が、主要国の中で、最大であることである。なぜだろうか。政府は、それを疑問にも思っていない。今回の危機は、あくまで他人事であり、波及効果を食い止めれば十分としか考えていないようである。経済対策の発表に際しても、「財政規律は守られた」とコメントしている。この期に及んでも、財政が何よりも重大事なのである。


そもそも、バブル破裂後の経済低迷は、あまりに長すぎる。戦後復興から立ち上がり、世界第2位の経済にまで成長してきた日本が、なぜ、かくも長い低迷に苦しむことになったのか。

一時的な回復局面はなんどかあった。だが、立ち上がろうとしては叩きのめされ、また立ち上がろうとしては叩きのめされ、一体いくたび、それを繰り返したことであろう。叩いたのは日銀であり、財務省であり、米国金融であった。彼らは自身の利益のために、日本経済を犠牲にしたのである。

小泉改革が、景気回復をもたらしたというのは、ほとんど嘘である。戦後最長のいざなぎ景気を抜いた「最長の景気回復」と政府は言ったが、そういう政府自身、デフレ経済からの脱却を宣言できなかった。雇用者所得が低下を続ける景気回復などあるものか。

米国とならんで、裏で改革を後押ししてきたのは財務省だ。「改革」と言われてきたものの多くが、財政支出の削減でしかなかったことを見ても、それは明らかだ。

年金改革も医療保険改革も、保険料の値上げと、年金の削減、医療の自己負担の増加でしかなかった。国民に安心を与えるための社会保障改革は、逆に国民の不安を拡大した。財政危機が実態以上に、大げさに語られてきたからである。しかし、年金や医療の財政危機は、事実ではなかった。

社会保障の削減はすでに限度を超している。その結果、世界一と評価されたこともある日本の医療は、もはや崩壊寸前である。

小泉改革の「官から民へ」は行政責任の放棄であり、「中央から地方へ」移行されたのは財政負担だけだった。「郵政民営化」は、保険市場への参入をめざす米国政府の要望である。小泉首相の持論と一致したのは、米国にとっては幸運でも、国民にとっては不運だった。

改革のたびに国民生活が悪化してきたのは、改革が国民のためのものではなかった証左である。私たちは、そろそろ「改革」とされてきたものを疑ってみるべきではないだろうか。

サブプライム・ローン問題は、金融改革が幻想だったことを明らかにしている。金融改革だけではない。すべての改革は、「改革幻想」というべきものである。改革幻想から覚めない限り、日本経済は、崩壊への歩みを続けることになろう。

本稿執筆にあたり、朝日新聞社高谷秀男氏は原稿の誤りを指摘して下さいましたし、日本医療総合研究所社長中村十念氏には、資料とコメントを頂戴しました。

まがりなりにも書き終えることができたのは、幻冬舎の志儀保博氏の厳しくも暖かい督励のおかげです。志儀さんが辛抱強くなければ本書は完成しませんでした。

お世話になった多くの方々に、心からの感謝を捧げます。

平成経済20年史／目次

第1章　平成の20年が日本を壊した

本当は所得が2倍になっていたはずだ

「もし、所得が今の2倍だったら」と考えたことはないだろうか。実は「改革」さえ行わなければ、私たちの所得は軽く2倍を超えていたはずなのである。

平均的日本人の所得は、この20年ほとんど横ばいだ。それでも、多くの人は、それを不満に思っていない。こんなものだと思っている。

でも、それは、重大なことを知らされていないからだ。世界の平均所得が、20年間で2倍以上になったという事実である。

中国やインドや、最近元気なロシアやブラジルなど、新興国経済だけの話ではない。先進国クラブであるOECD加盟国の平均も、ほぼ世界平均と同じなのである。伸び盛りをすでに過ぎた先進老大国でさえ、日本よりずっとましなのだ。

もし平成の日本が、世界の平均的成長を遂げていれば、日本人の所得も2倍を超えていたはずだ。もちろん物価も上がっているだろうが、インフレより所得の伸びの方がずっと大きいから、私たちの生活は、今よりかなりゆとりあるものになっていただろう。

ワーキングプアもこんなに多くはなく、若者も今よりは将来に夢を持てたろう。大多数の国民が老後に不安を感じる事態も避けられ、時折ニュースで流れる餓死者も死なずに済んだはずだ。

税収も増えるから財政赤字もこれほど拡大せず、年金・医療などの社会保障もここまで削られなかったろう。社会にゆとりがあれば、不況型犯罪も減り、世の中はもう少し平和だったかもしれない。地方の疲弊がこんなに深刻化することもなかった。

「所得が2倍になっていたはず」と、いきなり聞かされても、夢物語としか思えないかもしれない。でも、昭和の時代を覚えている人は、思い出してみよう。

昭和の時代、所得は順当に伸びていた。「昔のことを言っても仕方がない」「高度成長期は例外だ」と思うかもしれないが、高度成長期だけではない。石油ショック後、いわゆる安定成長期に入ってからも、昭和の日本は、世界の国々に優るとも劣らない成長を達成していたのである。

はっきり言って、平成が異常なのである。世界の動向を知らなければ、現状に疑問を持たないのは無理もないが、平成の20年間の経済は、過去の日本と比べても、世界平均と比べてもきわめて異例、大例外なのである。

日々の生活は横ばいだから、国内を見る限り悪化しているとは思わない。しかし、世界はその間も2倍以上に成長し、その結果、世界の中での日本経済の相対的位置は恐ろしく低下した。

世界18位にまで落ち込んだ

平成20年1月の国会で、大田経済財政相が「もはや日本経済は一流ではない」と所信表明で述べて、話題になった。

何をもって一流というか、なんてややこしいことはさておいて、要するに日本の経済力がすっかり低下して、国民一人あたりで見れば、先進国の中で18位にまで落ち込んだという話なのだ。

世界経済に占める日本の割合も、ついに10%を割った。かつては18%あったのだから、日本の相対的影響力は、半分近くに低下したことになる。世界が倍になったのに日本が横ばいなら、シェアが半分に落ちるのは当然だ。

一人あたりでなく国全体で見れば、日本は今でもまだ、米国につぐ2番目に位置しているけれど、中国に抜かれるのは時間の問題だろう。通貨価値の計り方によっては、すでに抜かれたという説もある。

それがどうした、との意見もあるだろう。本当の豊かさは経済だけでは計れない、と。もちろん、そのとおりだ。しかし、「在るときは在りのすさびに憎かりき」である。ふだんは欠点しか目につかなくても、失って初めてその価値を実感することは多い。

日本人はお寿司が好き、とくにマグロのトロは人気がある。ところが、そのマグロが、さらに手のとどかない存在になりそうなのだ。

お寿司やお刺身が世界的に人気というのは、うれしくもあるけれど、そのせいで、日本はマグロの輸入に苦労し始めている。経済力低下の影響だ。いまや最上級のマグロは日本でなく中国に輸出されるという。大口優先は世のならいだ。マグロだけではない。オーストラリアは日本のうどん用の小麦生産を縮小した。オージービーフも中国優先だ。

食糧をはじめ、原油・レアメタルなどの資源にいたるまで輸入に頼る日本、そして経済力にものを言わせて必要なものを手に入れてきた日本が、すでに遅れを取り始めている。もう成長はいらない、現状で十分だ、と言う人は少なくないが、実は、現状維持さえ難しくなっている。

情けないことだが、国際社会で日本の武器は経済力だけだった。政治力や外交力の不足を経済力でごまかしてきた。だから国連の分担金も実質世界一、ＯＤＡも世界一だったのである。それなのに感謝もされず、発言力もなく、という悲しい現実。

米国高官が日本を「ＡＴＭ」、現金引き出し機と言ったのは、本音をストレートに表現したまでだ。まさに、機械のようにものを言わず、求めに応じて黙って現金を吐き出すだけ。だが、それさえもできない日がやってくる。

エコノミック・アニマルと蔑まれても、経済力でしか存在を示せなくても、無視されるよりはマシだった、と思う日は近いだろう。平成13年（2001）、米英に抜かれて3位になった日本のODAは平成19年（2007）、ついに独仏にも抜かれて5位になった。国連分担金もすでに1位ではなくなっている。

国民は不安でいっぱいだ

平成の20年は、日本経済衰退の20年である。昭和の時代は、年々、生活にゆとりが増え、将来に希望があった。しかし、平成は、不安が増すばかりだ。

かつて日本人の一人あたりのGDPは、世界のトップクラスに常駐していた。それが、平成12年（2000）の2位を最後に、5位、7位、9位、11位、14位と毎年着実に、それも急速に落ちはじめた。平成18年（2006）、ついに18位にまで転落した。この落下の期間は、小泉氏が政権にいた期間とちょうど重なる。

マスコミはなぜか小泉政権には点が甘かった。改革応援団だったから、都合の悪いニュースには目をつむったのかもしれないが、実は新聞社もテレビ局も、広告やスポンサーが減って困っている。原因はインターネットだけではない。それなのに、会社の経営問題と小泉改革を結びつけて考えることはなかったらしい。

日本の衰退が、小泉政権で一気に加速されたのは疑いようのない事実だ。だが、問題は小泉政権そのものというより、むしろ小泉政権を誕生させ、小泉改革を応援する日本のありようにあったのかもしれない。

さて、「消えた年金」「後期高齢者医療制度」が、国民の怒りを呼んでいる。後期高齢者医療制度の導入は、小泉改革によって決められた。75歳以上の年寄りだけのことだから、社会問題にはならないと、政府は高をくくっていたのだろうが、人間生きていれば、誰でも75歳になることを忘れていた。つまり、後期高齢者医療制度は他人事ではない、誰にでもやって来る老後の切実な問題だったのだ。

それにしても、この20年の社会保障の削減は、尋常じゃなかった。他の国なら、デモや暴動が起きても不思議ではない。

それなのに国民が文句を言いつつも、あきらめたのは、「少子高齢化でやむを得ない」という政府の言い分を、そのまま信じたからである。

「財政赤字は巨額だ」「年金も医療保険もパンクだ」と政府は国民を脅してきた。「これ以上、後世に負担を残してはならない」「国民負担の増加も、社会保障の削減も仕方がない」と言い続けた。

　だから、国民はがまんした。言われるとおりに、保険料の引上げにも、増税にも応じてきた。それなのになぜ、財政赤字の増加はとまらないのか。社会保障の削減が果てしなく続くのか。計算が合わない、どこかが変だ。

　政府はなにかにつけて、少子高齢化のせいにする。しかし、少子高齢化は日本だけの問題ではない。先進国共通の悩みである。

　日本の高齢化が世界一速いのは事実でも、他の先進国とそれほど大きな差があるわけではない。それなのに、なぜ日本だけが、こうも不調なのか。不思議ではないか。

　平成の20年は、国民不安が拡大した20年だ。財政も年金も医療保険も危機だ、と政府から脅され続ければ、不安にならない方がどうかしている。その上、税も保険料も上がり続け、社会保障は減り続け、老後の安心は、もはや跡形もなく消えてなくなりそうである。

　なぜ、こんなことになったのか。

第2章「改革」という名の破壊

「改革」は本当に改革だったのか

平成の20年は改革の20年だ。細川改革、橋本改革、小泉改革と、まさに改革のオンパレード。ずいぶんいろいろな改革を進めたのに、生活は一向に改善しない。日本経済の地位も低下し続けた。改革は逆に、日本経済の低迷と、国民生活の不安の原因になったとしか思えない。

改革と言われると、反対するのは難しい。改革に反対だというだけで、「守旧派」、「抵抗勢力」とされてしまう。しかし、結果はどうだったか。

「政治改革」が成功したと思っている人は少ない。政策論争を活発にするはずだった小選挙区制は、世襲《せしゅう》議員を有利にしただけだ。

「橋本改革」は金融不安をひきおこし、日本をデフレ経済に陥れた。

「小泉改革」は、弱肉強食の市場淘汰《とうた》を押し進め、格差を拡大し、地方の疲弊と自殺の増加を招いた。小泉改革で利益を得たのは、ごく一部の市場勝者と外資だけである。そして、それは大多数の国民の犠牲において行われた。郵政民営化で、便利になったと感じている国民がどこかにいるだろうか。

改革という言葉は、どうやら人を思考停止に導く魔力を持っているらしい。改革と言われただけで、良いことと信じ込み、内容を検証しない。改革と言えば、マスコミも識者も味方である。政府にとって、こんな便利な言葉はない。

本当に国民のための改革なら、改革オンパレードだった平成の20年間、国民生活が改善されなかったのはなぜなのか。

改革は本当に改革だったのか。

改革のたびに経済は悪化した

小泉政権、安倍政権、福田政権と、景気は回復したと言い続けてきた。平成14年（2002）以降、景気は拡大を続け、戦後最長の好況である「いざなぎ景気」を抜いたという。本当だろうか。

国民にはまったく実感がない。バブル破裂から20年近くも経つのに、株価はいまだにかつての3分の1、地価はさらに低い。そもそも、政府自身が、「デフレ経済」を脱却したと宣言できずにいる。デフレ経済が続く好況なんてあるだろうか。実感がないのは実体がないからだ。

この20年の低迷はなぜなのか。バブルの後遺症というには、あまりに長い低迷だ。バブル崩壊を経験した国はいくつもあるが、これほど長い低迷を経験したのは、日本だけである。

この20年を振り返ると、明らかなことがある。改革が進めば進むほど、経済が悪化したという事実である。橋本改革がそうだった。小泉改革は、もっとそうだ。

日本の長い低迷は、改革に原因があるらしい。

「改革」の始まり――前川レポート

いま、世界の熱い視線を浴びているのは中国だ。しかし、20年前、平成が始まったそのころ、世界中から熱い視線を送られていたのは日本だった。必ずしも尊敬や親しみの眼差しではない点も、いまの中国と同じである。

1980年代、輸出産業を中心に快進撃を続ける日本に、欧米の圧力は高まった。とりわけ双子の赤字に悩む米国は、貿易赤字は日本のせいだと、さまざまな圧力を加えてきた。最初の主張は、「円が不当に安すぎる」というものだった。

昭和58年（1983）、中曽根・レーガンの首脳会談で「円ドル委員会」の開催が決まった。日米協議とされていたが、協議するのは、米国の一方的な要求をいかに実現するかである。米国の対日要求の窓口が、ここに開かれたわけである。

金利の自由化、金融市場の開放など、米国の要求を丸呑《まるの》みしたにもかかわらず、円安・ドル高は、まったく変わらなかった。

貿易は双方の行動の結果だから、相手国だけのせいにする限り、問題が解決するはずもない。それから四半世紀たった今日、円を元に変えて、米国は同じ主張を繰り返している。違うのは、おそらく「元ドル委員会」は開かれないだろうという点だ。

次に米国が問題にしたのは、日本の「輸出依存」である。外需に頼らず、内需を拡大せよというわけだ。「輸出しないで自分で使え、輸入も増やせ、門戸を開いて外資を受け入れよ」「そうすれば日本は効率化され、日本の構造は改革される」と、米国の要求を呑むことが日本の改革だという、勝手な言い分だった。

日本政府は、「一人100ドル運動」を提唱した。国民一人一人が100ドルずつ輸入品を買おうというのである。レーガン大統領とロン・ヤスと呼び合うほどに、かつてない親密な日米関係を築いたと言われた中曽根首相は、テレビカメラを引き連れて、自らデパートで輸入ネクタイを買うパフォーマンスをしてみせた。

ついでに言うなら、小泉・ブッシュも、ロン・ヤスに劣らぬ親密さと盛んに報じられたものだった。だが、自分の言い分を丸呑みしてくれる相手に機嫌よく応じるのはあたりまえではないか。

訪米した小泉首相が、大好きなプレスリー邸で遊ばせてもらってはしゃぐ様子が、日本のテレビで流れた。この恥ずかしい光景が、米国では報道されなかったことを願うばかりだ。まさか、プレスリーのために国を売ったとは思わないが、彼が米国で何を決めてきたのか。ブッシュ・小泉の親密さを伝えるマスコミは、それが国民にとってプラスかマイナスなのかも、報じるべきである。

さて、中曽根政権が、米国の意向に沿って作った改革提言が、かの有名な「前川レポート」だ。日本の「構造改革」の扉が開かれ、以後、米国が要求する「構造改革」は、それが本当に日本にとっての改革かどうか吟味されることなく、そのままそっくり日本の「改革」とされていく。

ジャパン・アズ・ナンバーワン

昭和60年(1985)9月、米国は、輸出を増やすべく、G5各国にドル安への協調介入を要請した。「プラザ合意」である。結果、日本は嵐のような急激な円高に見舞われ、「円高不況」に陥った。1年足らずの間に30%以上という前代未聞の円高だ。しかし、日本企業はなんとかこれを乗り切って、世界を驚かせたのである。

プラザ合意はある意味で成功しすぎた。ドル安は、米国の貿易赤字を解消せず、米国からの資金流出を招いたのだ。他国の資金なしには立ち行かない米国経済は、自らが望んだドル安で新たな問題を突きつけられた。

プラザ合意とはまったく逆に、行きすぎたドル安の是正が必要となり、昭和62年（1987）2月、米国はG5各国に金利引下げを要請した。「ルーブル合意」である。

いったんは要請を受け入れたドイツだったが、インフレ懸念を生じると、さっさと金利を引き上げた。合意より国益を優先したのである。しかし、日本は律儀に低金利を守り続けた。超低金利の継続は、大量のマネーを株式市場と不動産市場に注ぎ込み、日本の株価と地価を高騰させた。日本のバブルが「外圧」で生まれたと言われるのは、このせいだ。

昭和62年10月、米国発の株価暴落、「ブラックマンデー」が世界中の株価を暴落させた。ドイツの利上げを、ドル安抑止の足並みの乱れと見た投機マネーが、暴落を誘発したと言われる。円高不況から立ち上がりかけの日本は、一番痛手を受けてもおかしくなかったが、ブラックマンデーから、最初に立ち直ったのは日本の株式市場だった。今度こそ日本は参るだろうとの世界の予想は、またも裏切られた。

欧米が驚嘆と同時に脅威を覚えたであろうことは、想像に難くない。当時の日本経済にはそれだけの勢いがあった。

多くの視察団が日本を訪れた。欧米の経済学者は日本企業の強さの研究をはじめ、「日本的経営」についていくつもの論文や書物が発表された。ハーバード大学教授エズラ・ヴォーゲルが昭和54年（１９７９）に書いた「ジャパン・アズ・ナンバーワン」はベストセラーになっていた。当時、日本企業のまねをして、社内運動会を開催した米国企業があったと伝えられたほどである。一方で、「改革圧力」は一段と高まった。

ブラックマンデーが生じたことで、日銀は、ますます利上げのタイミングを見失う。日本の利上げが、再度の株価暴落を招くのを恐れ、遠慮し、タイミングを逃したと言われる。ドイツと反対に、国益より国際協調を優先させたのである。

日本の株価は高騰を続け、バブルではないか、との声は国内でも次第に大きくなったが、「超低金利」は昭和63年（１９８８）を過ぎてもなお続けられた。平成元年（１９８９）５月になって、ようやく金利を引き上げたが、株価の勢いはとまらず、年末の大納会で、３万８９１５円の最高値を更新する。

転機になったピケンズ事件

平成元年、思わぬところから、新たな外圧が生じていた。ピケンズ事件である。そして、ピケンズ事件を境に、それまでは賞賛されていた「日本的経営」は批判の対象へと変わることになる。

日本的経営が批判の的になったのは、研究の結果、それこそ日本企業の強みと、欧米が確信したからに違いない。勝つためには、相手の強みを奪うに限る！

平成元年6月、小糸製作所の株主総会に、米国の投資家ピケンズが大株主として乗り込んできた。金髪美人や長身の男性の一団を従えたピケンズの登場は衝撃的で、マスコミは昭和の黒船と大きくとりあげた。

小糸製作所は、自動車の照明部品を製造する、トヨタ自動車の系列会社である。「わずか20%の株式を持つに過ぎないトヨタが、小糸製作所を支配するのは不当である。閉鎖的な系列取引は非効率で、小糸製作所の株主利益を侵害している」というのが、ピケンズの主張だった。大株主として、取締役の派遣と、系列取引をやめる経営改革を要求した。「企業は株主のもの」だから「株主利益を最優先」するのが企業の務めだという彼の主張は、新鮮に響いた。

その後、彼が米国でも総会屋まがいの行動で知られる乗っ取り屋であることが判明するのだが、当時の日本のマスコミは、企業改革の旗手、株主にとっての白馬の騎士と持ち上げた。

そんな日本の反応を、米国は与《くみ》しやすしと判断したに違いない。直後、日本政府は「日米構造協議」の開催を要求され、「系列取引」「株式持合い」「企業集団」など日本的経営の〝改革〟を迫られることになる。

時の米国大統領はパパ・ブッシュだ。そう言えば、ビッグ3《スリー》を引き連れた、ブッシュ大統領の来日を思い出す。

そして日米構造協議は、日米包括協議を経て、「年次改革要望書」へと進化（？）を遂げる。すなわち日本は、毎年毎年、米国から対日要求を突きつけられるのが、恒例となったのである。日本で改革と呼ばれるものは、ことごとく（と言って良いほど）、年次改革要望書のリストに沿ったものである。とくに、小泉改革は、要望書以上の「改革」を実行する大盤振る舞いだ。

この点は、関岡英之《せきおかひでゆき》氏の指摘以来、知る人ぞ知る事実だが、大きく報道されないため、一般にはあまり知られていない。

形の上では、日米構造協議も年次改革要望書も、対等な相互要求の場ということになっている。しかし、日本が米国に何を要求し、どんな成果を上げたかは、ほとんど報告されないし、追究されてもいない。一方通行だということは、誰もが知る暗黙の了解なのである。

しかし、ピケンズや米国政府の主張は、日本の改革派に浸透していく。そして、十数年後、日本の人々は、彼らとまったく同じ主張と要求を、村上ファンドの村上世彰《よしあき》氏から聞かされることになる。当初、マスコミが持ち上げたのも、当時とまったく同じである。

「日本異質論」

さて、ピケンズ事件の前後から、盛んになったのが「日本異質論」である。今風に言えば、

「グローバル・スタンダード」に反しているということだ。日本異質論は、日本的経営システムへの賞賛から批判へと転換する橋渡しを果たしたかにみえる。

それにしても奇妙なのは、日本の中で「日本異質論」に同調した自己批判が始まったことである。日本異質論は、海外よりもむしろ国内で盛んに論じられたのだ。

「異質な日本のやり方に固執すれば国際社会に受け入れられない」「非効率で日本の利益にもならない」「このままでは日本は生き残りが危ぶまれる」などなど。

日本異質論に与し、日本の従来のシステムを否定することが、公正で公平な改革派という評価が確立され、定着していくのである。

改革派の主張は、あたかもなぞったように、米国の要求とそっくりだ。客観的なデータ分析など、どこにもない。最初から米国はオープンで効率的と前提し、米国と異なるというだけで、日本は閉鎖的で非効率と決めつけているだけなのだ。

だが、日本を異質と批判する人々は、日本異質論にある種の思い上がりが内包されていることに気づいているだろうか。

異質なのは日本だけではない、各国はそれぞれに異質だからである。経済システムといえども、その国の歴史・文化・風土・国民性から離れた存在ではない。経済活動のありようは、地形や気候にも左右される。

そして、どの国も与えられた条件の中で、自国にもっとも適したシステムを自然に選択しているはずである。それぞれの国の条件が異なる以上、結果として選択されるシステムが同じであるわけはない。資本主義のかたちも一様ではない。それぞれの国々は、それぞれに異質な、というより個性的なシステムを持っているのである。

日本が、異質の批判を甘受せねばならぬとすれば、自国に誇りを持たず、守ろうともしない、まさにその点であろう。

第3章 バブル崩壊

平成2年バブルが破裂した

平成元年の年末、3万8915円の最高値をつけた株価は、年明け早々に、4万円を突破すると見られていた。しかし、翌平成2年（1990）正月の大発会から株価は下がり始めるのだ。

正月はご祝儀相場で上昇が常だったが、それにもかかわらず下落したことを、暴落の始まりと考える人はほとんどいなかった。株価は上がったり、下がったりを繰り返しながら、やがて3万円を割り、2万円を割り、下がり続ける。そして、平成4年（1992）8月19日、最高値の約3分の1、ついに1万4309円まで暴落した。

株価のバブル破裂から1年遅れの平成3年（1991）、地価が下がり始めた。資産バブルの破裂だった。

その後の株価暴落が大きいことを根拠として、巨大なバブルがあったとする見方が、いまや一般的である。1980年代の株価上昇をすべてバブルとする極端な意見まであるほどだ。しかし、株価上昇のかなりの部分は、金利低下によってもたらされたものである。9％から2・5％に政策金利が低下して、株価や地価が上昇しなければ、むしろ不思議である。バブルかどうかの判定は、それほど容易ではない。実態の裏づけのない価格上昇がバブルとされるが、実態をどう定義するのか。低金利がバブルを呼んだと言われるが、金利で説明できるなら、必ずしも非合理とは言えない。

理論値と比べればバブルかどうか判断できる、という考えもあろうが、実際には正しい理論値などどこにもない。合理的根拠のある株価を計算する理論モデルは存在するが、それを計算するために必要な、将来の利益や将来の金利は、予想でしかなく、予想データは存在しないからである。しかも、理論モデルはひとつではない。

バブルは、破裂してはじめて、バブルだったと明確にわかる。逆に言えば、破裂したものをバブルと呼ぶのである。バブルが、過大な期待、社会現象化した夢だとすれば、覚めてはじめて夢だったとわかるのだ。

「山高ければ、谷深し？」

株価や地価が急騰し、どう見てもバブルと思えるほど実態との乖離《かいり》が大きいと判断したとしても、バブルをコントロールするのは容易ではない。

バブルが大きく膨《ふく》らんでいればいるほど、わずかの刺激で破裂し、また破裂の衝撃も大きいからである。バブルは爆弾に似ている。できるだけソフトな扱いがのぞましい。バブルのソフト・ランディングが理想だが、至難の業だ。

米国の中央銀行総裁にあたるグリーンスパンＦＲＢ議長が、名議長と言われたのは、ソフト・ランディングに成功したからである。平成８年（１９９６）12月の「根拠なき熱狂」という彼の言葉は有名だ。「根拠なき熱狂で膨らんだ株価は、いつ破裂してもおかしくない」と発言し、過熱していた市場の鎮静化に成功した。膨らんだ風船から空気を抜いて、破裂のリスクを小さくしたのである。その間に、実体経済が追いついて、風船の中身が埋まれば、さらにリスクは小さくなる。

株価と地価のバブルは、それが継続している間は、大きな問題は生じない。価格の上昇が実体経済を改善し、それがまた価格を上げるという好循環を生じ得る。

バブルが問題なのは、それがやがて破裂し、すぐには回復できない大きな痛手を経済に与えるからである。株価や地価の下落は、消費や投資を冷え込ませ、実体を悪化させるだけでなく、将来不安を生む。不安が下落を呼び、それがさらに不安を高める悪循環に変わるのだ。

悪循環を生じさせないためには、可能な限り迅速な手当てが必要だ。時間が経てば経つほど、加速度的に負の連鎖が広がるからである。早ければ早いほど、傷は小さく、後始末のコストも低くて済む。

バブル破裂後、日本でしばしば用いられたのが、「山高ければ谷深し」という相場の表現だ。日本経済が大きな傷を受けたのは、バブルが異常に大きかったので、落ち込みも深くなった、という意味である。

しかし、そうではない。異常だったのはむしろ谷の方なのだ。谷があまりにも深く抉《えぐ》られたので、それだけ山が高く見えただけなのである。

バブル破裂後の深刻な経済悪化を、「バブルの報い」「大きすぎたバブルの当然の帰結」とする見方は、かなり一般的だ。しかし、大きな痛手は、そのままバブルの大きさの証明にはならない。政策次第で、谷の深さ、破裂の傷はいかようにも変わるからである。

日本のバブル破裂の傷が、かくも深く大きくなったのは、ひとえに政策の失敗である。バブル破裂が明白になってからも、「正常化」だとして放置し、対策をとらなかっただけでなく、下落をさらに加速させる誤った政策をとったからである。しかも、誤りはいくども繰り返された。

「山高ければ谷深し」との見方は、こうした政策当局の誤りを隠蔽《いんぺい》し、その責任を国民に転嫁するものでしかない。

日本の政策当局の、もっとも重大な問題は、意識的にバブルを破裂させたことである。ソフト・ランディングを図るべきバブルを、叩き潰したことである。日本経済が墜落《ついらく》したのは、政策当局が突然ガソリンを抜いたからである。

株価と地価の暴落を図った日銀の犯罪

驚くべきことだが、三重野《みえの》康《やすし》日銀総裁は、「日本の株価と地価を半分に下落させる」と宣言し、実行した。株価と地価を暴落させれば何が起きるか、いまや素人でも知っていよう。

しかし、金融の専門家であるはずの日銀総裁が、それを理解していなかった。日本経済の安定をめざすべき金融政策の責任者が、株価と地価を意図的に暴落させ、日本経済を崩壊へと導いたのである。

日銀の〝最大〟の失敗は、低金利を続け、バブルを生じさせたことではない。急激な金利上昇によって、意図的にバブルを破裂させたことである。破裂してからもなお金利を上げ続け、回復不能なまでに株価と地価を暴落させたのだ。単なる政策の遅れ、失策ではない。意図的、意識的な逆噴射だったのである。

ルーブル合意後、2年以上にわたって続けてきた2・5%の政策金利を、日銀がようやく引き上げたのは、平成元年5月末のことだ。ちなみに、2・5%の金利は、当時、「超低金利」

と言われていた。その後まさか超・超低金利である、ゼロ金利時代が来るとは誰も思わなかったであろう。

日銀は10月、12月とさらに金利を上げ続けた。平成2年正月からの株価下落は、その効果の現われと思われた。ふつうの国のふつうの政策当局なら、その効果を見極めるところだが、日銀はそうはしなかった。

3度の利上げにもかかわらず、年末まで株価が上昇し続けたことを、日銀は苦々しく思っていたのかもしれない。年が明け、ようやく下がり始めた株価は、日銀にとって、慎重に見守るべき対象ではなく、叩き潰すチャンスと見えたのだろう。

株価がすでに2割近く下落していた平成2年3月、日銀は、一気に1%という大幅な利上げを行い、8月にも0・75%の利上げを断行した。

15カ月という短い期間に2・5%から6%へ、金利は3・5%も引き上げられた。通常でも、これだけ急激な金利の引き上げは、市場の調整能力を上回る。まして、バブルは膨らみきった風船のようなものである。

風が吹いただけでも破裂しかねない、パンパンに膨らんだ風船に、大鉈《おおなた》を振り下ろしたのである。風船は破裂し、空を切った鉈は、実体経済に深いひびを入れた。底割れになるのは時間の問題だった。三重野総裁の辞書に、ソフト・ランディングという言葉はなかったのだ。

平成元年年末、4万円近かった株価は、翌平成2年年明けから〝順調に〟下がり続け、3月の利上げで3万円を切った。3カ月足らずで、4分の3になったわけである。しかし、まだ半分ではない。8月の利上げで追い討ちをかけ、2万円まで下落させるのに〝大成功〟。株価はようやく半分になり、三重野総裁の目標は達成されたのである。

50%の暴落にも、日銀は、一向にたじろがなかった。目標の達成をより確実にするためか、6%の政策金利は、平成3年に入っても引き下げられることはなかった。そのころには、地価や不動産価格の下落が明らかになっていたにもかかわらず、である。

ようやく金利が引き下げられたのは、平成3年7月、株価の暴落が始まってから、すでに1年半が経過していた。しかし、時すでに遅く、利下げをしても株価下落はとまらなかった。

平成4年8月、株価はついに1万5000円を割り、1万4309円という底値を記録した。なんと63%強の大暴落だった。繰り返すが、この暴落は、日銀によって意図的にもたらされたものである。世界史に残る暴挙、狂気の沙汰と言うべきだろう。

しかし、誤っていたのは日銀だけではない。日銀の暴走を咎《とが》める声は、大きくならなかった。バブル破裂後、日本政府がようやく景気対策を打ち出したのは、株価が1万4000円にまで下がってからである。

株価暴落を「正常化」とする非常識

ちなみに、平成20年、サブプライム・ローン問題が深刻化し、欧米の金融当局は対策に追われたが、最初に緊急対策に動いたときの、米国株価の暴落は10数%であった。

欧米の当局は、日本の失敗に学んだからだ、との解説をよく聞いたが、必ずしも正しくない。昭和62年のブラックマンデーへの対応を見ただけでも、欧米の政策当局が、いかに株価暴落を敏感に、深刻に受け止めているかがわかる。

当時はまだ新任だったグリーンスパンFRB議長が市場の信頼を獲得したのは、ブラックマンデーにおける、機敏な対応によってだとされている。

三重野総裁とて、日本経済を破壊したかったわけではあるまい（そう思いたい）。バブル破裂を「正常化」としか思わず、それが、いかに経済を傷めるか、想像さえしなかった、日銀総裁の任にふさわしい識見と能力を持たない素人だった、ただそれだけのことである。

それにしても「殿のご乱心」を阻止する者が、日銀内部にいなかったのだろうか。当時、日銀内部で、相対立する大激論があったという話はまったく伝わっていない。専門家集団とされる日銀が、三重野総裁と同じ考えであったとすれば、恐ろしい話だ。金融のコントロールタワーである日銀が、経済の素人集団ということになるからである。

もし、当時の日銀が、バブル潰しに走らず、ソフト・ランディングをめざしていれば、「谷」

は深くならず、その後の長い経済低迷も、金融危機も生じなかったに違いない。

しかし、その三重野総裁を「平成の鬼平《おにへい》」ともてはやす評論家、マスコミがいた。鬼平は、TVドラマにもなった人気小説の主人公で、火付け盗賊改めの役人だ。三重野総裁をバブルの火消しになぞらえたわけである。

さらには、その後、三重野総裁が「世界のベストバンカー賞」を授与されたことも書いておくべきだろう。バブルを鎮静した功労を称えての授賞と報じられたが、その後の日本の状況を知った世界は、その評価を変えていよう。

いや、もしかしたら、「あの生意気な日本をよくぞ叩き潰してくれたね、よくやった!!」賞であったのかもしれないが……。

大蔵省の失敗——総量規制

バブル潰しに使命感を燃やしたのは、日銀だけではない。大蔵省も同じだった。日本の不幸は、経済運営の車の両輪と言うべき日銀と大蔵省が、共に、バブル破裂の経済的影響に無知、無関心だったことである。

たしかに、バブル破裂の当初、それを歓迎する声が一般には強かった。マスコミの大勢も、バブル潰しを応援していたと言ってよい。しかし、日銀も大蔵省も素人ではない。経済運営を担う専門家集団だ。

株価や地価の暴落が何を引き起こすか、大恐慌の歴史を振り返っても、すぐにわかることである。警告を発する専門家もいた。しかし、日銀も大蔵省も、聞く耳を持たなかった。

体重を半分に落とさねばならないほどの肥満でも、急激なダイエットは、体力を失わせ、健康を損なう。健康を損なっては、本末転倒である。経済だって生き物だ。経済を停滞させてはならない。そんなことは素人だってわかるはずなのに、日本の経済運営を担う政策当局がわからなかったのだ。

日銀と大蔵省は、知っていたはずである。日本の企業も銀行も、多くの株式を保有していることを。株価が下がれば企業と銀行の財務が悪化し、実体経済に少なからぬ影響を与える。銀行融資が、不動産を担保としていることも知っていたはずである。地価が暴落すれば、担保割れが生じ、資金繰り倒産を招きかねないことを。融資の焦げつきで不良債権を抱えれば、銀行が融資をなお絞り込むことを。

企業業績が悪化すれば、個人の所得にも悪影響を与える。それは消費を抑制し、消費の抑制は設備投資の抑制につながる。景気は一層悪くなり、失業と倒産が増えて、地域経済が停滞する。

株価や地価が暴落しても、無関係と考える人々が当初は多かった。しかし、株価の暴落で損失をこうむるのは投資家だけではない。不動産を持たない人にも地価下落の影響が及ぶ。大多数の国民が年金や保険に入っており、その掛け金は、株式や不動産で運用されているからである。株価や地価の暴落は、老後の頼み、万一の備えである年金や保険を危うくする。

株価や地価の上昇が、好況を現出していたのだとすれば、下落は逆に景気を悪化させる。落差が大きければ大きいほど、景気は深刻な影響を受ける。

だが、大蔵省銀行局は、日銀と歩調を揃え、バブル潰しに走った。株価のバブル破裂後の平成2年4月、さまざまな地価抑制策を実行したのである。金利上昇と株価下落は、それ自体、地価を抑制する。政策を追加しなくても、地価上昇には、すでに歯止めがかかっていた。

潮の引き始めは水位が高い。しかし、潮はすでに引き始めているのだから、放っておいても、水位はやがて下がっていく。しかし、大蔵省もまた、しばらく様子をみる慎重さを持たなかった。目先の水位しか見ていなかったのである。

銀行に通達を出し、不動産向けの融資の伸びを抑制した。不動産融資の「総量規制」である。銀行が不動産融資をあおり、地価高騰に拍車をかけたのは事実だ。しかし、猛スピードで走っている車に、いきなりブレーキをかけたらどうなるか。だが、事故の可能性にはまったく配慮されなかった。大蔵省の辞書にもソフト・ランディングはなかったようだ。

さらに、併せて、不動産業、建設業、ノンバンクなど3業種への融資を規制した。土地、不動産への資金の流れが、急激に狭《せば》められたのである。経済の血液ともいえる、資金の流れの滞《とどこお》りは、3業種に留まらなかった。そこで生じた目詰まりは、経済全体の資金の流れを滞らせたのである。

総量規制は、地価が下落し始めても続けられ、日銀が金利を下げた平成3年7月になっても撤回されず、結局、平成3年の末まで続いた。

日銀、大蔵省という経済政策の両エンジンが、ともに逆噴射したのだから、日本経済が墜落したのは、当然の結果だった。

経済の成長と国民生活の安定を図るべき、日銀と大蔵省の逆噴射で、一体どれほどの倒産と失業が生じただろう。どれほどの国民資産を奪い、どれだけ多くの国民生活が破壊されただろう。不況は、自殺を余儀なくされる人々を激増させ、餓死者まで出した。

緊急株価対策──PKO

平成4年8月、株価が1万4309円まで暴落とのニュースに、軽井沢にいた宮沢首相は、東京に飛んで帰り、緊急対策を打ち出した。バブル破裂から最初の対策がとられるまで、すでに32カ月が経過していた。

それでも、打ち出された対策は思い切ったものだった。なにしろ公的資金で株を買い支えたのだから。この政策が「ＰＫＯ」と呼ばれたのは、平和維持政策 Peace Keeping Operation にならったものである。ただし、こちらのＰは Price のＰである。

　ＰＫＯは即効性があり、効果も大きかったが、評判はきわめて悪かった。「株式市場に公的資金を投入するなどとんでもない」「まして株価の買い支えなんて」「損をしたらどうする」「国民のお金で投資家を儲けさせるのか」と、さんざんであった。

　公的資金の導入は、どこの国でも国民の抵抗が強い。しかも、ＰＫＯの対象は、博打《ばくち》の一種とみなされている株式市場だ。サブプライム・ローン危機における米国でもそうだった。公的資金導入の法律を作りながら、政府は「これは使わない」と言わざるを得なかったほどである。

　一般国民が反発するならわかる。だが、経済学者や経済ジャーナリストのいわば専門家たちが反対したのは、理解できないことだった。専門家の反対理由も、一般国民と大同小異だ。市場メカニズムに介入し、株価を買い支えるのは「政府による株価操作」であり、「禁じ手」だ、というのだ。

「株価は実体経済を映す鏡だ。鏡を持ち上げても実体経済は変わらない」などと、わけのわからない論文を書いた経済学者もいた。経済の専門家が、経済の相互作用を知らないのだ。株価は実体経済の鏡だが、実体経済もまた、株価水準によって影響を受ける。鏡が実体経済を変え得るのだ。

そもそも市場への介入は、そんなに非難されるべきことか。戦後最大の株価大暴落という緊急事態である。市場メカニズムが経済そのものより、大事であるはずがない。たとえ、どんなに経済の安定を損ない、国民生活を傷めても、市場メカニズムに委ねるべきだというのだろうか。市場メカニズムだけでうまく行くなら、政府そのものが、はじめから必要ないはずだ。

まして、一刻を争う緊急事態である。平時と対応が異なって当然である。たとえ禁じ手であったとしても、その当否は、結果の重大性との比較で判断すべきものである。

サブプライム・ローン問題で、欧米の政策当局がとった緊急対策も、前例のない禁じ手の連続だったが、これを批判する日本の学者やマスコミのコメントは見たことがない。欧米がやることは、同じことでも正しく見えてしまうらしい。

株価への介入を批判する人々が、為替への介入は批判しないことも、矛盾である。為替市場への政府の介入、しかも公的資金での介入は、日常的に行われているが、それを禁じ手とする批判は、ほとんど聞いたことがない。

株価の暴落が、急激な円高と同じように、国の経済、ひいては国民生活に重大な影響を与えると予想されるとき、介入して、それを未然に防ごうとするのは、当然の試みではないだろうか。もちろん、有効とは限らない。しかし、やってみる価値はある。

バブル破裂の後遺症

株価と地価の暴落に、手を叩かんばかりに快哉《かいさい》を叫んでいたのは、日銀の三重野総裁だけではなかった。バブルと無縁だった大多数の国民も、そうだった。好況の恩恵は受けたが、バブルのせいとは思っていない。

バブルで儲けた人々を快く思える人は少ない。ブランド品を見せびらかすあの人は、どうやら株で儲けたらしい。職場で机を並べる同僚が、株の利益で新車を買ったと話していた……などなど。株価と地価の暴落を、少々溜飲《りゅういん》の下がる思いで眺めた人は少なくなかったはずである。

バブルに浮かれる世の中を苦々しく眺めた人も少なくなかったろう。株価と地価の暴落は、「正常化」だと肯定的に眺めたろう。手当ての必要を感じた人は、当初、ほとんどいなかったに相違ない。

「もっと下がれ」「放っとけ」と思ったとしても無理はない。経済の専門家でなければ、対策の必要を感じないのは、当然というものであろう。

しかし、バブル破裂の影響は、じわじわと経済を蝕《むしば》んで、あちこちに痛手を与えていた。株価や地価が暴落すれば、それだけで景気は悪化する。資産が減って嬉しい人はいない。気持ちは暗くなるし、将来は不安だし、物を買う気がしなくなる。

物が売れなければ、景気は悪化し、収入が減るから、なお買えない。不動産担保が基本の金融市場では、融資が細り、お金の回りも悪くなる。経済の血液ともいうべきお金が回らなくなれば、経済は元気の出しようがない。

工場の設備が古くて効率が悪いと、土地を担保に借金して工場を新築した。出来上がるころにはバブルが破裂、売り上げは激減して、せっかくの新工場も閑古鳥《かんこどり》が鳴いている。借金の返済も滞り、土地も工場も担保にとられた。それでも足りずに、自宅まで処分することになった。

子供が生まれ、住宅ローンで家を買ったが、失業し返済ができなくなった。サラ金に手を出し、借金は逆に増え、せっかくの家を手放す羽目になった。それでも借金は残り、離婚し、ホームレスにならざるを得なかった。悲惨な話は枚挙《まいきょ》に遑《いとま》がない。

株式投資なんかしていない、家だって借家だという人々も、景気の悪化で影響を受ける。所得や売り上げが減り、運が悪ければ、失業や倒産の憂き目にあう。

大蔵省のある高官はこう言った。「地価が下がって、みんな良かったんじゃないの。僕だって、下がったから、やっと家を買えた。前みたいに高ければとても買えなかったよ」と。もちろん、そういう人もいただろう。しかし、日本では、親から譲《ゆず》られる人も含めれば、持ち家の人が多い。安く買えて喜ぶ人より、暴落して損する人の方が多いのだ。

老後の支えである年金も、万一の備えである生命保険も、掛け金が株や不動産に運用されているから、株価と地価の暴落は、いざというときの生活の基盤を危うくする。銀行融資が焦げつけば、不良債権となって、大事な預金を脅《おびや》かすと、一般の人々が想像できなかったのは当然だろう。世論が対策を求めなかったのは、致し方のないことだったと言うべきだろう。

しかし、大蔵省の元銀行局長が、「当時、株価と地価の暴落は歓迎されていた」「対策を打てという声も挙がらなかった」「金融危機など誰も想像しなかった」と平然と言うのは、許したくない。政策当局が、一般国民同様、素人であってよいはずがない。

日本経済の長い低迷は、日銀と大蔵省の誤った政策の結果だが、多くの経済専門家が専門家としての役割を果たさなかったことも大きい。彼らは、誤った政策を批判しなかっただけでなく、必要な政策の邪魔をしたのである。

無能だったのか、無責任だったのか、世論に媚《こ》びたのか、その理由は定かではない。批判覚悟でPKOを決断した宮沢首相は、事態の緊急性を理解していたと思われるが、内閣不信任案が国会を通過し、その座を追われた。

そして、細川・小沢政権が誕生し、景気が悪化する中、政治改革に明け暮れていくのである。

第4章 回復のチャンスを潰した

細川改革の裏に大蔵省のシナリオ

平成5年（1993）7月、細川政権が誕生した。権力抗争を巧みに「政治改革」にすりかえて、政権を獲得した新政権は、大蔵省の戦略を丸呑みする大蔵政権でもあった。「国民福祉税」構想をはじめ、細川政権の政策は、小沢一郎氏と親しいといわれる当時の大蔵省次官斎藤次郎氏が仕切っていた。

平成6年（1994）2月、夜中の1時に首相が緊急会見を行うと報じられ、何事かと眠い目をこすりながら待っていた国民が告げられたのが「消費税の引上げ」だった。

いや消費税を廃止して国民福祉税にかえ、3%の税率を7%に上げる、というのである。国民福祉という聞こえの良い言葉にすりかえた増税だった。後期高齢者医療制度を長寿医療制度と呼びかえたのと同じ手法である。

それにしても、なぜ夜中だったのか。眠ければ、ショックが少ないと思ったのか。しかも、

7%の根拠を記者に問われて、細川首相は「腰だめの数値でございます」としか、答えられなかった。

「腰だめ」とは聞きなれない言葉だ。辞書で調べたら、腰のところで拳銃を構え、いい加減な狙いで撃つことらしい。不況の最中に国民に倍以上の税負担を求めるのに、ろくに検討もしなかったことが、腰だめの一言でばれた。

細川首相自身、なぜ7%なのかと考えもせず、知ろうともしなかったのだろう。なんとも無責任な話である。マフラーをたなびかせたり、やたらに格好をつけていた首相だったが、中身のない操り人形だったことまでばれてしまった。

国民が怒り、支持率は急落した。与党内の根回しもなく、蚊帳《かや》の外におかれた社会党や新党さきがけも怒った。小沢一郎氏と斎藤次郎大蔵次官だけで決めた、というより大蔵省のシナリオを丸呑みしたに違いない。

この一件をきっかけに、与党内が割れはじめ、自社さ政権ができることになるのだが、首相になった村山氏が、斎藤次官に「あんたが裏で国を動かすという人かね」と言ったそうだ。

ただの権力抗争や大蔵省の権益拡大に過ぎないものを、「構造改革」と呼んですりかえる手法は、細川政権以降、定着する。元を正せば、米国の対日要求にヒントを得たのかもしれないが、「改革」のレッテルは、中身をごまかすのに実に便利だと、永田町も霞ヶ関も気づいたのだ。

国民は、改革を標榜《ひょうぼう》する政権が、いかに危険なものか気づかぬまま、この手法は、小泉政権で頂点に達することになる。

「改革」という言葉には、財界だって抵抗できない。驚いたのは、細川政権当時、財界の４巨頭が揃って記者会見し、「景気対策より政治改革を」と声明を発表したことだ。株価と地価の暴落がどれほど経済を傷めるか、財界トップは知らなかったのか。財界が守らずに、一体誰が日本経済を守るのか。

いや、財界が抵抗できなかったのは、「改革」ではなく、大蔵省だったのかもしれない。細川政権を支援するように、大蔵省の根回しがあったに違いない。細川政権は、大蔵省のシナリオどおりに動く政権だったからだ。

金銭疑惑で幕を閉じた政治改革政権

しかし、細川政権は1年と持たなかった。政治改革の旗を高く掲げた政権が、政治腐敗で幕を閉じた。

細川首相は、佐川急便疑惑、ＮＴＴ株式取引疑惑、オレンジ共済疑惑など、さまざまな疑惑にまみれて、辞任に追い込まれたのである。しかし、マスコミは、これを徹底糾明《きゅうめい》することもなく、「さすが殿様だ、潔《いさぎよ》い」と評価する声さえあったのである。

細川政権が何をしたか。既存の議員に有利になる小選挙区制の導入を「政治改革」と呼んで、地盤の強化を図る一方、経済は放置した。結果、株価は再び暴落し、平成6年2月、過去最大の景気対策を打つことになる。

また、改革政権の名に恥じず、米国と世界の圧力にはやすやすと屈し、ガット・ウルグアイ・ラウンドにおいて、「ミニマム・アクセス」を受け入れた。ミニマム・アクセスとは、最低輸入量を決めるもので、日本のコメ生産にかかわらず、需要の一定割合を輸入するという協定であり、日本の農作物自由化に大きく道を開き、日本の農業の衰退に拍車をかけた。

しかし、農作物の開放は、例によって学者グループや改革派が後押しした。日本の米は高すぎる、農家は政治圧力団体で消費者の利益を損なっているというのが、その理由である。だが、世界一、地価と人件費が高い日本で、農作物が高くなるのは当然である。しかも、水田は治水・保水の機能を果たしており、そのコストまで考慮すれば、米は必ずしも高いとはいえなかった。

なによりも、人口増加による食糧不足の可能性が指摘されていたにもかかわらず、途上国から輸入するのが先進国の義務との主張さえあった。しかし、当時から、世界の米の全生産量の3%しか輸出に向けられておらず、日本が札《さつ》びらを切って輸入することは、途上国の食糧不足を呼ぶ懸念もあったのだ。

改革派は、「米一粒たりとも輸入せず」などと言うのは、国際社会に恥ずかしいと「自由化」「グローバリゼーション」を錦《にしき》の御旗《みはた》とした。しかし、欧米各国が、自国の農業を守るために、「一粒たりとも輸入しない」作物を持つことや、農家に多額の補助金を出していることは、ほとんど無視されたのである。

農業市場の開放は、財界も大賛成だ。工業製品の輸出増大を図る財界にとって、農作物輸入自由化は国際交渉のカードだったからだ。安全でおいしい農作物、食糧自給の重要性よりも、「改革」を重視する勢力の方が大きかったのだ。

平成5年の米の凶作で、緊急輸入をやむなくされたことも後押しした。ミニマム・アクセスは、のちに関税方式に切り替えられたが、「冷害によって例外なき関税化が決まった」などと、冗談めかす報道もあった。

タイ米など外米が輸入されたが、多くの人が国産米の買占めに走り、石油ショックにおけるトイレットペーパーの買占めを思い出させる騒動となった。マスコミの報道は、買占め騒動は熱心に伝えたが、食糧安保や国土保全における農業の役割については、真剣に論じられたとは言いがたい。

当時の改革派の人々が、今日の原油高や穀物価格の高騰を、食の安全の問題を、どう言うか、聞いてみたいものである。

さて、その後、細川氏は国会議員まで辞任することになったが、巷《ちまた》では司法取引と噂された。政治の表舞台から去るなら、疑惑は不問に付すという意味らしい。しかし、司法取引を匂わす報道はあったものの、事実かどうかを究明する報道はなかった。

マスコミが一斉に報じたのは、細川氏が議員辞職にあたり、細川ガラシャ夫人の辞世の歌を引用したことである。「散りぬべき時知りてこそ世の中の花も花なれ人も人なれ」。血筋を思いおこさせ、疑惑を覆い隠し忘れさせる効果はあったかもしれないが、ガラシャ夫人がこの引用を喜んだかどうかは、わからない。

そういえば最近も、「花は散るから綺麗なんです。人も散り際が大事、引き際が大事」と引退した元首相がおいでso でしたっけ。

細川辞任を受けて、羽田《はた》政権が発足するが、強引な党運営に反発した社会党と新党さきがけが与党を離脱、少数与党になったために2カ月という短命に終わる。羽田政権は、細川改革を継承したにもかかわらず、マスコミは打って変わって政権批判に転じた。だが、その批判は、小沢氏の強権的な党運営への不信にとどまって、政治「改革」への不信や反省には至らなかった。

回復のチャンスだった村山政権

そして、平成6年7月、自民党・社会党・新党さきがけの連立政権、自社さ政権が発足する。長年、対立してきた自民党と社会党が連立を組むという、まさかの村山内閣の誕生が世間を驚愕させ、反発も呼んだ。もっとも慌てたのは、細川政権に擦《す》り寄っていた大蔵省であったろう。

村山政権は、平成7年（1995）1月の阪神・淡路大震災や、それに続く地下鉄サリン事件という前代未聞の犯罪に見舞われ、社会全般はとても平和とは言えなかった。しかし、経済状況に限れば、健康を取り戻しつつあり、村山政権の2年半は、穏やかな期間だった。村山政権は改革を謳《うた》わず、癒しと回復に専念したからである。

細川政権に肩入れして、自民党には掌を返した扱いを続けた大蔵省は、新政権の怒りを買っていたから、鳴りをひそめていたことも、日本経済にとって幸いだった。

とはいえ、米国の日本への圧力は強まり、手段も強硬になっていた。平成6年、クリントン政権は復活させたスーパー301条をちらつかせ、日本に圧力を加えてきた。自動車、自動車部品、板ガラスなど、次々俎上《そじょう》に上り、対応に追われることになる。

スーパー301条とは、主として日本が対象といわれる米国の法律である。米国の判断で、貿易相手国を閉鎖的で不公正と決めつけ、一方的に改善要求をつきつけ、要求が通らなければ、禁止的な高関税をかけるという、国際的にもガット違反と批判の多いものである。

円高もしかけられ、平成7年4月、円は急上昇して79円75銭と、前代未聞の80円割れを記録する。しかし、行き過ぎたドル安を懸念するG7の「逆プラザ合意」による協調介入が行われた。日銀も、公定歩合を1・0％に引き下げた。1・0％は、世界史上、最低の金利とタイの記録であった。

円高不況を懸念して7月、株価は1万4295円と、バブル崩壊後の最安値を更新するが、協調介入を重ねた結果、円は落ち着き始める。9月、日銀は史上最低の1％の公定歩合をさらに0・5％まで引き下げた。

しかし、8月、米国の格付け会社ムーディーズが、日本の大銀行の格付けを軒並み大きく引き下げた。それと呼応するように、「ジャパンプレミアム」が発生する。信用の低下した邦銀は、上乗せ金利を払わねば、国際金融市場で資金の供給を受けられなくなった。日常的に資金のやり取りが必要な銀行にとって、大きな痛手である。

前年の世界の銀行ランキングで、上位10行を独占したわが国の銀行に対して、いきなりの大幅な格下げは、それこそ公正を欠くものと思われた。あるいは、日本をターゲットとする動きが、すでに始まっており、格下げはそのための仕掛けだったのかもしれない。

9月には、大和銀行のニューヨーク支店で、国債ディーラーが巨額の損失を出し、米当局への報告の遅れが問題とされた。ニューヨーク支店で起きたにもかかわらず、大蔵省への報告を優先し、指示を仰いでいたからだ。大和銀行は追放処分を受け、米国で営業できなくなる。日本の銀行は、情報を隠蔽するというマイナスのイメージが世界に広がった。偶然かもしれないが、日本の銀行を叩こうとする側から見れば、ずいぶんと良いタイミングで起きた事件だった。

とはいえ、11月には14兆円の景気対策もとられ、年末には、円は100円に戻った。平成7年1月の阪神・淡路大震災や、突然の円高に足をとられたものの、日本経済は、バブル破裂のショックから立ち直り、歩み始めていた。株価と地価の暴落が与えた傷も、癒されつつあったのである。

景気が回復すれば、企業の業績も改善され、消費も投資も持ち直すはずであった。株価と地価の暴落がそれ以上進まなければ、金融機関の損失は徐々に吸収可能であったろう。

翌平成8年には、日本経済の病は、床上げを終えて、馴らしながら普段の生活に戻ろうかという状態まで回復する。

このままそっとしておいてもらえれば、日本のバブル崩壊は、これ以上悪化することもなく、回復に向かったに違いない。橋本改革さえなければ、金融不安を生じることも、デフレ経済に突入することもなかったはずなのである。

不良債権処理が始まった

よく知られているように、金融機関は融資に際して土地をはじめとする不動産を担保に取る。担保不動産は時価の7掛けで評価し、さらにその7割までしか融資しないのが通例だった。

つまり、銀行は、融資額の倍以上の価値のある不動産を担保として押さえてきたわけである。たとえ地価が半分になっても、融資が回収できる仕組みになっていたのである。

いわゆるバブル時代、銀行の融資姿勢は大きく変わった。市場に資金があふれ、融資先に困った銀行は、強引な営業活動を行った。半ば押し付けのような融資まで行われた。銀行は不動産屋のように出物《でもの》と称する物件を持ち込むなど、融資とセットでさかんに不動産投資を勧めたのだ。

時には担保価値を上回る融資が行われた。安全第一のはずだった銀行の融資は、則を越えたのである。不動産融資が、地価の上昇を呼び、上昇がまた融資を呼んだ。

しかし、バブルが破裂して、バブル投資の多くが焦げ付き、担保割れし、不良債権化することになった。景気の悪化によって、不況型倒産が加わった。多くの金融機関が、巨額の不良債権を抱え込むことになったのである。

平成3年以降、いくつもの小さな金融機関が破綻した。信用組合、信用金庫、第二地銀などは、体が小さい分だけ余力がない。地価暴落によって担保割れが生じ、回収不能な融資＝不良債権を抱え込むと、大きな銀行のようにそれを吸収する体力がなかった。

取りつけ騒ぎは起きたが、預金は全額保護されており、大きな騒ぎにはならなかった。破綻した金融機関は、他の金融機関に吸収合併され、業務は継続された。

銀行の不良債権処理も始まっていた。もちろん先送りした金融機関がなかったとは言わないが、処理する体力のある銀行は、さっさと処理をして、身軽になろうとしていた。しかし、大蔵省が認めなかった。不良債権を隠蔽したのは、むしろ大蔵省だったのである。

不良債権の処理をすると、巨額の損失が表に出るから赤字決算になる。しかし、大蔵省は、赤字決算はあってはならないとして、認めてこなかった。監督行政の失敗と思われることを恐れたのだ。そのうち、株価や地価が回復し不良債権が消えると期待していたのは、銀行よりも大蔵省だったのである。

しかし、平成7年、住友銀行がついに赤字決算の許可を得て、8000億円の不良債権の損失を計上した。大蔵省にとっては、恐る恐るの実験だったかもしれないが、赤字決算にもかかわらず住友銀行の株価は急騰した。住友銀行だけではない。すべての銀行株が上昇したのである。

いや、赤字決算だから株価は上がったのだ。大蔵省は隠したつもりだったかもしれないが、市場は、不良債権の存在をとうに気づいており、どうするつもりだと心配していたのだ。大蔵省が赤字決算を認めたことで、他の銀行の不良債権処理も進むに違いないと判断したから、銀行株が軒並み値を上げたのである。

この経験から銀行は、不良債権の処理を進めれば、市場に評価され、株価も上がると知っているはずだ。不良債権を隠すことは、かえってマイナスだとよくわかっているのである。

不良債権を一度に処理しなかったのは、自身の体力を考慮しながら無理のないスピードで処理したかったからである。それに、銀行だって見込みのある企業はできれば残したい。うまく立ち直ってくれれば、融資が全額戻るだけでなく、顧客を減らさずに済む。

無用な倒産は、地元経済を傷め、連鎖倒産を呼んで、他の正常債権まで不良化しかねない。地元で核となっている企業、たくさんの関連企業を持つ大企業は、できる限り破綻させずに、ぎりぎりまで様子を見ようとするのは、銀行として当然の選択ではあるまいか。

住専問題

金融機関の破綻処理の中で、当時、もっとも多くの注目を集めたのが「住専問題」だ。住専は、まさしくバブルとその破綻を象徴する存在だった。住専とは、住宅金融専門会社のことであり、1970年代、大蔵省の主導で全部で8社作られた。

住専の破綻処理も、大蔵省が引き延ばしたことは、すでに報道されている。もし、銀行が住専の破綻処理を望んだ時に、認めていれば、6850億円という巨額の公的資金の注入も、もっと小さい数字で済んでいたかもしれないのだ。

平成7年、かねてから噂されていた住専の破綻が明らかになり、翌平成8年、その処理のために6850億円の公的資金の投入が決まると、国民の怒りに火がついた。その後、銀行に投入されることになる公的資金と比べれば、6850億円はわずかな金額と言えたが、当時としては、目を剝くような巨額だったのである。

6850億円の札束を積み重ねればこれこの通りと、大スタジオの天井まで届く模型を作ったテレビ局もあったほどで、国民の怒りに油を注いだ。国民の怒りが大きければ大きいほど、関心も高まり、ちょうど「耐震偽装」「消えた年金」「後期高齢者医療制度」などと同じように、マスコミの報道にも熱が入った。

なぜ、住専が作られたのか。政府は持ち家政策を進めていたが、銀行は住宅ローンに熱心ではなかった。優良大企業が列をなして融資を求める中にあって、何が良くてコスト高につく、面倒な個人への小口融資を取り扱わねばならないのか、と銀行が思っていたからであろう。

そこで、大蔵省銀行局は、住宅ローン専門の子会社を作らせることにしたのである。それも、銀行をグループにまとめて、グループの子会社としたのである。しかし、いやいや参加した銀行の予想に反して、住専は大成功を収めることになる。

住宅ローンは、企業向けより金利も高い。手堅い顧客がほとんどで、購入した住宅を担保に取ればリスクも小さい。特別なノウハウがなくても利益の上がるビジネスだったのである。

一方、親である銀行の方は、１９８０年代に入ると、かつてのように優良企業が列をなすという状況ではなくなって、新たな事業開拓、顧客獲得の必要に迫られていた。状況は逆転していた。

子の成功を横目で見ていた親銀行は、住宅ローン事業に乗り出すことにした。バブル時代は、金融緩和で資金は潤沢すぎるくらいにあり、有利な運用先を探す必要はなお大きくなった。親が乗り出せば、子はしょせん親の敵ではない。体力が違うだけではない。親銀行は、住専より低い金利で貸すことができる。

住専は金融機関とはいえ、銀行ではない。金利を払って親銀行などから融資を受け、それに経費や利益を上乗せした金利で、住宅ローンを貸し出している。住専は、親銀行と金利競争できないのだ。

銀行にとって最も手っとり早いのは、子会社である住専から顧客を奪うことである。もともと親銀行として役員を送り込んでいるから、顧客リストを手に入れるのは容易である。優良顧客を中心に、借り換えを勧め始めた。自行へ借り換えれば金利が低くなると勧誘したのである。

優良顧客を奪われた住専は、不動産融資に手を出し始めた。しかし、不動産融資のノウハウはまったくと言って良いほど持っていない。それに乗じたのが母体行である。銀行本体では融資したくない相手だが、融資しなければ何かとまずい、という顧客をつぎつぎと住専に紹介した。

なかには暴力団がらみまであったと報じられた。すでに不良債権化している融資を肩代わりさせたケースもある。バブルが破裂すると、焦げ付いた融資を適当にごまかして、住専に引き受けさせた。つまり、住専は、いわば銀行の産廃場《さんぱいじょう》、不良債権のゴミ箱としての役割を担わされ始めたのである。

当初は優良な営業成績をあげた住専各社だが、坂道を転がるように経営が悪化し、資金繰りにも窮するようになった。結局、住専8社のうち7社が破綻した。だが、その責任を負わされたのは、原因を作った母体行ではなく、農協だった。

農協も巨額の資金を持って、融資先に困っていた。そこにつけこまれ、詐欺《さぎ》にあったというべきだろう。詐欺にあわせたのは、大蔵省と銀行である。

「住専問題は農協問題」というキャンペーン

平成7年、住専7社は、6兆4000億円という巨額の債務超過を抱えて破綻し、その損失を誰が被《かぶ》るかという問題が生じた。

母体行だけでなく、農協が巨額の融資を行っていた。損失負担について、大蔵省と銀行、農協は真っ向から対立した。大蔵省と銀行は、融資の比率に応じて損失を分担する処理策を提示したが、農協は「約束が違う」と、まったく受け付けない。融資の比率に応じてというと、いかにも公平に聞こえるが、からくりがあった。

実は、損失が生じても、母体行に責任を負わせ、農協には負担させないと、大蔵省が保証して、農協に融資させていたのである。リスクが高いのに安全だと嘘をついて販売する悪質な金融機関と同じことを、監督当局が行っていたことになる。

農協は「母体行が責任を負うべき」と主張して、断固譲らず、膠着《こうちゃく》状態に陥った。

結局、農協の負担を当初案の半分以下に減らし、差額の6850億円は、公費で負担することになった。

巨額の公的資金注入に国民は怒り、その怒りは主として農協に向けられた。農協のせいだと説明されたからである。

大蔵省と銀行はこう説明した。本来なら、関係者が全員で公平に分担すべき損失にもかかわらず、農協だけが駄々っ子のように嫌だと言い張るので、そのつけが国民に回された、と。

しかし、そもそも住専破綻の責任を問うなら、住専自身の経営責任を問わねばならない。経営していたのは誰か。銀行は、経営陣を送り込んでいただけではなく、自行の利益のために住専を犠牲にした大きな責任がある。そして住専のほとんどに、大蔵省のOBが、会長や社長として天下っていた。

平成5年、住専の経営悪化が明らかになり、融資を引き上げようとする農協に、大蔵省は「住専の債権は母体行に責任を負わせる」と保証し、融資の継続を求めたのである。たとえ住専が債務超過になっても農協からの融資は必ず返済する、決して損失負担はさせない、と保証したのである。

それでも渋る農協に対して、大蔵省銀行局長と農水省経済局長が押印《おういん》までした覚書《おぼえがき》が示された。大蔵省銀行局長と言えば、銀行にとって神様のような存在だ。農水省経済局長は農協の総元締めである。恐らく農水省自体、大蔵省に説得されたと思われる（大蔵省には農水省も逆らえない）。そこまでされては、農協は抵抗する術を持たなかった。

しかし、両局長の保証は簡単に反故《ほご》にされた。平成7年、住専7社は破綻し、農協は損失負担を求められた。しかも、貸し手として、経営に関与した母体行とまったく同列に扱われたのである。

「母体行に責任をとらせる」と押印までして約束したではないか、という農協の抗議に対する大蔵省の返事は、驚くべきものだった。「あれは正式な局長印ではない」と白《しら》を切ったのである。私印であろうと局長印であろうと、押印は押印だ。これを詐欺と言わないなら、何を詐欺と言えば良いのか。

詐欺にひっかかった農協は、欲深な間抜けと言うべきだろう。責任もゼロではない。とはいえ、詐欺にひっかけた方が、何倍も悪いに決まっている。それなのに、マスコミも識者も、もっぱら農協を批判した。

「住専問題は農協問題」というまったく同じ題名の農協を批判する論文がいくつか書かれた。いずれも大蔵省ときわめて関係の深い学者が執筆したものである。まるで口裏を合わせたかのように同じ題名で、うがった見方をすれば、一種のキャンペーンともとれた。

新聞が責めた相手も、大蔵省ではなかった。あてにならないものを信じたのが悪い、融資したのだから損失負担も当然、と農協を責めたのである。学者まで動員した大蔵省の世論誘導は、見事に成功したというわけだ。

もちろんマスコミとて、大蔵省や銀行を無罪としたわけではない。しかし、「6850億円もの公的資金投入は農協のせい」「住専問題は農協問題」との見解が一般的だったのである。

「貸し手責任」という言葉の奇妙な誤用

奇妙なことは他にもあった。農協を批判するのに使われた「貸し手責任」という言葉だ。レンダー・ライアビリティという金融用語の翻訳である。金融機関が顧客に融資を持ちかけ、それが原因で借り手に損害を与えた責任を問うものである。

日本で貸し手責任と言えば、典型的なのは「変額保険」だ。銀行はバブルの末期、保険のリスクなど思いもよらないお年寄りに「有利で安全な相続税対策」と持ちかけて、系列生命保険会社と変額保険の契約をさせた。一括契約の巨額の保険料は、家と土地を担保に銀行が融資したのである。

生保も損保も、保険といえば安心のためという感覚がすっかり定着している日本では、保険そのものが危険物とは誰も思わない。その思い込みを利用され、ろくなリスクの説明もないまま、危険な投資に誘い込んだのである。

変額保険は、株価と連動するきわめてリスクの高い金融商品だ。しかし、銀行も生保も、こう説明した。変額保険の利回りは高いから、借金の金利を十分払える上に、おつりが来る、しかも、借金していれば相続評価額を小さくできる、と説明した。

絶対有利と銀行は保証したが、それは株価の上昇が前提の話だ。バブルの破裂で、高利回りどころか逆ザヤになり、金利が払えなくなった。株価の値下がりで、投資金額は大きく目減りした。たとえ解約しても、融資の返済額に遠く及ばない。

融資返済のめどが立たなくなると、銀行は澄まして、担保にとっていた相続財産を召し上げた。安全有利な相続対策どころではなく、相続財産そのものを失わせたのである。こうした貸し手の行為の責任を問うのが、貸し手責任という言葉だ。

しかし、住専問題の当時、貸し手責任という言葉の意味が突然変わった。大蔵省も、銀行も、マスコミも、学者まで、農協には「貸し手責任」があり、だから損失を分担すべき、と主張し始めたのである。

農協が貸し手であることは事実だが、農協が、住専に融資を持ちかけたわけではない。不動産融資や暴力団がらみの案件を紹介したわけでもない。農協は、逆に住専に頼まれ、住専を助けるために融資しただけである。

農協が責任を問われるとすれば、住専への融資を引き受けた「自己責任」、詐欺にひっかかった自己責任である。当時、金融ビッグバンが論じられており、自己責任は流行語大賞を獲得してもおかしくないほど頻繁に使われていた。それなのに、大蔵省も銀行も大好きなはずの自己責任という言葉をあえて使わずに、用語法を誤ってまで「貸し手責任」という言葉を農協に用いたのである。

貸し手責任を問われねばならないのは、母体行こそである。融資・出資を行って住宅ローン会社を作っておきながら、自分の都合で、その優良顧客を奪い、不動産融資に追い込んだだけでなく、不良顧客を押し付けた。そうした銀行の行動こそが、住専の損失の最大の原因だからである。だが、貸し手責任という言葉が農協に用いられたことで、母体行の貸し手責任は追及されず、覆い隠されることになった。

貸し手責任という言葉も、その意味もよく知っているはずの、銀行も金融学者も、言葉の使い方を誤っていると、まったく指摘しなかった。どころか、銀行自身、金融学者自身が、農協の貸し手責任という表現を多用したのである。まことに奇妙なことだが、こうした奇妙な出来事は、日本ではめずらしくない。

もうひとつの住専

ところで、住専は8社あったはずなのに、あたかも7社しかないかのように、7社の損失だけが議論されたのはなぜなのか。残りの1社はどうしたのか。

残りの1社は、農協を母体とする住専である。バブル破裂で、農協系住専も大きな損失を被ったが、それでも、銀行系の住専の巨額損失に比べれば、桁違《けたちが》いに少ないと言って良い。

農協系住専の損失が小さかったのはなぜか。7社との違いは、母体が銀行ではなかった、という点である。優良顧客を横取りし、代わりに不良融資先を紹介する母体行が存在せず、その損失は、純粋に住専自身の経営責任と、バブル破裂の損失だけだったからである。

農協系住専と比較すれば、公的資金が注入された住専7社の、6兆円を超える巨額損失の原因は、自ずから明らかだ。住専7社に対する公的資金注入の責任を負うべきは誰かも明らかである。

そして、農協系住専の損失は、そのすべてを母体である農協が負担した。6850億円が注入されたのは、住専8社のうち農協系を除く残りの7社に対してなのである。

最も非難された農協が、実は最も責任が小さく、しかも、最も大きく義務を果たしていたのである。この事実は、一般にはほとんど知られていない。大蔵省の天下りや、銀行が住専に不良債権を肩代わりさせたことを批判する報道はもちろんあった。天下りはマスコミが好む話題のひとつだし、銀行に好意を持つ国民は少ない。

しかし、それにもかかわらず、国民の非難が集中したのは、農協に対してであった。公的資金注入は農協のせいだとする報道パターンが、定着していたからである。日本の報道は、なぜかくも、大蔵省のキャンペーンに素直なのであろうか。

子会社である住専をゴミ捨て場、産廃場にする母体行がなければ、住専7社の損失が6兆円を超える巨額になることもなく、6850億円の公的資金注入も必要なかったはずなのである。あるいは、損失が巨額であっても、責任を負うべき母体行が、農協のように損失の全責任を負っていれば、やはり公的資金は必要なかった。

それにもかかわらず、大蔵省が母体行責任を追及しなかったのは、なぜなのか。大蔵省は金融機関を監督する立場だ。母体行の責任を追及すれば、監督責任を問われることにもなりかねない。

おそらく大蔵省は、農協がここまで抵抗するとは、まったく予想していなかったのであろう。農水省を意のままにできるのだから、その傘下にある農協の徹底抗戦は想定外だったはずである。

住専にも多数の大蔵省OBが天下っている。大蔵省は、銀行の監督責任だけでなく、住専破綻の経営責任を負うべき当事者でもあったのである。大蔵省が、住専の経営責任や母体銀行の責任よりも、農協の「貸し手責任」を強調したのは、責任追及の矛先をできるだけ逸《そ》らせたい理由があったからである。

住専で終わっていたはずの不良債権処理

住専は、母体となった金融機関の不良債権の捨て場であったから、住専の破綻処理が終われば、金融機関の不良債権処理は、あらかた終わったと言ってよかった。

もちろん、不良貸付のすべてが住専に移されたわけではない。大銀行をはじめとする金融機関は、地価と株価の大暴落によって、多くの損失を被っていた。しかし、銀行も証券会社も保険会社も、その損失をカバーできるだけの体力をまだ十分残していた。

日本の人々は、世界に例のないほど預貯金を好む。裏返せば株式や債券などの証券投資を好まない。そして、生命保険も大好きだ。その結果、国民のお金は銀行や保険会社に集中した。産業育成のために低金利政策がとられていたにもかかわらず、である。2桁の成長を続け、インフレ率も高かった高度成長期でさえ、預金金利は最高でもせいぜい8％程度であった。

さらに、金融界に競争をさせず、住み分けによって共存させる、「護送船団」と言われた金融行政は、小さな金融機関を守る一方で、大きな金融機関には、巨額の利益を累積させてきた。護送船団とは、軍事用語であり、小さな船足《ふなあし》の遅い船を、大きな船が守りながら一体となって進むことをいう。

1990年代の半ばに至るまで、日本の金利は横並びで規制されてきた。とりわけ預金金利は、コスト高につく小さな金融機関の採算が取れるように、低く抑えられてきた。体力のある大銀行は、十分過ぎる利ザヤを得て巨額の利益を蓄積したのである。

預金金利の規制は、貸出金利を低く抑えるのが目的だったが、銀行は、実質的には高い貸出金利を借り手から取ってきた。融資の一部を預金させるのは、銀行の常套《じょうとう》手段だ。預金金利と貸出金利の差額は銀行にとって、上乗せの金利収入だ。

「歩積《ぶづ》み両建て」と呼ばれるテクニックが一般的だった。歩積みは、融資の一部を預金として銀行に留めおく手法であり、両建ては、担保の一部に預金を求める手法である。大銀行であればあるほど、借り手との力関係から、この手法を駆使しやすい。

その後の経済運営の失敗さえなければ、バブル破裂が大銀行、大証券の破綻を呼ぶことはなかったのである。

平成4年の株価暴落に直面して、宮沢首相には金融機関への公的資金注入の計画があったが、財務省の反対で実現しなかった、と報道された。この宮沢構想が実現していたら、その後の金融不安は起きなかった、と指摘されることがある。だが、平成4年の時点で、あるいは1990年代半ばに至っても、公的資金の注入はおそらく必要なかった。大銀行は不良債権の処理をできるだけの自前の資金を十分に持っていたからである。銀行が蓄積してきた利益は、護送船団と超低金利によって、預金者から移転したいわば公的資金である。小さな金融機関やノンバンクの破綻処理に必要な資金は、大銀行、大生保などの大手金融機関に負担してもらっても良いはずだった。

1990年代、金融市場の効率化が叫ばれ、金融市場への競争原理が盛んに言われた。「護送船団の時代は終わった」「護送船団はやめろ」の大合唱がはじまった。しかし、「今こそ護送船団」だったのである。不良債権処理こそ、護送船団で行うべきだった。護送船団のつけは、護送船団の利益で処理すべきだったのである。

東京協和・安全の二信用組合、木津《きづ》信用組合などの小さな金融機関、あるいは住専をはじめとするノンバンクの破綻には、大銀行が「紹介融資」の名の下に不良債権の付けまわしを行うなど、大きく関与していたのだから。しかも、紹介料までとっていたケースまであったらしい。

しかし、新聞報道によると「紹介融資は銀行営業の常識」と銀行局の幹部が語ったそうである。しかし、紹介の中身が問題だろう。大蔵省は、そこまで銀行と一体なのか、それとも、単に監督責任の追及を恐れているのか。あるいは、国民をなめきっているだけなのだろうか。

第5章 橋本改革

大蔵省の復権

金融機関の破綻は、大蔵省に活躍の場を与えた。破綻金融機関の救済合併は、大蔵省の主導で行われたからである。

これらの処理において、大蔵省は、純粋に監督者の立場とは言いかねる事情もあった。闇社会とつながる乱脈経営が破綻の原因とされた東京協和・安全の二信用組合については、大蔵省幹部との親密な関係が取りざたされた。バブル時代、将来の次官候補とも目された幹部らが、彼らから豪華な接待供応を受けたり、低利融資の利便を受けていたことが明らかになった。

さらに戦後初の銀行破綻となった兵庫銀行の社長は、元大蔵省銀行局長であった。破綻処理のための人事だったと言い訳のように報道されたが、それ以前に社長を務めていたのも、実は日銀、大蔵省の天下りだったのである。

そして、破綻後、兵庫銀行が巨額の不良債権を隠蔽していた事実が明るみに出た。なんと直前のディスクロージャー（情報公開）の7倍にも及ぶ不良債権の存在が明らかになったのである。しかし、銀行局長だった社長は、株主と市場を騙した罪を問われることもなく、逮捕もされなかった。

当時、信用組合、信用金庫の監督者は都道府県ということになってはいたが、コスモ信組や木津信組の破綻、とりわけ木津については関西系の大銀行の関与が明らかになっている。大銀行の監督者は大蔵省である。大蔵省に、まったく責任がないとは言えなかった。

少なくとも、住専問題における大蔵省の関与は重大であり、どう取り繕《つくろ》っても、その責任から逃れようがない。

しかし、一連の不良債権処理において、大蔵省の責任問題はほとんど追及されなかった。問題になったのは、二信組における過剰接待疑惑だけで、しかも、それで刑事訴追《そつい》された者は一人もいない。

そして、この一連の処理を通じていつの間にか、自民党の怒りを買っていたはずの大蔵省は、逆に復権を果たしたのである。

政策の主導権を取り戻すべく、大蔵省は明らかに動き出していた。橋本首相は、平成元年の8月から平成3年の10月まで大蔵大臣を務めている。

平成3年、バブル破裂にふさわしいと言おうか、数々の金融不祥事、証券不祥事が明るみに出た。いずれも大銀行、大証券が関与している。住友銀行イトマン事件、富士銀行・東海銀行の架空預金証書事件、興銀・東洋信金の尾上縫事件があった。そして、証券補塡《ほてん》問題である(後述)。

橋本首相が大蔵大臣を務めていた時期は、ちょうどバブルの末期から、バブル破裂のまさにそのときにかけて、である。この重要な時期に、橋本大蔵大臣は、大蔵省からいかなる説明を受けていたのであろうか。

橋本改革

さて、住専処理であらかた片がつくはずだった不良債権処理、バブル破綻の処理が、さらに10年にわたる年月を必要とすることになったのは、なぜか。

最初の障害は、「橋本改革」である。改革をめざした橋本政権は、経済が必要とする政策を行わなかっただけではなく、逆に、経済を悪化させるような政策を行った。「細川改革」も失敗だったが、「橋本改革」は、経済に大きな痛手を与えて、デフレ経済へと突入させ、金融危機を引き起こす事態を招くことになった。

橋本首相は、政策通として知られていた。大変な勉強家だったとも言われる。勉強家であることも、本気で日本を改革したいと思っていたことも、おそらく事実であろう。首相に就任し、満を持して改革に臨んだに違いない。

それが失敗に終わった原因のひとつは、情報源を間違えたことにある。どういうわけか日本の場合、政策通と言われる政治家は総じて、大蔵省と見解をひとつにする。政策通と言われる人ほど、「財政構造改革」を最重要課題に掲げる。あるいは、財政構造改革を主張しなければ、政策通とは認めてもらえない。政策通との評価は、一体どこが発信源なのであろうか。

勉強家と言われる政治家ほど、たくさんの情報を霞ヶ関から手に入れる。霞ヶ関が巨大なシンクタンクであることは間違いない。何よりも、ほとんどの情報を壟断《ろうだん》している。各省庁は、それぞれの視点からそれぞれの言い分を持っているはずだが、基本的には、大蔵省が描いた「財政危機」の図式にすっぽり収まっている。大蔵省の権限がそれだけ強いからである。

もちろん、霞ヶ関にも、財政危機をすべての前提とすることに疑問を感じ、緊縮財政こそが財政悪化の原因と見抜く者はいる。彼らは、水を向ければ苦笑いしながら、「そうなんですよ」と肯定する。しかし、それは内々の席でのことであって、公の場では、口を緘《かん》して語らない。必要と考える施策が行えないとしても、仕方がないとあきらめる。

たとえ日本の現状に危機感を抱いたとしても、大蔵省に真っ向から議論を仕掛けて闘うこともしなかった。大蔵省の前提に正面から反論するデータを持たないし、官の中の官と言われ、実質的に予算権を持つ大蔵省に逆らうのは、決して自省《じしょう》の利益にも自身の利益にもならないからである。

住専問題が片付いた平成8年9月、橋本首相は解散総選挙に勝利し、自民党単独政権に戻った。「政治改革」と称された小選挙区比例代表並立制による、最初の選挙だ。平成8年1月、村山政権から禅譲《ぜんじょう》を受けての橋本政権だったが、ようやく選挙の洗礼を済ませ、本格的な改革に取り組むことになる。

「橋本改革」はきわめて多岐にわたる「6大改革」だった。「行政改革」「財政構造改革」「金融システム改革」「経済構造改革」「社会保障改革」「教育改革」である。

橋本首相が覚悟を語った「火だるまになってもやる」というせりふはあまりに有名だが、「火の玉になってやる」の間違いだったかもしれない。しかし、文字通り、彼も日本経済も火だるまになってしまうのだ。

「改革」の大前提に、大蔵省が喧伝《けんでん》する「財政危機」があったからである。財政危機を何よりも優先し、改革の大前提とすることを、橋本首相も、世間もまったく疑わなかった。

改革は本来の目標を見失うことになる。結果、地方分権改革は地方分権をめざさず、社会保障改革も国民の安心、国民生活の安定をめざすことはなくなった。名前は、地方分権「改革」、社会保障「改革」でありながら、大蔵省の巧みな誘導によって、いずれも実質的には「財政構造改革」、単なる「歳出削減」へと変質させられたのである。

そして、それゆえに日本経済は、かつてない危機に陥っていく。

行政改革会議

橋本政権は行政改革に着手し平成8年11月、行政改革会議を立ち上げた。行政改革の大きな目的のひとつは、官僚支配から脱却し、政治主導で政策を実現していくことにあった。しかし、彼の行政改革は、その出発点から大きく間違った。「政治主導」「政治復権」をめざしたにもかかわらず、そのビジョン策定の場として、官僚が便利に使ってきた「審議会方式」を選択してしまったからである。

大学教授などの有識者が集められ、橋本首相が自ら会長（議長）を務める「行政改革会議」が、一部閣僚も参加して編成された。議論が非公開とされたことも、従来の審議会と同様だった。21世紀の日本の行政システムが、一部の有識者による密室の議論で進められることになった。

行革会議のメンバーに選ばれた有識者が、たとえどんなに立派な人たちであったとしても、選ばれた基準が明確ではない。有識者はそれだけで、有資格者を意味するわけではない。しかも、有識者は、結果責任を問えない人々である。

たとえ本人が責任を負いたくても、負えない立場なのである。結果責任を負わない人々が、しかも非公開の議論で、今後の行政の骨格を決めてしまうことになったのである。しかし、そのことに対する疑問の声は、まったく挙がらなかった。

もっとも、重大な問題は国会議員が蚊帳の外におかれ、その発言までが封じられたことである。日本には、議会がある。政治不信が根強いとはいえ、国会は国民が代表として選んだ議員から構成される。そして、問題があれば、次回の選挙で評価を受けることになる。常に、見張られている人々なのである。それが、民主主義の基本でもある。

それなのに、国会議員が、新聞報道を通じて漏れ聞く、あるいは中間報告で明らかになった行政改革会議の方針に、異議を唱えたり、疑問を呈したりしただけで、マスコミは「口を出すな」と苦言を呈した。民主主義の否定ともとられかねない、実におかしな構図だったのである。

橋本首相は、政治主導を唱えるなら、国会で議論すべきだったのである。国会議員によって構成される委員会を立ち上げるべきだった。国会には与野党の思惑が渦巻くから難しいということであれば、与党内の委員会でも良かった。専門家や有識者の意見を参考にしたいなら、公開の場で、公聴会を開けば良いだけだ。

官僚支配の脱却、政治復権と言いながら、その原因となっている政治不信の罠に自ら陥ったとしか思えない。

それにしても、有識者というのは不思議な存在だ。審議会や各種会議のメンバーとして、彼ら自身、民主主義と抵触するかしないか、真剣に考えたことはあるのだろうか。行革会議のメンバーたちは、行革会議のありようを、行革にふさわしいとお考えだったのだろうか。

審議会という不思議な存在

どの審議会でも、有名財界人や、新聞社の論説委員やテレビ局の解説委員、あるいは名の通ったアナウンサーやキャスター、テレビのコメンテイターなどが選ばれる。しかし、論説委員の肩書きがあっても、必ずしも審議会のテーマの専門家とは限らない。広く一般の意見を聞く、国民の声を聞く、という名目で、しばしば素人が選ばれているのである。

マスコミ関係者を選ぶのは、一般への啓蒙を行いやすくするためとの理由がある。しかし、同時に、それはマスコミを取り込むという目的も持っている。自社の論説委員、解説委員が参加している審議会の批判は行い難い。なによりも、参加している彼ら自身が、自ら審議会の方針を代弁してくれる。だが、中立であるべきマスメディアの人々が、政策立案に参加する問題点は、これまで何度も指摘されてきたはずだ。

もちろん、メンバーとして大学教授などの専門家も選ばれている。しかし、多くは、決して自分の意見を言い張ることのない、穏やかな人々だ。省庁の本音を知らないわけではないが、いや知っているからこそ、それに強く逆らわないことが大人の対応と心得ている。言い方を変えれば、専門家としての信念と誇りにそれほど固執しない人々なのである。

経済財政諮問《しもん》会議は、橋本行革によってできた組織だが、民間委員となったある大学教授は、学者時代と意見が違うのはなぜか、と聞かれてこう答えている。「私は現在、政府の人間であり、発言には自ずから制約がある」と。しかし、それでは、民間委員をメンバーに加えた意味があるまい。制約があると考えるなら、委員を引き受けないという見識もあったはずだ。

審議会では、省庁の意向と大きく異なる意見を持つ専門家は決して選ばれない。事前の調査に失敗し、メンバーになってから好ましくない意見の持ち主とわかると、決して再任されない。審議会のメンバーは、任期2年、3回の改選が可能となっており、あわせて4期8年の任期となるのが通常である。しかし、8年を全うせず、途中ではずされる専門家がたまにいる。彼らの意見が、省庁の方針と抵触するからである。

時に、辛口と評される有名評論家や大学教授が選ばれることがある。しかし、実は彼らの批判は的外れであったり、ありきたりだったりで、省庁の最も痛いところをつくことはほとんどない。役所側は、ご無理ごもっとも、と頭を垂れてみせれば、批判派もメンバーに選んでいるというポーズをとることさえできる。

たとえば、財務省の審議会で「財政危機への対応が手ぬるい、もっとムダをなくして歳出削減をせよ」という批判を開陳《かいちん》する人がいる。ところが、こうした批判は辛口に見えて、実は財務省がもっとも言ってほしい意見なのである。辛口で評判の素人ほど、省庁にとって、便利でありがたい存在はない。

4期8年は、それも可能という規則になっているだけだから、必ずというわけではない。したがって、やめさせる理由を、ことさらに説明する必要もない。任期が終わりましたので、と言うだけで十分なのである。

省庁にきわめて協力的な場合には、逆の現象が起きる。たとえ8年が過ぎても、臨時委員、特別委員の名目で在籍が可能らしく、それを経て、再び委員となって8年の任期を全うする。それを繰り返して、延々と委員を務めている人もいる。有識者と言われている人々の審議会の経歴を調べてみれば、面白いかもしれない。

審議会は当然だが、審議会以外にも行革会議や経済財政諮問会議のような多くの会議や懇談会がしばしば設置される。そのメンバーについても、省庁がリストアップを行うのが通例である。官邸がリストアップしたことになっていても、官邸に派遣されている秘書官など、候補者リストを作成するのは官僚である。

そして、マスメディアがそれぞれの問題について取材するのは、審議会委員であることが少なくない。こうして審議会は、結果的に、財務省をトップとする霞ヶ関の世論作りに貢献しているのである。

そういう審議会委員を数々歴任してきた人たちで主として構成されたのが、行政改革会議だったのである。

省庁再編

戦後しばらくは、それなりに機能していた日本の官僚組織だが、いまやなわばり意識と組織防衛で固まったかのようである。官はひとたび手にした権限はなかなか手放さない。責任回避のためか、リスクをとらない前例主義で、新しい状況の変化に対応できない。そのうえ、官僚不祥事も度重なっていた。

橋本行革は、肥大化、硬直化した政府組織の再構築と、政治が主体となって政策を決定することをめざした。縦割り行政を廃し、行政の透明化、効率化、簡素化を図るとした。機動的、機能的、戦略的、あるいはスリム化、国民の視点、既得権益の廃止、規制緩和など、さまざまな言葉が用いられた。官僚組織の見直しは誰が考えても必要であろうから、橋本行革の目標は間違ってはいなかった。

しかし、結論はわけのわからないものになった。行革会議は平成9年12月最終報告を出し、それは法案審議を経て、平成13年1月から施行された。橋本行革は、実にさまざまなことを決めたが、つまるところ「省庁再編」と「経済財政諮問会議の設置」に集約される。

1府21省庁が1府12省庁に削減された。大臣の数はスリム化されたが、省庁は逆に巨大化、肥大化されたとしか見えない。肥大化ではないかとの批判は当初からあったが、大臣の数が減ったことは、一般に歓迎されたようだった。それは単に、大臣になりたがると言われる政治家への不信の裏返しであったかもしれない。

なぜ、省庁の数を減らせば、政治主導の行政が可能になると考えることができたのだろう。数を減らして再編すれば、縦割りの弊害がなくなり、スリム化すると期待したのかもしれないが、結果は単に、巨大化させただけだった。むしろ、いったん局単位に分断し、局の組み合わせを変えるべきだったのではないだろうか。

省庁の数を減らすにあたって、どの省庁を組み合わせるかは難題のひとつだったが、なんだか家族あわせのゲームをしているようにも見えた。組み合わせが決まると、今度は名称でもめた。そうこうしているうちに、行政改革の本来の目的がどこかに行ってしまい、省庁再編それ自体が、自己目的化したようだった。

巨大な役所は、それまで以上にコントロールするのが難しい。そこで、大臣を補佐する政治任用の人数を増やした。従来の政務次官に代わって副大臣、政務官が任命されることになったが、政治主導とは言いがたい。省庁再編で、政治は、これまで以上に巨大化した官と向き合うことになった。

橋本行革の省庁再編において焦点となったのは、「財政と金融の分離」と「郵政民営化」である。

大蔵省の金融行政と過剰接待疑惑

銀行、証券、保険など金融機関には「MOF担《モフたん》」と呼ばれる人々がいた。MOFは大蔵省の英語名の略である。出世が約束された銀行の超エリートが選ばれ、主たる役割は、監督当局と親交を重ね、行政の方針や検査の日程を聞き出すことだったとされている。

検査は抜き打ちでなければ意味がないが、MOF担の努力で、実質的に予告検査になっていた。警察がスピード違反の取締りをいつどこでやるか予告するようなものである。金融機関は、当然、万全の準備をして出迎えることになる。馴れ合いと称された所以《ゆえん》である。

それだけではない。検査官が接待を受けることが常態化していたと言われる。さらに、銀行は、大蔵官僚にとって重要な天下り先である。銀行のOBから聞いた話だが、リタイアが近い検査官が来たときは、銀行の役員が別室で銀行業務について丁寧に御進講《ごしんこう》するそうである。銀行に天下るときの予備校の役割まで銀行は果たしていたというわけだ。「事前指導」は監督当局だけでなく、監督を受ける側も行っていたことになる。

一方、大蔵省のOBに聞いた話では、金融検査官の中には、検査に行くと言わずに、教えていただきに行くと言う人がいたそうだ。まさかと言いたくなる話だが、両方のＯＢの話が表裏一体、符合しているから困ってしまう。

大蔵省は業者の違反を知るとこっそり担当役員の降格や入れ替えなどの処理で済ませてきた。公表しなければ、監督責任も問われずに済む。そして、しばしば、そのポストは大蔵省の天下りポストに加算される。もし、金融機関がその指示に従わなければ、不祥事を表沙汰にされる。ついでに、隠されてきた過去の不祥事までも公表され、トップが責任をとらざるを得ないような状況に追い込まれる。それがわかっているから、金融機関は黙って天下りを受け入れざるを得ない。

どんな問題があったのか、公表されなければルールやシステムの不備を是正することができない。これが、日本の金融市場、金融システムが、どんどん時代から乖離していった最大の理由である。大蔵省の責任回避と天下りポストの獲得のために、日本経済と利用者利便が犠牲にされたと言っても良い。

金融機関は、不祥事が明るみに出るのを極端に恐れる。不祥事が明るみに出れば、内々で処理する場合の何倍もの、監督当局の怒りと処分を覚悟しなければならないからである。

表面を取り繕うため恐喝に屈してしまう金融機関の体質は、こうした大蔵行政によって助長されてきたと言えよう。平成9年、第一勧業銀行、野村證券が暴力団と関わっていたことが明るみに出た。銀行や証券会社が総会屋や暴力団の脅しに屈して、融資や謝礼という名目でさまざまな利益供与を行ってきたことは、知る人ぞ知る事実だった。監督当局が知らぬはずはない。しかし、この事件が明るみに出るまでほとんど放置されてきたのである。

一勧事件を知って、梶山官房長官が「総会屋には貸すのか」と激怒したと報道された。どうやら自民党はこれほど気前良く融資してもらえなかったようなのだ。もちろん、国民も怒った。住宅ローンが返せなくて、せっかく買ったマイホームをカタに取り上げられた人はもっと怒っただろう。総会屋には金利も返済も求めず、貸し倒れ状態なのに追加融資にまで応じていたと言うのだから。

報道によると、大蔵省の検査をごまかすための追加融資もあったらしい。金利を払ったことにするために、金利分の追加融資をしたという。そうしないと、不良債権リストに載って、担保を処分するなどの処理をしなければならないからである。一般庶民の担保なら住んでいる家でもさっさと叩き売るのに、総会屋にはこんなにも優しいのだ。

銀行が優しかったのは総会屋に対してだけではない。大蔵省にも優しかった。一勧の副頭取は記者会見でこう言った。「大蔵省の検査は完璧だった。われわれが隠していただけだ」。ふつうなら、隠しても暴き出すのを完璧な検査というのだが、大蔵省と銀行の間では、隠したことは暴かないのが「完璧な検査」だったらしい。

一勧がうまく検査をすり抜けてきたのは、MOF担の接待漬けになった大蔵省銀行局の担当者が、いつ検査に行くのかだけでなく、どんな検査をするのかまで、明らかにしていたからと報じられた。今度の検査は株式融資が重点と教わっていた一勧は、総会屋への株式融資を事前に隠すのに成功したというわけだ。

大蔵省は、MOF担から受けた接待の恩義を義理堅く返し、銀行もまたその恩義を感じてかばったのか、あるいは貸しを作ったのか、そう言わねば後が怖いのか。いずれにしろ、義理人情を重んじる日本の美風と済ませて良い問題ではなかった。検査は税金を使ってやっていることを忘れていたことは間違いなく、国民への義理はどちらも果たしていないのだから。

一勧・野村は非難されて当然だが、総会屋や暴力団や官僚に不正に利益供与を行っている金融機関なんて、たくさんあったはずである。

当時、どの銀行がどの暴力団と深く付き合っているかという相関図を載せた雑誌もあったほどだ。残念ながら、今でもないとは言えないだろう。時代が変わり、たとえば「村上ファンド」というように姿を変えているかもしれないというだけだ。

過剰接待など収賄《しゆうわい》容疑で、逮捕されたのはノンキャリアの検査室長と現場の検査官だけであり、自殺者まで出た。キャリアでは課長補佐が一人逮捕されたが、もっとも接待を受けたはずの幹部には検察の手は伸びなかった。

過剰接待を受けていなかったキャリアなど一人もいないと思われたが、一人を例外として、すべて国家公務員法に基づく懲罰と省内処罰だけで済まされた。日銀にも同様の不祥事があり(後述)、それぞれ100人を超える処罰者を出した。

このとき有名になったのが、「ノーパンしゃぶしゃぶ」である。一種の風俗店であるが、ここで、大蔵省をはじめとする霞ヶ関のエリート官僚や日銀マンが、たびたび接待を受けていたという。「ノーパンしゃぶしゃぶ」は、数年後、思わぬところで人々の記憶に甦る。平成15年(2003)のUFJ破綻である。

次官や銀行局担当審議官、証券局長など幹部は、辞任に追い込まれはしたものの、刑事責任を追及されることはなかったのである。ちなみに、責任を問われて降格はしたものの、大蔵省にただ一人とどまったのが、後の武藤敏郎《としろう》次官であり、日銀副総裁に天下り、平成20年、日銀総裁人事で与野党が対立した時の、総裁候補となったその人である。

相次ぐ金融・証券不祥事、大蔵省の過剰接待疑惑は、金融監督行政への不信を高めた。同時に、大蔵省の強大すぎる権限が問題になり、財政と金融の権限の分離が、行革の大きなテーマとなっていく。

財政と金融の分離、金融庁という焼け太り

護送船団と呼ばれた金融の癒着《ゆちゃく》行政を終わらせるためにも、金融の監督権限を大蔵省から別組織に移すことが検討され、結局、金融の行政権限は、別組織である金融監督庁に移すことが、決定された。

橋本首相は、大蔵省の名称を変えることにもこだわった。大蔵省の名称は律令《りつりょう》時代からあるそうで、名称変更は大蔵省のプライドに触れたのか、相当な抵抗があったと報じられた。結局、「財務省」に改名されることになったが、それは大蔵省からの金融行政の分離をより明確にする意味もあった。

銀行局、証券局の監督機能が、金融監督庁として分離され、その後、金融庁に改組されることになる。しかし、大蔵省は、金融と財政は一体であるべきだとして、金融行政権の分離に激しく抵抗した。

その理由として大蔵省が挙げたのは、「金融不安」である。金融機関の破綻に際しては、時に公的資金の注入、財政出動が必要になる。財政を抜きに金融行政は行えない、と。

「箸の上げ下ろしまで」と言われた行政介入を行いながら、金融不安を防げなかったこと自体、大蔵省の金融行政能力に疑問を抱かせるが、彼らは逆に、権限を維持するために、それを利用したのである。

さて、議論の末に、平成10年（1998）、総理府の外局として「金融監督庁」ができ、検査業務を中心に、大蔵省の「銀行局」「証券局」は解体され、その機能のほとんどが、金融監督庁に移された。大蔵省の主張が通り、省内に金融危機管理のための「金融企画局」が新たに設けられた。

その後、金融再生法による金融再生委員会が設置され、柳沢伯夫《やなぎさわはくお》氏が、再生委員長として金融大臣に就任、はじめて金融担当大臣が置かれることになった。そして、平成12年（2000）、大蔵省金融企画局は金融監督庁と統合され、「金融庁」ができる。

金融庁発足と同時に、あれほどこだわった「金融の企画立案」が財務省からなくなり金融庁に移されたが、財務省は、これにまったく抵抗しなかった。金融庁が実質的に財務省の傘下にあると、すでに確信していたからであろう。

金融監督庁を作るに際して、その職員の9割が大蔵省からの異動となった。反対意見もあったのだが、「金融検査は専門家でなくては」という大蔵省の主張が通ったからである。そのおかげで、金融監督庁（現在の金融庁）は、完全に大蔵省（現在の財務省）の傘下に入ることになった。財金分離は、まったく功を奏さず、単なる焼け太りに終わったのである。

その後、金融庁の予算と人員は増加の一途を辿る。ビッグバンで「事前規制」から「事後チェック」に移行したにもかかわらず、また、行政改革によって中央省庁の統合・効率化が進められたにもかかわらず、なのである。結果的に、財政と金融の分離は大蔵省の権限を縮小せず、細胞分裂による拡大を許す結果に終わった。

橋本行革の目玉の一つとして設置されたのが、首相が議長を務め、担当閣僚と民間委員をメンバーとする「経済財政諮問会議」である。行政と予算の基本方針を決定し、内閣が経済・財政をはじめとする行政の主導権と責任を持つことを目的に作られたが、いつのまにか、実質的な財務省支配の下に置かれている。

第6章 橋本郵政改革
——見逃された大蔵省の責任

橋本政権の郵政民営化

たしかに官は非効率だ。しかし、官は非効率だから民営化、という論理には飛躍がある。民営化すれば「営利追求」が目的になり、必要な公共サービスを維持できない。

公共性がしばしば、天下りや族議員の隠れ蓑《みの》として使われることが事実でも、だからと言って、「公共性」や「公的役割」を無視する理由にはならない。官が非効率なら、その効率化をこそめざすべきではないだろうか。

国鉄がJRになり、電電公社がNTTとして民営化された。残った大物が、郵政事業だったのである。

都合の良いことに、欧米諸国では民営化がひとつの流れになっており、「小さな政府」は「世界標準」「改革」と主張しやすかった。

行政の効率化は必要だが、「効率的な政府」は必ずしも「小さな政府」を意味しない。状況によって、「大きな政府」が必要な場合もあるからだ。重要なのは、今いかなる行政サービスが必要か、という点である。しかし、「小さな政府」「民営化」が改革、という論調はすでに日本を覆っていた。

郵政民営化がとりわけ注目されたのは、橋本内閣の厚生大臣に就任した小泉氏のせいでもある。平成7年9月の自民党総裁選で、橋本氏と戦って敗れたが、総裁選における小泉氏の政策は、郵政民営化の一本槍、おかげで郵政民営化は行財政改革の本丸という小泉氏の主張は、一般にもかなり浸透していた。

郵政民営化といえば小泉、小泉といえば郵政民営化というイメージが定着していたが、最初に郵政民営化に取り組んだのは、橋本首相だったのである。

マスコミは郵政民営化がお好き

郵政民営化＝改革、という主張は、マスコミにとって、きわめて受け入れやすいものだった。行政のスリム化も、族議員の排斥《はいせき》も、マスコミが好むテーマであり、郵政民営化論は、まさしくうってつけだった。その主張の論理性や、民営化が本当に望ましい改革なのかどうか、検証されることはほとんどなかった。

そして、平成9年8月、行政改革会議の中間報告が出されると、新聞の大見出しとして躍ったのは「郵政」の文字。どの新聞も「簡保民営化、郵便は国営、郵貯は民営化準備」を大きくとりあげ、「郵政解体」「民営化」は、いつのまにか、すっかり行革の象徴になっていたのである。

しかし、報道が熱を入れたほど、国民の気運は盛り上がらなかった。当時、郵政民営化についていくつかの世論調査が行われたが、どの調査でも結果は同じ、民営化に否定的な意見の方が多かった。大多数の国民は、郵政解体も民営化も望んではいなかったのである。

それどころか、全国の自治体で、郵政民営化の反対決議が行われた。過疎の市町村だけではなく、県単位の決議も行われ、45の都道府県議会が反対決議を行った。しかも、全国に先駆けて反対決議を行ったのは、東京都である。

国民が郵便局の解体、民営化を望まなかったのにはわけがある。国民は郵便局に不満を持っていなかったのである。むしろ唯一、評判の良い官業と言っても良い存在だった。金融専門紙による毎年の調査でも、郵便局は民間の金融機関を押さえて1位を続けていた。つまり、郵便局は、もっとも評価の高い金融機関だったのである。

だが、郵政解体・民営化を行革の目玉と決めているマスコミにとっては、議会の反対決議は、大きな意味を持たなかったらしい。どうせ特定郵便局長会の集票力が議会に圧力をかけたのだと、一顧だに与えなかった。

しかし、郵便局と農協は貯金集めでしのぎを削る敵同士だ。農協にとって、郵便局が解体され力を失うのは都合が良いはずである。地方議会の反対決議が特定局長会の圧力というなら、郵政と同等かそれ以上に集票力を持つ農協は、なぜ反対決議に反対しなかったのだろう。

なぜですか、と農協の関係者に聞いてみた。その答えはこうだった。「郵便局が貯金業務をやめて地元に残ってくれるのが、もっともありがたい。しかし、われわれは、貯金業務をやめたら小さな郵便局が採算割れになるのを知っている。国鉄も電電公社も民営化され、地元から消えていった。この上郵便局までいなくなっては、取り残される思いが強いのだ。郵便局には、このまま残っていてほしい」と。

郵便局は、都会においてさえ生活の一部となっており、まして、過疎地では中央とつながっている唯一の行政組織である。だから、アンケート調査でも、民営化に反対の声の方が強かったのだ。しかし、こうした国民の声を、マスコミが真剣に検討することはなかった。

族議員の存在と、郵政の公共性は別問題

中間報告に驚いたのは、党内の反対勢力だ。与党内の郵政族が動いた。もちろん郵政省が、手をこまねいているはずもない。こうした勢力の動きが功を奏し、結局、平成9年12月の最終報告では、郵政解体・民営化は撤回され、郵貯・簡保・郵便の三事業は一体のまま「公社化」

されることになった。

中間報告で示された改革が、族議員と官僚の暗躍で妨害され後退した、とマスコミは一斉に批判した。集票マシーンを失いたくない郵政族議員と、権益を失いたくない郵政官僚が、行政改革を骨抜きにしたというのである。自治労を支持基盤とする野党も、郵政職員の票を失いたくないために、解体・民営化に反対したとして、批判の対象となった。

そうした側面がないとは言い切れないだろう。しかし、郵政の票をあてにする議員が存在することや、官僚が権限の維持や組織防衛を行うことと、郵政の公共性はまったく別の問題である。族議員や官僚の問題があるとしても、郵政事業そのものの公共性を過小評価して良い理由にはならない。

郵政民営化に反対する国民の声を、マスコミはどう聞いたのか。族議員を叩き、官僚を叩けば一件落着なのだろうか。

そもそも、郵政を解体・民営化すれば、国民にとって何がどう良くなるのか、という基本的な点が一向に明らかではない。解体・民営化を改革と決めつけた論調が主流となっており、国民の立場から郵政事業をどうするのが望ましいか、という問題は、ほとんど議論されなかったのである。

いや、議論はされたが、族議員や官の勝手な言い分として無視されてしまったのである。

その背景には、民営化そのものを改革とみなす風潮があった。国鉄や電電公社の民営化が成功したという評価も後押しした。しかし、本当に国鉄や電電公社の民営化は成功したのだろうか。ＪＲやＮＴＴになったことで、サービスは向上したのだろうか。国民生活は改善されたのだろうか。実は、過去の民営化の検証さえ行われていないのだ。

民営化の功罪

国鉄の民営化は成功した、民営化でサービスが良くなった、と言われる。確かに、応対が丁寧でやわらかくなったし、ストもなくなった。しかし、それだけでは、サービス向上とは言い切れない。

民営化で、地方では多くの路線がなくなった。民間会社では、採算が取れない路線を運行することができない。多くの費用と時間をかけて作り上げたネットワークが、あちこちでとぎれている。たくさんの線路やトンネルや鉄橋が、ただ赤錆《さ》びている。

コスト削減で職員を減らしたのか、ホームには駅員の姿が見えなくなった。かつては、ホームの隅々にまで届いていた駅員の目がなくなって、目の悪い人や車椅子が転落したという事故のニュースをよく聞くようになった。東京の中央線は、「またか」と言われるほど、飛び込み自殺が増えた。

昔は、乗り換え駅など、ホームの駅員にたずねることができたが、今はホームに駅員を見つけるのは困難だ。台風や事故で電車が止まったときにも、回復の見通しや、代わりの手段を聞きたくても、駅員の姿がない。右往左往するばかりだ。

電々公社も民営化され、事業所が数十分の一に削減された。都会でも、多くの支局がなくなった。企業としての効率化かもしれないが、住民サービスという点ではどうだろう。事業所がなくなった地域では、不便になった、取り残されたと感じている人々は少なくない。

もちろん民営化がすべて悪いというわけではない。しかし、NTTは昭和60年、JRは昭和62年に民営化され、すでに20年以上が経過している。利用者の立場から、国民の立場から、民営化の検証を行う必要があるのではないだろうか。

郵便局は、130年かけて築き上げた行政のネットワークだが、壊すときには、そんなに時間は要しまい。しかし、壊してしまえば、元に戻すのは至難の業である。

橋本首相のこだわり――郵政は財投の資金源

橋本改革においては結局、「郵政民営化」でなく「公社化」と決まったが、郵便貯金が財投(財政投融資)の資金として流れるルートは断ち切った。橋本首相が「郵政民営化」をめざしたのは、それが財投の非効率を正すひとつの手段と考えたからである。

「財投が非効率なのは、事業のいかんにかかわらず資金が確保されているからだ。したがって、資金源を断てば財投は効率化されるはず、そのためには郵便局の民営化」という論法だった。

これは、小泉氏の郵政民営化論でも使われた論法だが、乱暴で非論理的な主張であったにもかかわらず、多くのマスコミや識者が共感し、賛同してきた。財投の非効率は、かねてから、国民の共通認識となっており、財投改革という大義名分が、疑問を拒否し、いつのまにか郵政民営化それ自体が改革の目標と化してしまったのである。

郵政が民営化ではなく公社化で終わったことは、改革の失敗とみなされた。官僚と族議員に屈したと批判を浴びることになったのである。しかし、そもそも目的は、財投改革だ。郵政民営化は、資金源を断つための手段でしかなく、財投の資金源となるルートを断ち切ったのだから、目的は達成されたのだ。それなのに失敗とみなされたのは、「郵政民営化」それ自体が、目的となっていた証拠である。

さて、「財政投融資」とは、国が行う投資や融資のことである。たとえば、民間金融機関がリスクやコストが高すぎるとして融資を行わない住宅資金や事業資金を貸し付けたり、あるいは、あまりに巨額の資金が必要で民間では負担しきれない、高速道路やダムなどの公共施設に投資を行うのである。

公共性の強い事業であるため、必要とあれば採算を度外視《どがいし》して行うが、それを口実に、きわめて非効率な運営がなされている。

財投事業を行う公庫・公団などの「財投機関」（特殊法人）は、単なる官僚の天下り機関と化していて、本来の役割を見失い、存続すること自体が目的となっている。だから、すでに役割が終わっている財投機関も、決して解散しない。ムダと不公正がまかり通っている。

財投の非効率と、改革の必要を疑う者はほとんどいない。しかし、財投改革のために「資金源を断つべき」という話は、論理が飛躍している。そもそも、財投に問題があるなら、なぜ財投を直接改革しないのか。なぜ資金源なのか。

財投改革を行うなら、まずは、個々の財投事業の必要性を議論すべきである。それぞれの事業が、公的に行う必要性があるかどうかを見定めねばならない。公的に行う必要がないなら、その事業は廃止か、民営化すれば良いだろう。

公的に行う必要性があるとなったら、次に行うのは、それを効率的に行っているかどうかのチェックである。非効率というなら、どこがどのように非効率なのか、それが許されてきた原因はどこにあるのか、などを明らかにすべきだろう。原因分析もなしに、対策など決められるはずがない。

問題が明らかになって、はじめて、その解決のための手段を論じることができる。必要な事業かもしれないのに、いきなり資金源を断てば、事業そのものの存続が危うくなる。必要性と効率性は、分けて考えるべき問題だ。資金源を断てば、効率化されるという保証もない。

資金源を断てば良いのか

郵政は、単に、財投の資金源としてだけの役割を担ってきたわけではない。郵政三事業そのものが、多くの公的な役割を担ってきたはずである。だが、財投機関の公共性が真剣に論じられなかったように、郵政事業の公共性も議論の対象にはならなかった。

さて、橋本郵政改革は、何を行ったか。それまでは法律で、郵便貯金は大蔵省に預託すると定められており、それを大蔵省が財投資金として分配していた。

つまり、財投にお金を垂れ流していたのは、郵政省ではなく、大蔵省だったのである。橋本改革は、その「預託義務」を廃止した。郵便貯金は、郵政公社が自主運用することになり、財投の資金源として、自動的に財投に流れ込むルートは閉ざされたのである。

代わりに、財投機関はそれぞれ、市場で「財投機関債」を発行することになった。必要な資金は債券発行によってまかなう、とされたのである。

この「改革」のねらいは、財投の事業の必要性を市場に判断させる、という点にあった。債券の買い手がいるということは、投資家（市場）が、その事業は見込みがある、採算がとれると評価したことになる。

債券が売れない事業は、「市場が評価しない事業＝ムダな事業」という考え方なのだ。投資家の判断をゆがめないために、財投機関債には政府保証をつけない、政府保証をつければ、事業のリスクが正しく評価されないからだという。

市場は公共性を判断できない

残念ながら、この財投機関債のアイデアは、根本的に間違っている。市場は、採算は判断できるが、公共性は判断できないからである。

「市場メカニズム」を信奉するのは結構だが、市場メカニズムは万能ではない。債券市場が判断するのは、期限になれば償還されるかどうか、そのリスクに見合う利払いがあるかどうか、という投資採算だけなのだ。

財投機関であれ、なんであれ、政府の事業は、公共目的を持っている。そして、それは民間の投資採算とはまったく別の基準で判断されるべきものである。たとえ、投資採算が悪くても、公的に必要なら、実行しなければならない事業がある。逆に言えば、採算が合わないからこそ、公的に行うのである。

自力で債券を発行できるような特殊法人は、逆に存続させるべきではない。市場が要求する金利を払える事業なら、民間ベースで採算がとれる事業であり、公的に行う必要がないからだ。

それこそ「民にまかせるべき」なのだ。それなのに財投機関債を発行できる機関を残す、というのは、まったく逆なのである。

財投事業において判断すべきは、それが採算がとれるかどうかではなく、公的な必要があるかどうか、である。

そして、ひとつひとつの財投機関の事業が、必要かどうかを決めるのは、国民（政治）であって市場ではない。財投機関債の発行は、マスコミから学者までこぞって後押しした改革だったが、大間違いだったのである。

財投機関債に政府保証をつけないとしたことも、大きな誤りだ。政府保証もつかないのに、基本的に採算のとれない事業の資金調達に、応じる者などいるだろうか。

必要なことをできるだけ低いコストで行うのが、公的事業の効率性のはずである。だとしたら、資金調達も、できるだけ低い金利で行うべきだろう。それなのにわざわざ政府保証をはずして高い金利を払うのは、改革逆行ではないだろうか。

財投機関が、公的役割に徹していればいるほど、財投機関債の発行は難しい。公的に必要な事業ができない恐れがある。

それが大蔵省に口実を与えた。

「財投債」という大蔵省の新しい権益

別の資金源が必要だと大蔵省は主張し、債券を発行できない特殊法人のために、別に「財投債」というあらたな国債を発行することに決まったのである。財投債は、国の保証で発行する国債の一種だ。

そして、当然のことながら、財投機関の資金源は財投機関債ではなく、そのほとんどを財投債に頼ることになったのである。

財投機関債のアイデアが最初から間違っていたのだから、大蔵省の主張はその限りにおいて至極もっともだったが、結局、この「改革」は、大蔵省のための改革に終わった。

財投機関（特殊法人）はそれぞれ、いずれかの省庁の所管となっている。たとえば、道路公団なら建設省、年金福祉事業団なら厚生省、という具合。理事長ポストも、基本的には所管省庁からの天下りである。

資金源を財投債発行に頼ることになって、各省の財投機関に対する大蔵省の影響は一段と大きくなった。財投債の発行権限は大蔵省にあり、そこから資金を分配してもらわなければ、どの財投機関も資金を断たれることになるからだ。

もともと大蔵省は、財投資金の分配権限を持っていた。財投の資金源となっていた郵貯も、年金の積立金も、大蔵省の理財局が所管する資金運用部という勘定に預託されて、そこから各財投機関に割り振られていた。

財投改革のために郵政民営化、といわれ続けると、なんとなく責任が郵便局にあるような気がしてくる。だが、実は、お金の使い道を決めていたのは、大蔵省だったのである。

しかも、その権限を利用して、他省庁の特殊法人にまで天下りの指定席をもっていた。特殊法人が大蔵省に予算申請すると、予算と一緒に人材も、もらえる（？）そうである。

これは、ある省の認可法人で実際にあった話である。そこにもご多分に漏れず大蔵省OBのための指定席、役員ポストがあった。無用と判断した理事長が、そのポストをなくしたいと大蔵省の官房に連絡したところ、「主計と一緒にうかがう」との返事が返ってきたそうである。

人事担当の官房がくるのはわかるが、予算担当の主計が同行する理由はまったくない。つまり、母体の本省の予算に影響がでるが、それでもよいのか、という無言の圧力なのである。

「郵政民営化」論が隠した大蔵省の責任

平成10年、道路公団の財務担当の天下り理事が、汚職で逮捕されたと、マスコミが一斉に報じた。

道路公団なら、建設省（現国土交通省）出身と誰しも思う。ところが、大蔵省出身だったのである。特殊法人、認可法人の役員ポストは7、8割が天下りだそうだが、なかでも一番人数が多いのが大蔵省である。それも、財務担当ポストについていることが多い。

　とした ら、特殊法人のムダ遣い、非効率の本当の責任者は明らかではないだろうか。郵便貯金と年金の積立金を支配し、財投機関の予算権限を握っているのも大蔵省。しかも、その権限を利用して、財務担当を中心に、特殊法人の役員ポストをもっとも多く占有しているのも大蔵省なのである。

　財投機関に資金のムダ遣いや、非効率があれば、それを見つけだし、改善を迫るのは、財務担当役員の仕事だろう。しかし、財務担当役員はその役目を果たさなかった。つまり、財投資金をばらまき、しかも、そのムダ遣いを見逃していたのは、大蔵省なのである。

　その大蔵省が、財投改革の名の下に、財投債発行という新たな権限を手に入れた。財投非効率の原因を明らかにし、その責任を糾明するという、重要な手順を省略し、すべてを資金源のせいにしたからである。

「財投改革のために郵政民営化」と叫び続けた小泉氏は、財投非効率の責任を負うべき真犯人の隠蔽に力を貸したようなものである。どんな問題であれ、責任を負うべきは、もっとも権限を持っている者ではあるまいか。

　財投債の導入によって、大蔵省は、資金を分配する権限だけでなく、収集する権限も手に入れた。

財投非効率について、もっとも責任を負うべき大蔵省が、その責任を不問に付されただけでなく、財投債によって、より完璧な権限を手に入れたのである。これが、行革会議の決めたことである。

しかも、その事実を指摘する者は、誰もいなかったのである。

第7章 作られた「財政危機」
――大蔵省の嘘

憲法を無視した大蔵省設置法

さて、大蔵省の権限ということについては、平成10年2月、第142国会の予算委員会において、公明党の坂口力《さかぐちちから》氏が橋本首相への質問の中で、実に興味深い指摘を行っている。

「憲法の第八十六条は『内閣は、毎会計年度の予算を作成し、国会に提出して、その審議を受け議決を経なければならない』と記している。予算の作成、編成は内閣の仕事であって、大蔵省に丸投げせよとは書いてない。ところが、いつの間にか、これは大蔵省の仕事になってしまっている」。

一方、「大蔵省設置法の第五条は『大蔵省は、前条に規定する所掌《しょしょう》事務を遂行するため、次に掲げる権限を有する』とし、その二号で『国の予算及び決算の作成』を挙げている。憲法が内閣の仕事と定めていることが、大蔵省設置法でいつのまにか、大蔵省の権限とされている。これはおかしい」と。

さらに、こうも指摘した。「財政法の第十七条では、立法府、司法府、会計検査院の予算は、内閣で調整するため内閣に送付せよとなっている。三権分立なら、本来、それぞれが独立して編成するのが筋だが、内閣に送ることになっている。ところが、実際には内閣ですらなく、立法府の予算も司法府の予算もすべて大蔵省に送られ、大蔵省が査定している。これは、見直すべきではないか」と。

憲法上は、予算作成は内閣の仕事とされているのに、大蔵省設置法には、「大蔵省の権限」と書いてあるのは、スゴイ。立法府の予算も、司法府の予算も大蔵省が査定しているのは、大問題のはずである。

一体、いつ、いかなる経緯から、こういうことになってしまったのか。橋本政権は、政治の責任において行政を行うために行政改革をめざした。だとしたら、坂口氏が指摘した問題は、第一番に見直すべき重大事だったはずである。

だが、大蔵省にすべての権限が集中している、との坂口氏の指摘は、橋本行革においても、その後に至っても真剣に討議されることはなかった。

そう言えば、予算のシーズンになると、新聞をはじめマスコミは「大蔵省原案（財務省原案）」と呼び習わす。しかし、憲法は、大蔵大臣（今なら財務大臣）が、内閣に原案を提出すると決めている。大蔵省（財務省）は、その事務を司るだけの存在でしかない。

本来「大蔵大臣原案」と呼ぶべきものが、いつから「大蔵省原案」と呼び習わされるようになったのだろう。

省庁再編で大蔵省設置法が廃止され、財務省設置法にとって代わると、坂口氏が指摘した「権限を有する」の文字は法文から消えた。文字は消えたが、状況はまったく変わっていない。文字が消え、問題は見えにくくなり、権限はより強固になったであろう。

政府提案の法律は、内閣法制局がチェックする。しかし、内閣法制局にも、両院の法制局にも、各省庁からの出向者がいて、それぞれの省庁にかかわる法案は、彼らがチェックしているそうだ。だから、ときどき、立法府が知らないとんでもない言葉が法文に付け足されたりする。あまりにさりげなく、あまりに巧みなので、うっかり読み過ごされてしまうが、後に、その一語が実に大きな力を発揮するのだ。

日本は「議会制民主主義」ではなく「官僚民主主義」だと揶揄《やゆ》する人々がいる。そういう人々でさえ、官僚支配が、ここまで深く食い込んで、もはやどうにもできないほどにがんじがらめになっていることに、果たして気がついているだろうか。

財政危機宣言と財政構造改革

橋本改革の最大の失敗は、「財政構造改革」である。名前は構造改革だが、中身は単なる

「緊縮財政」、歳出の削減である。日本経済や国民生活のニーズに合わせて、歳出の構造を変えるという意味での、財政構造改革ではなかった。

たしかに財政は赤字だ。ムダも多い。ムダの解消は立派な財政構造改革だとの見方もあろう。しかし、財政のどこにどんなムダがあるかの分析も、国民のために優先すべきは何かの議論も、行われなかった。

公共事業と社会保障を大幅に削減、消費税の増税、特別減税の廃止など、かなり強烈な緊縮財政を行った。まだ介助が必要な病み上がりの病人に、健康体でも応えるような重い荷物を背負わせたのである。

消費税の増税で5兆円、特別減税の廃止で2兆円、いきなり7兆円の増税である。医療保険が削減され、サラリーマンの自己負担が1割から2割にアップ、薬剤費に一部自己負担を導入した。2兆円の社会保障費を国民負担に転嫁したのである。計9兆円の国民負担増である。

公共事業費の4兆円削減と合わせれば、13兆円のマイナスの景気対策が打たれたことになる。病気がぶり返して、以前よりも重くなったとしても当然だったのである。日本経済は、まさしく逆噴射をかけられて、一気にデフレ経済と金融危機へ向かって落下し始めた。

問題は、こうした誤った政策をとらせる原因となった「財政危機」が、ほとんど嘘と言っても良いほど、きわめて誇大に喧伝されており、実際には、緊急でも深刻でもなかったことである。橋本政権は、「財政危機」を大げさに演出する大蔵省の情報戦略にのって、最もとってはならない政策を実行してしまったのである。その結果、橋本首相は、緊縮財政で大恐慌をひきおこした米国のフーバー大統領になぞらえられることになる。

政治主導を宣言し、行政改革に取り組んだ橋本政権だったが、その基本となる現状認識を誤った。まさか虚偽の情報が提供されているとは思いもせず、それが国民のための改革と信じて、日本経済と国民生活を最悪の事態に追い込んでいく。

日本の財政赤字が巨額であるということは、いまや小学生でも知っている国民的常識だ。積年にわたる大蔵省の広報活動のおかげであろう。それは、「財政危機宣言」によって始まった。平成7年11月の国会で、時の武村正義《たけむらまさよし》大蔵大臣は、わが国の財政は「容易ならざる事態」と、財政危機を宣言した。だが、少なくとも当時、日本の財政が危機的状況ではまったくなかったことは、専門家なら誰でも知っている。中には、「知らない」専門家もいるかもしれないが、だとしたら、実際は専門家ではなく、肩書きはどうあれ素直な素人なのである。あるいは、知っているのに知らぬ振りを通しているのであろう。

専門家が黙っていることで、日本の財政危機は、既定の事実とされていく。これ以降、財政危機は、日本の経済政策を議論する上での大前提であり、経済運営の大きな制約となっていく。橋本首相がまなじりを決して、財政構造改革に取り組んだのには、それなりの布石があったのである。

「債務」を「赤字」と偽装してきた大蔵省

財政危機を周知徹底するために、当初、大蔵省が多用したのは「日本の財政危機はＥＵに入れないほど」である。

ＥＵは通貨統合をめざして、平成３年のマーストリヒト条約によって、「財政基準」を決めた。すなわち、「毎年の財政赤字（財政収支）が、ＧＤＰの３％以内であること」「累積債務残高がＧＤＰの60％以内であること」である。この財政基準は、日本でもよく知られている。インフレ率や通貨安定の基準については知らない人でも、財政基準については知っていることが多い。大蔵省のおかげである。

武村大蔵大臣の財政危機宣言の２年前から、折よく（?）、日本の財政は、ＥＵ基準をクリアできない水準に達した。毎年の財政赤字はＧＤＰの３％を超え、累積債務は60％を超え始めていた。大蔵省は、「これではＥＵに入れない」とパンフレットを作って宣伝し、マスコミもしばしばこの表現を使った。

しかし、落ち着いて考えてみれば、この基準には何の意味もない。いずれにしろ、日本はＥＵには入れないからである。たとえ毎年の財政赤字をＧＤＰの３％以内に抑え、累積債務を60

％以内に収めたとしても、どうせ日本はＥＵに参加できないのだ。しかも、日本は他の多くの国々と違って、財政赤字を深刻に考える必要のない経常黒字国なのである。財政赤字を最優先の課題とする理由が日本にはないのである。

ちょうどＥＵの通貨統合が大きな話題になっているときでもあり、大蔵省にとっては、わかりやすい便利な基準だったというだけのことである。

さらに、橋本政権の財政構造改革の議論が本格化した平成9年になると、日本の財政赤字は「主要国の中で最悪」という説明を、大蔵省は繰り返し始める。平成9年の日本の債務残高は、ＧＤＰの80％を超えていたが、主要国の中で最悪との指摘は事実ではなかった。

現在は、ＧＤＰの１６０％になり「ＯＥＣＤ加盟国の中で最悪」と表現が変わったが、実は、平成9年当時と現在の基準は同じではない。共通しているのは、財政危機をどうすれば大きく見せかけられるかの工夫だけである。

しかも、不思議な表現が使われていた。「債務残高」を「財政赤字」と表現していたのである。

当然のことながら、債務と赤字は同じではない。債務がどんなに大きくても、それを上回る資産があれば、問題ではないからだ。債務が大きいだけで危機だと言うなら、通常、大会社ほど債務も大きいから、大会社ほど財務状況が悪いということになってしまう。

実は、日本は他国に例のないほど、巨額の資産も持っている。処分可能な資産を考慮に入れて、日本の純債務、本当の財政赤字を計算すれば、日本の財政赤字は大きくはない。むしろ、財政優良国と言っても良い状況だったのだ。しかし、大蔵省は、国の資産については、まったく言及しなかった。

債務と赤字は違うではないか、という批判は起きなかった。もちろん、筆者も含めて指摘する声が一部にはあったが、多くの専門家もマスコミも大蔵省に同調し、その違いを無視した。しかし、あまりにも露骨な「言い違い」はまずいと思ったのか、数年後、大蔵省はようやく、債務を財政赤字と呼ぶのはやめて、「国の債務」と表現し始めた。だが、その間に何年も経過して、「財政赤字」の文字は国民に十分刷り込まれたようだった。

大蔵省が「国の債務」という表現をとるようになってからも、その数字を「財政赤字」と言う専門家やマスコミは、いまだに跡を絶たない。財政危機を煽《あお》りたい大蔵省の情宣《じょうせん》活動は、大成功と言えよう。

経常黒字の日本で、財政赤字が深刻になるはずがない

大蔵省はつい数年前まで、財政赤字を債務超過の企業にたとえて説明してきた。「年間の売上げが50億円しかない企業が、800億円という巨額の借金を背負っている。しかも毎年赤字

経営が続いており、借金は増える一方、返済のめどはまったく立っていない」と。

しかし、財政を企業にたとえるのは間違っている。企業はサイフが一つしかないからだ。企業に二つ以上のサイフがあるなら、それは二重帳簿で、犯罪として罰せられる。だが、家計はそうではない。

家計費は家族共通のサイフであるが、家族はみな、それぞれに別のサイフを持っている。財政はいわば、国民共通のサイフであり、国民はそれぞれに別のサイフを持っている。だから、財政は家計費にたとえるべきなのだ。

お母さんの遣り繰りが下手で、毎年、毎年赤字だが、家族はしっかり働いて巨額の貯金を持ち、隣近所に貸してあげているという家に、日本はそっくりだ。そんな家で、家計費の赤字が深刻な問題になるわけがない。

家全体として黒字だから、家計費の赤字を埋めているのは家族だ。お母さんは家族から借りているだけ、隣近所から借金しているわけではない。したがって、どうしても必要な出費があったとき、その必要性と優先順位を家族が話し合えば済む話だ。家族のためにどうするのが一番良いか、を話し合えば良いだけなのである。

毎年、財政赤字が続いていても、日本は経常黒字国、つまり国民はしっかり稼いでいて、国全体では毎年、黒字なのである。財政を、サイフが一つしかない企業にたとえる限り、日本の経常黒字を表現するのは難しい。

双子の赤字は、米国の専売特許ではない。ＥＵ諸国も開発途上国も、財政赤字の国々の多くは、同時に経常赤字も抱えていて、双子の赤字に苦しんでいる。双子の赤字を抱える国々は、家計費の赤字だけでなく、家族全体が借金まみれなのである。

しかし、日本はそうではない。そうであるにもかかわらず、大蔵省の財政赤字論では、この違いが完全に無視されている。無視するのに都合の良いたとえが、債務超過の企業だったというわけだ。

バブルの破裂は、稼ぎ手のお父さんが大病になったのと似ている。薬も医者も必要だ。だが、お母さんは家計費の赤字を言い立てて、医者も呼ばなければ、薬もくれない。「こんなに家計が火の車で、どうやって、薬代を出せば良いのよ、ましてお医者さんなんて呼べないわ！」と。それだけではない、お父さんを叱って、体質改善に駆り立てる。「この程度のことで薬が欲しいなんて贅沢だわ。甘えだわ。そんなに意気地なしだから、ちょっとのことで、薬が欲しいと大騒ぎ」「体が鈍っているからよ。薬より、体を鍛えるのが先でしょう」「改革だ」と。苦しんでいるお父さんを、寒空に追い出して、ジョギングやウェイト・トレーニングをやれと迫るのだ。

しかし、ただでさえ体が弱っている病人に、寒空でジョギングさせたらどうなるか。病気はますます重くなり、お父さんは、どんどん弱っていく。もちろん、健康を回復しない限り働けないから、家計費の赤字は解消するどころか、大きくなるばかり。まさしく、日本の状況だ。働き手のお父さん、一家の大黒柱が病気なのだ。家計費が赤字でも、息子も娘もお金を持っている。しばらくの間、息子や娘から借金をして、お父さんの治療費を出せば良いだけだ。お父さんが元気になれば、働いて、その借金を返すだろう。

軽い風邪ならともかく、デフレ経済は未曾有《みぞう》の大不況、大病なのである。それなのに薬を飲ませない。必要な景気対策を行わず、病人にジョギングを迫ったも同然だったのが、橋本政権の財政構造改革だったのである。

「財政健全化」を優先する誤り

財政危機を信じた橋本首相は、「財政構造改革は待ったなし」として、公共事業をはじめとする歳出削減を宣言した。とりわけ翌平成10年以降の3年間は、集中的に緊縮政策をとり、大幅な経費削減をめざす、としたのである。

その中で、橋本首相が財政構造改革の第一番に挙げたのは、「平成15年までに単年度の財政赤字をGDPの3％以内に抑えることをめざす」という目標だった。GDPの3％以内は、EUの財政基準だ。極東の日本が、EUの加盟基準の達成をめざすというのも、おかしな話だ。

どうしても、大蔵省の「これではEUに入れない」というキャンペーンを思い出さないわけにはいかない。

しかし、財政は待ったなしの状況ではなかった。大蔵省は、日本の債務のGDPに対する比率は主要国の中で最悪であるとしたが、最悪に見える数字を、わざと使ったに過ぎない。大蔵省はあえて「債務残高」を使ったが、国際的に一般的なのは債務残高ではなく、それから資産を除いた「純債務」である。つまり、グロスではなくネットの債務残高だ。

繰り返しになるが、財政状況を正しく把握するためには、債務の大きさだけを問題にするのは、正しくない。債務と同時に、資産を見る必要がある。財政状況の国際比較においても同様である。

いずれにしろ、債務から処分可能な資産を引いた残りの「純債務」で財政状況を判断するのが、世界の一般的なやり方である。そして、日本政府は、世界にも稀な巨額の資産を保有している。国際的基準である「純債務」で見るなら、当時の日本は、主要国の中で最悪どころか、最良と言うべき状況であった。

一方、国の経済の状況は、大幅な緊縮財政や増税に耐えられるようなものではなかった。病人にダイエットを迫ったようなものである。これで病気が悪化しなかったら、不思議である。

財政資金は、国民のための国民のお金である。国民にとってもっとも良い使い方を検討すれば良いだけなのに、国民に苦しみを与えてまで財政赤字の健全化を優先したのは、本末転倒である。「痛みを伴っても改革」という小泉改革で使われたキャッチフレーズは、実は、橋本改革でも使われていた。国民を痛めてまで行う改革とは、一体誰のための改革なのかという疑問を禁じえない。

「デフレ経済」という異常

世界史に残るほどの株価と地価の暴落に見舞われ、平成9年までに、日本は1000兆円を超える国民資産を失っていた。株価は、最高値の半分である2万円がせいぜいであったし、地価は一貫して下がり続けていた。

とはいえ、地価の下落率は徐々に縮小し始めており、株価と地価の大暴落によって受けた痛手を癒しつつあった。平成7年、8年、日本経済はようやく立ち直って、前に歩み始めようとしていた。

回復に向けて歩み始めたとはいえ、回復したわけではない経済に、増税と緊縮財政の「財政構造改革」が断行された。足元の定まらない日本経済に、いきなり、13兆円というかつてない巨額の国民負担を一度に強いたのである。

不況のさなかに、それだけ大きな不況政策を断行したのだから、経済がへたり込んでしまったのは当然だった。日本経済は、急速に悪化し、悪化が悪化を呼ぶ悪循環に入った。財政構造改革は、日本経済の回復の腰を完全に折ってしまったのである。

平成6年、日本全体の物価水準を示すGDPデフレーターはマイナスに転じ、日本経済の異常を示していた。デフレ経済の始まりだった。

たとえ緩やかであれ、成長経済であればインフレが生じるのが普通である。経済成長の過程において、購買力の増加はすぐに需要になって現れるが、供給（生産）を増やすには時間がかかるからである。稼働率の増加で追いつかなければ、設備投資も必要だ。需要が先行し、供給とのギャップが常態的に生じるので、インフレを招くのである。

とはいえ、平成7年、8年と経済は少しずつ改善しつつあり、平成8年秋の総選挙に際して、橋本首相は増税を明言した。選挙にあたり増税を明言するのはリスクがあったが、それほど財政危機を強く意識していたということであろう。

平成8年の秋以降は、日本経済が元気を取り戻したかに見えるデータの改善があった。翌9年4月からの消費税増税を見込んだ駆け込み需要であったが、慎重に経済を見守る姿勢は失われていた。大幅な緊縮予算に歯止めはかからず、消費税増税も断行されたのである。

経済は逆回転を始め、日本経済は本格的なデフレ経済に突入していく。物価下落、経済縮小の悪循環に入ったのである。物が売れず、コストを割っても何とか現金収入を得ようとする企業が増え続けた。そうしなければ、賃金も払えず、借金の利子も支払えないからである。しかし、それはさらに企業の体力を奪い、デフレ経済を深刻化させていった。

この時期の増税、緊縮財政については、米国はじめ、IMF、OECDなど多くの国際機関からも、「まだ、その時期ではない」という警告が相次いだ。もちろん、国内にも警告の声はあった。しかし、走り始めた財政構造改革を、止めることはできなかった。

戦後、先進国が経験したことのない異常なデフレ経済が始まったのである。デフレ経済という言葉は、さまざまな意味で使われている。単に物価の下落が続く、という意味で使われることもあれば、経済の低迷や縮小を意味するときもある。あるいは、その両方が同時に生じた場という使い方もある。いずれにしろ、どの意味においても、平成10年以降の日本はデフレ経済である。

平成9年から、マクロで見た企業部門は、借金の返済を始めている。資金を調達し、事業活動を拡大してきた企業が、活動を収縮し始めたのである。一方、家計部門は貯蓄を取り崩し始めた。収入が減り、あるいは倒産や失業で収入がなくなって、貯蓄を取り崩さなければ生活できない人々が激増したからである。

経済学の教科書では、家計は黒字主体、企業は赤字主体と教える。将来に備えて家計は貯蓄する。一方、企業は成長のための資金を調達する。家計の貯蓄が、預金や証券投資となって、事業資金を提供する。事業収入から、企業は賃金や金利や配当を家計に還元する。企業部門は赤字、家計部門は黒字というのが、通常の経済の姿である。平成10年、日本ではこれが逆転した。日本経済は壊れ始め、正常な姿を保てなくなっていたのである。

倒産は過去最高のレベルに達し高止まりし、人々の生活も急速に悪化した。バブルに踊ったわけでもなく、政策の失敗さえなければ、十分に生き残れるはずの企業が、つぎつぎ破綻し始めていたのである。

平成6年、初めて3%を超えた失業率は増加を続け、平成10年には4%を超えた。平成8年、初めて10%を割った家計の貯蓄率は、その後も下がり続けた。平成10年、年間の自殺者が初めて3万人を超えた。うち約4分の1が、生活苦など経済問題が原因である。

財政の健全化を優先するあまり、日本経済の健全化、国民生活の健全化は閑却《かんきゃく》された。財政構造改革に加え、市場淘汰を容認する「金融ビッグバン」が、さらにこの動きを加速する。

第8章 金融ビッグバン

ビッグバンも外圧？

政府が意気込み、マスコミが騒ぐわりには、国民は無関心、という点で、「金融ビッグバン」は、「郵政民営化」と似ていた。

宇宙はビッグバン（大爆発）から始まった。「金融ビッグバン」とは、宇宙創成に匹敵する金融の大改革という意味である。証券・金融市場の規制緩和、自由化、競争化のことである。ビッグバンによって、金融サービスが向上し、日本の金融市場が活性化されるというのだが……。

ビッグバンという名称は、イギリスのマネをしたからだ。1980年代、サッチャー首相が行った金融改革は、「証券ビッグバン」と呼ばれた。アメリカでは、ビッグバンとは呼ばなかったが、1970年代から自由化を進めてきた。フランスは小規模だったので、プチバンと呼ばれたそうである。

つまり、ビッグバンと言えば、日本国民には何だかわからずとも、欧米の金融関係者なら、日本が何をやろうとしているのか、すぐにわかるのだ。ビッグバンも、実は国民のための金融改革でなく、もともと外圧なんだという説がある。

フリー、フェア、グローバル

ビッグバンのキャッチフレーズは、「フリー」「フェア」「グローバル」。キャッチフレーズそのものが、外圧の存在を示唆している。それまでの欧米の要求とぴったり重なっているからだ。「閉鎖的な日本の金融市場を外資に開放せよ」「規制を緩和し、市場メカニズムに任せよ」「それが国際基準だ」。

しかし、政府はフリー、フェア、グローバルは国民のためだという。

従来は、「横並び」に規制してきたが、これからは自由に競争させる。そうすれば顧客獲得のサービス合戦が始まって、預金金利は高くなり、貸出金利は低くなる、手数料だって下がるだろうと、良いことずくめだ。

たしかに、銀行も、証券も、保険会社も横並びで、どこへ行っても金利も手数料もみな同じ。決めるのは大蔵省。「護送船団」方式と言われてきた。護送船団とは、力の弱い船を強い軍艦が護《まも》って、一番遅い船に合わせたスピードで共に航行することだ。

一番力のない金融機関の採算ラインに横並びだから、預金金利は低めだし、貸出金利や手数料は高めだった。裏返せば、大多数の金融機関は、採算ラインを大きく上回って、巨額の利益を上げてきた。

開発能力のない金融機関に合わせるから、お客の望む商品やサービスはなかなか出てこない。コストをかけて開発するだけ損だから、どこも前向きに取り組まない。護送船団方式では、金融機関にとって重要なのは、お客のニーズではない。当局のご意向だ。

護送船団方式の時代、大蔵省は、市場と業界に絶対的な権限を持っていた。生かすも殺すも大蔵省の胸先三寸《むなさきさんずん》。しかし、ビッグバンで行政の手法を変えるという。

これまでは、問題を起こさないよう、事前に介入する「事前指導」だったが、これからは、事後に取り締まる「事後摘発」に変えるという。規制を緩和し、市場の自由競争に委ねるというのだが、本当だろうか。介入・指導で業界を意のままに操る、その行政権限こそが天下り先を確保する力の源泉だったのに。

転換は、従来の行政手法を否定するに等しいが、自らを「無謬《むびゅう》」と信じて疑わない大蔵省が、なぜ自ら転換を強調するのか。バブル破裂で市場はさまざまなリスクを抱えている。このときほど、政府の注意深い目配り、慎重で機敏な対応が必要なときはなかったはずである。それなのに、なぜ、いきなり「自由競争」「市場メカニズム」だったのだろう。

世界史に残る株価と地価の大暴落で、日本の金融機関は軒並み大きな痛手を受けている。とても前向きな競争ができる状態ではない。無理やり競争を強いれば、互いに体力を消耗し、回復が遅れるだけである。それが利用者や市場にとってプラスになるとは到底考えられない。いろいろ疑問が生じる「金融ビッグバン」だったのである。

文字通り、箸の上げ下ろしまで口を出されて、日本の金融機関は過保護の子供と同じである。「○○銀行ちゃん、一人だけ新しいこと始めちゃダメよ。他の銀行も一緒に遊べるようになるまで待ちましょうね」、これでは費用をかけて新商品を開発する意欲を持てるはずがない。「○○保険ちゃん、その玩具で遊んで良いのは外資だけよ。あなたは遠慮しなさい」というのもあった。これでは、競争条件は対等でない。「○○証券ちゃん、喧嘩しちゃダメよ。みんなで仲良く遊ぶのよ」ばかりで、喧嘩の仕方も知らないのだ。

過保護で運動不足の子供が大怪我で寝込んでいるところへ、元気溌剌《はつらつ》、喧嘩に慣れた外資が大挙してやってきたら、どうなるか。

大蔵省は想像しなかったのだろうか。結果は、無残なものだった。わが国の金融機関は、つぎつぎ外資の軍門に降ることになったからである。まして、日本の行政が外資に手を貸したのだから。

ウィンブルドンを享受できない

それがどうした、というのが改革派の立場だ。「日本の金融・証券市場が、外資に席巻《せっけん》されて何が悪い」「金融サービスが良くなって、日本経済が活性化されるなら、それで良いではないか」と。「ビッグバン先進国のイギリスでも外資系が市場を席巻したが、おかげで英国経済は活性化されたではないか」と。

これを称して「ウィンブルドン型」と言った。ウィンブルドンのテニス場でイギリス選手は勝てなくなってしまったが、試合を楽しめるのはイギリス国民という意味だ。英国の金融機関の多くは、ドイツやオランダ、スイスの金融機関の傘下に入ってしまったが、英国は世界の金融センターの地位を確保した、と。

しかし、サッチャー首相だって、外資に席巻されることは想定外だったろう。自国の金融機関の活性化を期待したのに、うまくいかなかったのだ。女王陛下の大英帝国で、フォークランドに戦闘機を飛ばした鉄の女が指揮をとってさえ、外資の軍門に降ったのだ。いや、サッチャーだからこそ、あの程度で済んだと言うべきだろう。

だが、外圧に弱い政府をいただいたアジアの島国で、ウィンブルドンの試合を享受できる保証がどこにあるだろう。外資に席巻されても、日本の金融市場が活性化し、金融サービスが向上すると、どうして言えるだろう。

監督当局が二重基準だということは、日本の金融界の常識だ。日本の金融機関と外資では、不正行為の摘発基準がまるで違う。外資の不正行為はほとんど野放し状態だ。自国の利益を守ろうとする「ふつうの国」なら、外資系には、特に厳しく当たるのが常道だが、日本はまったく逆なのだ。だから、外資は日本をなめきって、やりたい放題である。

ビッグバンの当時、日本の「金融市場の空洞化」が懸念されていたのは事実である。外為法緩和で、日本の資金が高利回りを求めて海外に流出する恐れがあった。そこで、外資を導入して、日本の金融・証券市場を魅力的にというのが、改革派やマスコミの主張だった。

外資に甘いのは、マスコミも同じだ。外資系のエコノミスト、アナリストを重用した。たしかに〝魅力的な商品〟を売った外資系はいた。スイスのクレディスイス銀行や、米国資本のクレスベール証券が売った金融商品は、損失を先送りしたい企業や、不良債権を隠したい金融機関にとってきわめて魅力的に見えたが、巨額の利益を上げたのは販売した外資だけで、日本側は巨額の大損を出した。いずれも、はじめから仕掛けられた詐欺であったことが発覚し、摘発され、（形ばかりだが）処分を受けた。

名だたる企業や、専門家であるはずの金融機関までコロリと騙《だま》された。まさか、外資は白馬の騎士というビッグバンの謳い文句を信じたわけでもあるまいが、リスク管理の甘さが見事に露呈した。

大損を出した企業のひとつにヤクルトがあった。大蔵省キャリアの天下りである財務担当の副社長が、騙されただけでなく、数億円のリベートを受け取って脱税していたことまで露見した。ちなみに彼は、国税庁の幹部であった。

また、クレスベール証券で販売の先頭に立った人物は、日経金融新聞に定期的にコラムを書く高名なアナリストだった。買い手はさぞかし信用したことだろう。事件発覚後、彼のコラムはなんの断りもなしに紙面から消えた。NHKの「クローズアップ現代」が、この商品を紹介してしまう、というおまけまでついた。外資はフェアで効率的というビッグバンの謳い文句が、外資の詐欺を助けたことになる。

日本の投資家が海外に資金を流出させても、それはあくまで日本人のものである。しかし、外資が日本で稼いだ所得は、海外に持ち出され、しかも、もはや日本のものではない。一体、どちらが空洞化か。

金融ビッグバンがどこを向いた改革か、国民がその成果を享受できるかどうか、については、日米保険交渉が教えてくれるだろう。

保険の第3分野というのがある。生保でも損保でもない、医療・介護保険という新しい分野だ。閉鎖的と批判された日本市場だが、第3分野から締め出されていたのは、実は日本の保険会社だった。第3分野への参入は基本的に外資しか認められていなかったのである。

ビッグバンが始まっても、この点は、相変わらずだった。日本の保険会社に許された自由化＝規制緩和は、生保と損保の相互乗り入れだけ。第3分野は、外資独占で、日本は相変わらずシャットアウトされたまま。米国の圧力のせいである。日本の大手保険会社が、ようやく第3分野に参入できたのは、平成13年になってから。一体これのどこが、フリー、フェア、グローバルなのか。

外資は白馬の騎士ではない

金融ビッグバンでは、外資は改革の先兵《せんぺい》、日本の金融サービスを改善する白馬の騎士と位置づけられた。

外資をお手本とする金融当局に、同調する識者・マスコミは、日本では事欠かない。「競争で鍛えられ、厳しい外国当局の監視に晒《さら》されてきた外資系なら、効率的であり、サービスにも熱心で、その参入は日本の不公正で不透明な市場を、世界に通用するグローバルな市場に変えてくれる」と主張する識者が、少なからずいたのである。

バブル破裂後、銀行や証券の不祥事がいくつも発覚していたことも、その風潮に拍車をかけた。日本の金融機関は困り者、外資は優等生と位置づけられた。仕掛けた外国勢も、そこまでは意図していなかったろうが、いやが上にも外資は有利な立場に立ったのである。

あるシンポジウムで、ある経済評論家が、外資銀行の住宅ローンのパンフレットを高くかざし、「ごらんなさい、ローン金利はたったの1・2％ですよ、日本の銀行でこんな低い金利で貸してくれる所がありますか」と語った。「効率的な経営を心がける外資だからこそ、利用者へのサービスができるのだ」と。

隣に座っていたので、そのパンフレットを見せてもらうと、小さな文字で「期間1年」と書かれているではないか。つまり、1・2％で借りられるのは最初の1年間だけ、その後はどうなるかわからない変動金利なのである。今でこそ変動金利はめずらしくないが、日本の借り手は当時、まだ慣れていなかった。

低金利を餌に顧客を呼び込み、上得意を選別し、うまみのない客には2年目以降、他行に乗り換えたくなるほどの高金利を提示するという戦略なのである。抵当権の設定手数料など、初期コストは二重負担になるだろう。それと知らずに、外資銀行の宣伝を自ら買って出る識者がいたのである。

米国のシティバンクは、当時、預金残高10万円（現在は20万円）未満の顧客からは、月200円の口座手数料をとった。消費税を入れれば1年で2万5000円を超え、4年たてば、預金残高がゼロになるだけでなく請求書が来る計算だ。

本当なら、「小口客お断り」と張り紙を出したいところだが、そうはできないので、手数料を高くして、うまみのない小口客を寄せ付けない方策なのである。

結果、米国では低所得者の4分の1、英国では3分の1の人々が預金口座を持てなくなった。ビッグバンを行った国々では大なり小なり、どこでも起きたことである。

米国のように、小切手社会で、預金口座がなければどうなるか。口座があれば、小切手を預金し、キャッシュカードで全額使えるが、口座を持たない人々は、手数料を払って現金化せねばならず、低所得の人ほど、せっかくの賃金を全額使えないことになる。

「金融サービスを受けられない人」の存在は、英国でも米国でも「金融排除」と呼ばれ問題になった。外資がお手本なら、いずれ日本の銀行も真似をするに違いない。現に口座管理手数料を取る銀行がすでに現れている。

金融ビッグバンは、ダメな金融機関を淘汰するだけではない。うまみのない利用者も同じように淘汰するのである。それが、金融機関の効率化の実態だ。「利用者へのサービスが向上する」という謳い文句は、過疎地や低所得者は例外なのだろう。

シティバンクは、ATMの24時間無料サービスを強調し、さすがだと誉めそやされたが、実は他の手数料は邦銀より高いのだ。海外への送金が無料になるとの宣伝につられて口座を開いたが、別の名目でとられたとの指摘もあった。

コンビニでドルに替えられる?

金融ビッグバンで、さかんに宣伝されたのが、「コンビニでドルに替えられる」だ。大蔵省の宣伝文句そのままに、新聞も書いたし、テレビも解説した。

こんなに便利になりますよ! と、国民の理解を得たかったのかもしれないが、コンビニでドルに替えたい人がどれだけいるだろうか。改革にあたり、国民が望み、必要とする金融サービスとは何か、真剣に考えたのか、不安になる。理解を得たいのは国民の方だ。

コンビニがあるような所なら、近くに銀行だってあるはずだ。たとえ、銀行がなくとも、毎日外国に行くわけではない。ドルなら安く買い物できる場所があるわけでもない。夜中に急にコーラやラーメンがほしくなることがあっても、突然、ドルがほしくなったりはしないから、はじめから不便だとは思っていない。

とはいえ、肝心なのは、金融サービスが良くなったか、という点だ。たしかに貸出金利は低下した。しかし、預金金利はその何倍も低下して、世界史に残るゼロ金利。貸出金利の低下は、ビッグバンというより、経済悪化の結果である。

手数料はどうか。安くなったものもあるが、概して高くなった。手数料は、ATMなら前より安いが、窓口を使うと高い。無料サービスだった両替も有料になって、つり銭の必要な商店は大弱りだ。

100円玉を1円玉に替えるには、100円プラス手数料315円が必要だ。あんまり手数料が高いので、銀行で両替せず、ご近所に小銭をためておいてもらっている商店はいくらでもある。これで、金融サービスが向上したと言えるだろうか。

その上、外資をお手本に、顧客の選別が始まった。大口顧客は、手数料が安くなったり、無料になったり、サービスが向上した面もあった。だが、その一方で、小口手数料は高くなり、利益にならない顧客の切り捨ても起きた。

選ぶのは顧客ではなく、金融機関の方だったのである。自動車保険も、毎日使う人、若い人は保険料が高くなった。必要な人ほど保険に入りにくくなった。繰り返すが、これが金融サービスの向上だろうか。

顧客の選別は、ビッグバンを行った国々で、例外なく起きた。それが資本の論理だし、自由な市場メカニズムの結果である。大口顧客にはサービスが良くなっても、小口冷遇は世の習いだが、ビッグバンの弊害は小さくない。しかし、そうした弊害への手当ては一切行われなかった。

金融サービスの向上なら、ビッグバンなどやらなくても、できることはあった。たとえば、預金金利の横並び。預金金利は、平成6年までに完全自由化されている。それなのに、金利は相変わらず横並び、ビッグバン後も基本的には変わらなかった。

ビッグバンを後押しした新聞が、自由化後も、「今日、都銀各行金利引き下げ」と報道したのは、不思議だった。規制金利時代の癖が抜けなかったのかもしれないが、規制時代のままに「都銀各行」が「一斉に」なのはなぜなのか、変だと思わなかったのだろうか。談合の匂いがプンプンする。もし談合でないなら、天文学的低さ（とは言わないか）の確率の事態が生じたのだ。

手数料も、サービスも横並び。どうして公正取引委員会（公取）は摘発しなかったのか。監督当局や公取（トップは大蔵省の天下り）が、本気で金融サービスの向上を考えるなら、これまでも、やるべきことは数々あった。

たとえば振替手数料。つい数年前まで、「文書」「電信」の区別があった。銀行の窓口は、親切にこう注意してくれる。「文書でよろしいですか、4、5日かかりますが。電信なら明日には送金されます」。もちろん、電信の方が高い。

4、5日かかると脅迫されれば、条件反射で「では電信」ということになる。しかし、いずれにしろキーボードを叩けば済むことだ。コンピューターでオンラインの時代に、なぜいつまでも文書・電信の区別があるのか。ようやく最近、一本化され始めたが、電信だけになって手数料は高くなった。どうせなら、こういう問題を指導してほしかった。

ビッグバンの自由競争は、利用者利便ではなく、不便を実現した。採算の悪い地域から、金融機関がつぎつぎ消えていった。近くの店舗がなくなって、預金を下ろすにもバスに乗らねばならなくなった。不便になったのは、地方だけではない。東京の新宿、銀座などの繁華街、大手町などのようなビジネス街でも、店舗数は減ったのである。

代わりに、無人のATMができた所もあるが、昼間でも、繁華街でも、奥まった誰もいないATMで現金を下ろすのはちょっと怖い。操作がわからないお年寄りは尋ねる人もいない。

しかも、今度は、そのATMが減り始めた。預金を下ろすのに乗り物に乗らねばならない地域が増えている。そのうえ、ATMで引き出せる金額の上限はどんどん下がった。ちょっとまとまった金額が必要なときは、面倒なだけでなく、ATMの手数料が余計にかかることになった。

コンビニでドルに替えられる、は実現しなかったが、コンビニでATMが使えるようになったのは、便利だ。しかし、使えないコンビニやスーパーも多い。ぜひあってほしいような地域には、おかれていない。顧客が少ないからである。

手数料は高いし、店舗は減ったし、不便だとの声はよく聞くが、サービスが良くなった、便利になった、安くなったという声はほとんど聞かない。

1980年代後半、ジャパンマネーは世界を席巻していた。「ザ・セイホ」や「ザイテク」という日本語が、そのまま金融用語として世界で通用していたほどである。日本の金融機関が動かす資金量の大きさは、世界の金融機関にとって、圧倒的に見えただろう。

バブルの頂点の平成元年には、東京マーケットは、ニューヨークを抜いて世界一の規模を誇っていた。上場時価総額も売買代金も、つまりストックでもフローでも、日本の株式市場は、世界最大の規模になっていた。平成2年のバブル破裂とともにその勢いは急速に失われていくのだが、1990年代前半は、まだ余燼《よじん》があった。

1980年代後半から1990年代前半にかけて世界の銀行ランキングにおいて、日本の銀行は上位をほぼ独占していた。平成5年もトップ10のうち9行が日本、平成6年にはトップ10行がすべて日本の銀行だった。バブルが破裂し、株価と地価の大暴落を喫しても、この時点でなお、日本の銀行が、世界のトップを独占するほどの資金量を持っていたことは、記憶しておくべきである。

預金高、資金高という規模を尺度にしたランキングであって、収益力や営業力ではなかったが、金融市場では何よりも資金力がものを言う。資金力があればあるほど、収益を上げるための力も大きくなる。日本の銀行の資金力が、欧米の金融機関にとって、大きな脅威であったことは想像に難くない。

日本市場が閉鎖的で、規制が多く、外資が参入しづらい状況であったことも反感と不満を高めた。日本の経済発展が、彼らのビジネスチャンスにならなかったからである。一方、日本の企業と金融機関の海外進出は盛んだった。バランスが悪い、と彼らが不満を募らせたのも不思議ではない。

１９８０年代後半、拡大する日本市場への外資の参入は増えていたが、１９９０年代に入り、日本の株価と地価が下がったことは、「日本買い」の大きなチャンスと見えたに違いない。出店のコストも、投資のコストも大きく下がった。しかも、ライバルの日本の金融機関は、バブルの破裂で体力を損ねている。うまくいけば、日本の金融機関を丸ごと買い叩けるかもしれない。これ以上ない、参入のチャンスだったのである。

金融ビッグバンが、こうした外圧に背中を押されたものであったことは疑いない。もちろん、外圧だけではない。日本の金融・証券市場が、制度疲労を起こしていたのも事実である。状況の変化に合わせて、金融・証券市場のシステムを改革する必要は、国内にもあった。また、バブル破裂後、つぎつぎと露見した金融・証券不祥事が、金融行政と金融市場の変革の必要を強く感じさせてもいた。

しかし、外資にとっての絶好のチャンスだったビッグバンは、日本にとっては、最悪のタイミングであったとも言えるだろう。

BIS規制という日本叩き

金融ビッグバン以降、「改革」に加えて「グローバル・スタンダード」という語が、異論を抑えこむ力を発揮する。一世を風靡《ふうび》したと言ってもよい「グローバル・スタンダード」だが、和製英語であることは、今ではよく知られている。そして、グローバル・スタンダードが、実はアメリカン・スタンダードに過ぎないことも……。

中でも重要なグローバル・スタンダードが、銀行への「自己資本比率規制」、いわゆる「BIS規制」である。このグローバルな規制は、外資が日本の金融機関を買い叩くための、最大の武器として使われた。

BISとはBank of International Settlementsの略で、国際決済銀行と訳している。先進国の中央銀行総裁が集まって、国際的な銀行ルールを定める。国境を越えて業務を行う銀行が破綻すると、世界の金融市場に累が及びかねないからである。

そこで、8%以上の自己資本がなければ、国際業務を認めないことにしたのである。自己資本が減って、融資や投資の損失をカバーできない恐れのある銀行は、国際業務から撤退しなければならない。

企業活動が国境を越えるのが当たり前の時代に、国際業務ができなくなれば、銀行にとっては存亡の危機である。8%の自己資本比率は、何が何でも維持しなければならない必須条件となった。

BIS規制は、一見、金融市場の安定のための国際ルールのようだが、日本の銀行叩きという隠れた目的も持っていた。

1980年代、日本の銀行が欧米にとって目障りな存在になっていたことはすでに述べた。米国では、昭和59年(1984)、コンチネンタル・イリノイ銀行が破綻したが、その自己資本比率が低かったことを理由に、当時のFRB議長ボルカーは、自己資本比率規制を国際的なルールにしようと、各国に持ちかける。

実は1980年代初めから、米国は自国の銀行に自己資本比率の規制をかけていたが、「よくよく考えれば、国際競争の時代にこれは損だ、自国の銀行を縛るなら、他国の銀行も同じルールで縛ろう」との動機もあったという説もある。

銀行と一口に言っても、国によって業態も取引慣行もさまざまだ。国情を無視した一律のルールは決して公平とは言えない。しかも、自己資本を8%以上とすることに、明確な根拠があったわけではない。はっきりしているのは、欧米の銀行の自己資本比率が楽に8%をクリアしている一方、日本の銀行はその基準に遠く及ばなかったから、急ぎ資本増強を図らねばならない状況に追い込まれたということだ。

米国の銀行は、一部を除いて規模が小さい。日本の信用金庫や信用組合にも及ばないような小さな銀行がたくさんあり、その数は万を超えていた。自由競争が基本であり、とても管理しきれるものではない。自己資本比率のような数値規制もやむを得ない状況が米国当局にはあった。

一方、日本の銀行の数は2桁違う。規模もずっと大きい上に、銀行は潰さないという当局の方針が徹底しており、金融市場はきわめて安定していた。しかも、日本の銀行は十分すぎる担保をとっており、不良債権を抱える可能性もずっと小さいと、日本は主張したが、昭和63年、BIS規制導入が決まり、日本では平成4年度から適用されることになった。

BIS基準は、日本の銀行の活動を大きく縛ることになる。国際業務を行う大銀行は、分子である自己資本を増強できなければ、分母である資産を縮小せざるを得なくなったのである。日本の銀行の拡大路線に歯止めをかける狙いは成功したと言えよう。

日本の銀行は巨額の株式を保有している。唯一、日本の主張が受け入れられたのは、保有株式の含み益の一定割合を、自己資本に組み入れる措置である。それでも足りず、日本の銀行は、多額の増資を行って、期限である平成5年3月までに、なんとかBIS基準を達成した。

しかし、株式の含み益をカウントする措置は、裏目に出た。株価下落と共に、さらなる縛りになったからである。

BIS規制が不良債権を増やした

バブル破裂後、銀行の融資態度は180度転換し、「羹《あつもの》に懲《こ》りて膾《なます》を吹く」状況になっていたが、ビッグバンで護送船団という安全弁も失い、必要以上に萎縮した。しかも、株価も地価も下げ止まらない。そうした状況で、BIS規制は、金融の安定ではなく、不安定化を加速することになる。

BIS基準を満たせなければ、銀行は自身の存続が危ぶまれる。自身が淘汰されたくなければ、借り手を淘汰せざるを得ない。銀行は、さらに借り手の選別を強めた。

最も金融の支援がほしい状況で杖を奪われ、健全企業まで資金繰りが悪化していく。中小企業は、小さいというだけでリスクが大きいとみなされて、健全な企業まで、資金繰り倒産に陥った。バブルとは無関係だった堅実な企業もつぎつぎ倒産した。すでにバブル倒産ではなく、不況型倒産になっており、倒産が倒産を呼ぶ連鎖倒産の局面に入っていた。倒産は失業者を増加させ、需要は一層停滞して、それがさらに不況を深める悪循環も起きていた。

前代未聞の大不況で、企業経営は加速度的に悪化した。とりわけ不動産不況の痛手が大きいゼネコン、不動産、ノンバンク、流通などの経営は深刻だった。平成9年には、これらの業種を中心に、大型倒産の噂が絶えなくなった。こうして、住専処理で峠を越えつつあった不良債権問題は、一気に深刻化した。経済が悪化すれば、不良債権が増加するのは理の当然である。

不良債権は、利払いや返済が滞った融資のことであるが、その程度に応じて、要注意から、すでに破綻したものまで段階ごとに分類される。回収不能の可能性の大きさに応じて、損失見込み額をあらかじめ貸付債権から差し引く、会計上の損失処理が必要である。銀行の財務状況をより正確に反映させるためである。

不良債権の増加は、銀行の損失を拡大し、自己資本を減少させる。自己資本比率を維持するためには、さらに融資を控えねばならない。８％の自己資本を維持するということは、大雑把に言えば、自己資本の12・5倍までしか融資できないということだ。銀行の自己資本が減れば、その10数倍の貸し出しを絞らねばならない計算になる。

不良債権の増加は、銀行の自己資本を毀損《きそん》し、銀行はますます融資を絞らざるを得ない。それが、また企業経営を悪化させるという悪循環も生じていた。銀行経営の健全化、金融市場の安定化を目的としたＢＩＳ規制が、不況の中で貸し渋り・貸し剥がしを行わせ、資金繰り倒産を増大させ、経済悪化の循環を招いた。ＢＩＳ規制が金融危機の拡大に大きく貢献したのである。

しかし、それでも相変わらず「バブルの清算」という見方は消えず、金融ビッグバンやＢＩＳ規制を批判する声は高まらなかった。多くの企業破綻をバブルに踊った自己責任としか見なかったからである。銀行が多額の不良債権を抱えることになったのも、すべては過剰融資の結果とされた。企業や金融機関の破綻を歓迎する声さえあった。

「本来なら存在を許されない企業が、バブルによって下駄を履かされていたのだから、市場メカニズムによる淘汰は望ましい」「潰すべきを潰さなければ、日本経済は再生できない」と主張する人々は少なくなかった。「市場メカニズムによる淘汰」は経済の健全化とみなされたのである。対策を求める声も大きくならなかった。

第9章 拓銀と山一
――金融危機①

ついに大銀行の破綻が始まった――拓銀

そして、ついに大銀行と大証券が破綻する日がやってきた。平成9年11月17日の朝、都銀の一角を占めていた北海道拓殖銀行が、破綻を公表した。信用組合から始まって、信用金庫、第二地方銀行の破綻が続いてはいたが、まさかの大銀行の破綻の衝撃は大きかった。テレビは朝から拓銀破綻一色となり、町には号外が飛び交った。その日の夕刊の黒々とした大活字の見出しが、衝撃の大きさを伝えていた。

2週間前の3日には、準大手の証券会社、三洋証券が破綻しており、拓銀からわずか1週間後の24日の朝には、4大証券のひとつ山一證券が破綻する。それも、なぜか大蔵省証券局長が「自主廃業」を発表するという異例の事態だった。自主廃業をなぜ、監督当局が発表するのか、異例なだけでなく異様だった。まさかの大銀行に続いて、世界に名の轟《とどろ》いた大証券の破綻である。人々はテレビに釘付けになった。

当時の経済記者の中にはいまだに、3日三洋、17日拓銀、24日山一と、日付を諳《そら》んじる人がいる。それほど衝撃の大きい、忘れようにも忘れられない出来事だったのである。

拓銀の経営危機の噂は以前からあったが、それでもほとんどすべての人が、破綻を予想しなかったのは、「大手20行は潰さない」と、大蔵省が言明していたからである。都銀10行、長期信用銀行3行、信託銀行7行である。それなのに、末尾とはいえ都銀の一角を占めていた拓銀が破綻した。破綻〝させた〟。なぜか。

当時、銀行局の幹部に尋ねた。「大銀行は潰さないと言っていたのに、なぜ拓銀を潰したのか」と。「拓銀は地銀ですよ」と彼は嘯《うそぶ》いた。とんでもない。北海道拓殖という名前であっても、拓銀は立派な全国銀行であり、都銀10行にカウントされていた。そもそも拓銀を入れなければ、大手銀行は20行でなく19行になってしまう。

拓銀は、北海道では圧倒的な存在だった。他行との合併や統合が、さまざまに模索されたが、結局、どれも破談に終わった。拓銀の破綻は、ただでさえ力弱い北海道の経済を、悲惨な状況に陥れた。

不良債権が大きいと伝えられ経営不安が広がった拓銀には、取り付け騒ぎが始まっていた。噂が噂を呼び、預金残高はみるみる減少し、ついに、払い戻しに応じられなくなって、破綻したのである。しかし、日銀が資金の供給を続け、大蔵省が潰さないと言明すれば、たとえ大量の不良債権があったとしても、取り付け騒ぎは広がらず、拓銀の破綻は避けられたはずなのだ。そのための日銀であり、そのための行政当局なのである。それなのに、なぜそうしなかったのか。なぜわざわざ、破綻の連鎖を呼ぶような金融不安の引き金を引いたのか。

後に不思議な話を聞いた。拓銀に対して、日銀が意識的に資金供給を行わず、わざと資金ショートを起こさせた、という噂である。「拓銀に資金を供給するな」という外圧があったというのである。本当かどうか確認する術はないが、関係当局が断固、金融不安を起こさないと決意し、彼らの権限となっている手段を行使すれば、拓銀が破綻せずに済んでいたことは、確かである。

山一證券の破綻

山一證券は、昭和40年（1965）にも破綻し、戦後初めての日銀特融を受けている。その後のいざなぎ景気の追い風もあったが、予定の4分の1以下の期間で特融を完済し、4大証券の一角を占めてきた会社である。法人営業に強みを発揮し、法人の山一と呼ばれた。

しかし、創業100年を迎えた平成9年、再び破綻した。破綻の原因となったのは、得意だったはずの法人営業である。バブル破裂によって、企業から請け負っていた財テクに巨額の損失を出した。

その点は、他の大手、準大手の証券会社も同様だったが、山一はその処理を誤った。株価の値上がりを期待して、簿外に隠し、先送りしたのである。しかし、株価の下落はとまらず、損失は膨れ上がり、破綻の原因となった。

山一破綻をめぐっても、おかしなことが数々伝えられている。長野証券局長が、支援を約束しておきながら、突然方針を転換、破綻を宣告したことも、某銀行と提携の話が煮詰まっていたのに、突然、破棄されたことも、時を同じくして、米国の格付け会社ムーディーズが、山一の格付けを大幅に格下げ、株価が暴落したことも……不思議である。

山一の経営陣が自主廃業などまったく考えていないときに、「山一證券、自主廃業へ」と報じる記事が、日経新聞に大きく掲載され、新聞を読んだ山一の役員はびっくり仰天したという。大蔵省も日銀も、既成事実化したいとき、わざと特定の新聞社にリークして記事を書かせることがある。この場合がそうだったかどうかは不明だが、情報源は大蔵省だけのはずだった。単に「破綻か？」ではなく、「自主廃業」と具体的に書かれていたのである。

突然、山一を破綻に導く包囲網が作られ、どんどん狭められていくようであった。山一が必死に探った再建策はことごとく頓挫《とんざ》し、結局、日経のスクープどおりに、自主廃業しかない状況に追い込まれた。自主廃業を発表する記者会見において、野沢社長の「私たちが悪いんです。社員は悪くありませんから」という涙ながらの絶叫は、たびたびテレビで放映されて有名になった。

拓銀に続き、4大証券の一角が崩れたこともあって、山一破綻の衝撃は拓銀よりも大きかった。テレビ報道も過熱し、一気に不安が広がった。山一破綻が、金融危機の引き金を引いたのである。

そもそもは、平成3年の補塡問題に遡る

山一がなぜ破綻したかを理解するためには、平成3年、世間を騒がせた、いわゆる「損失補塡問題」に遡《さかのぼ》る必要がある。大手証券が挙《こぞ》って、総会屋や暴力団への利益供与や、大企業への損失補塡を行って、別名「証券不祥事」とも呼ばれた事件である。

平成3年6月、読売新聞が、野村證券と日興證券の「損失補塡」を一面トップで大きく報じた。これが大問題に発展すると予想した者は少なかった。損失補塡などニュースでもなんでもない。それは、半ば周知の事実だったからである。それ以前にも、大和證券、山一證券の損失補塡が報じられている。

この事件が世間の注目を浴びたのは、金額の大きさもさることながら、「バブル経済の破綻」というシナリオの中で、損失補塡がまさにぴったりの役どころを得たからに違いない。

加えて「大口のみ補塡」という事実は、いやが上にも庶民感情に訴えるものがあった。「い

つも犠牲になる個人投資家」「証券会社と企業の癒着」「倫理の欠如」などのお定まりのフレーズの出番だった。報道に煽られて、「大口なら損失を補塡するのか」という一般投資家の怒りに火がついた。

平成2年の年初から始まった株価のバブル破裂は、わずか9カ月で半分のレベルにまで株価を急落させ、ほとんどすべての投資家が、大きすぎる痛手を受けていたからである。

それなのに一部の大企業だけが、損失を補塡されたとあっては、投資家が怒ったのも当然だった。総会屋や暴力団は論外としても、補塡を要求した企業には言い分があった。証券会社は、〝利回りを保証して〟企業の資金を預かり運用を請け負っていたからである。

しかも、補塡したのは、平成2年以降の損失ではなかった。あたかもバブル破裂の象徴のように扱われた事件だったが、損失補塡を受けたのは、昭和62年の世界的株価暴落、ブラックマンデーによって生じた損失だった。

1980年代のバブルの時期、大手、準大手を問わず証券会社が手を染めていたのが、「営業特金」と呼ばれた「取引一任勘定」だ。営業特金は、企業にとっては財テクの丸投げ、証券会社にとっては手数料稼ぎができる商品であった。本来なら信託銀行を介するべき業務であったが、実質的に証券会社の法人営業部へ一任されており、それで営業特金と呼ばれたのである。

営業特金の利回り保証は、おおむね7％程度と言われたが、日本ではブラックマンデーの傷は浅く、1980年代後半の株価上昇の大きさを考えれば、その実現は容易だったはずなのである。

それにもかかわらず、営業特金は大きな損失を出した。なぜか。証券会社が異様なまでの売買を繰り返し、バブル時代の株価上昇も追いつかないほどの売買手数料稼ぎが行われたからである。そのために企業の運用資金が食い潰されたのである。営業特金の手数料荒稼ぎは、もちろん大蔵省も承知であった。

平成元年の暮、大蔵省は証券会社に対し、営業特金の解約を促す通達を出した。それまで見逃してきた利回り保証を明確に禁じ、証券会社の一任勘定をやめさせた。

損失補塡

ブラックマンデー後の株価上昇も、営業特金の損失を解消するには至らず、「飛ばし」によって決着は先送りにされていた。財テク失敗の責任を回避したい企業の側にも、先送りの動機はあった。

「飛ばし」とは、決算を控えた企業が、損失を隠すため、決算期の異なる他企業に一時的に商品を引き取ってもらうことである。損が出ない価格で売却したことにして決算を乗りきるが、それに一定の利を乗せた価格で買い戻す約束が結ばれている。飛ばし先の決算期の前に、買い戻さねばならない。早い話が、粉飾決算である。

営業特金を契約していた企業、とりわけ大企業は、証券会社にとって大事な顧客である。上場企業の公募増資や債券発行は、証券会社を通して市場に売り出される。これを引き受けた証券会社を「引受証券」と言い、証券会社には2％前後の引受手数料が入る。

証券会社には、自己都合の売買を営業特金につけまわしたり、売買手数料を荒稼ぎした弱みもあったが、なによりも、大企業を怒らせて、将来大きな利益をもたらしてくれるはずの顧客を失いたくない。

平成2年に入ってからの株価暴落で、営業特金の損失は拡大し、巨額の損失を抱えたままの契約解消に、企業が応じるわけもない。その結果の「損失補塡」問題だったのである。

通達は損失補塡をやめるよう要求はしていたが、営業特金の解約を優先し、解約のための事後の補塡はやむを得ないと、事実上、黙認していた。

とはいえ株主代表訴訟の恐れもあり、多くは金銭での補塡でなく、証券取引の形で実施された。たとえば、証券会社が当該企業に対して、非上場で値がつきにくい債券を、相場より安く売り高く買いとるなど、利益が出るように仕組まれた取引が多用された。

だが、そうした偽装取引の問題などがつぎつぎと明らかになるにつれ、損失補塡は、ますます社会的糾弾を浴びることになった。また同じ時期、野村をはじめとする証券大手の暴力団への利益供与も明るみに出た。一連の問題は「証券不祥事」と呼ばれ、証券監視委員会（いわゆる日本版SEC）ができる契機となる。

平成3年、証券取引法も改正され、一任勘定と損失補塡は法律で明確に禁じられた。損失補塡の禁止は、証券会社にとっては福音だったかもしれない。営業特金の損失を補塡しない口実を与えたからである。しかし、失いたくない大事な顧客については、訴訟を起こしてもらい、司法判断による補塡を行った（司法決着による損失補塡は禁止されていない）。

山一證券の飛ばし

こうして、野村をはじめ多くの証券会社は、営業特金の解約をほぼ完了し、帳簿上の損失処理も済ませたが、山一はそうはしなかった。

係争になった巨額の案件を、損失補塡して引きとったものの、帳簿上の損失処理を行わず、ペーパーカンパニーに飛ばして、先送りしたのである。この「簿外債務」が命取りになる。

株価が上昇し、損失が自然消滅するのを期待したのだが、株価は、何年たっても回復せず、損失はさらに巨額に膨らんだ。昭和40年の日銀特融を株価上昇で切り抜けた成功体験が、甘い対応を招いたと言われたが、平成9年、山一が破綻すると、別の理由もあったことが明らかにされる。

平成3年当時、大蔵省の松野証券局長が山一證券の副社長を呼んで、係争になっていた案件の海外への「飛ばし」を示唆《しさ》したというのである。飛ばしを禁じた大蔵省が、飛ばしを示唆したとあっては、大問題だが、山一破綻後の社内調査報告書には、三木副社長（当時）の記憶によるとの断りつきながら、松野証券局長との会話が記されている。

松野証券局長は「○○○と揉めているそうですが、どうするのですか、大和は海外に飛ばすそうですよ」と話し、その後、海外ではなく国内で処理したことを報告すると、「ご苦労様でした。山一にすればたいした数字ではない。ひと相場あれば解決ですよ」と答えたというのである。

山一破綻のいきさつについては、国会でもしばしば問題にされ、平成10年には、山一社内調査報告書の記載が事実かどうか、松野元証券局長の証人喚問が行われた。もちろん、松野元証券局長は否定し、真相は藪の中である。しかし、これに近い会話があったろうことは、想像に難くない。

それにしても、松野証券局長は、なぜ飛ばしを示唆する、などという大きなリスクを冒したのだろうか。行政の失敗の責任を逃れるために、大蔵省はしばしば問題の隠蔽をはかる。しかし、証券不祥事について問題はすでに出つくしており、大蔵省として、いまさら隠蔽せねばならぬことはないはずだった。それなのに、あえて飛ばしを示唆したのはなぜか。

平成3年当時、山一と同じく松野証券局長が、株価と地価の暴落がこれほど深刻化すると思っていなかったことは確かであろう。当時は、多くの国民がそうだった。しかし、それだけでは、松野局長があえて危険を冒す理由としては不十分である。

あるいは松野局長は、証券会社への幾分の同情があり、その同情が飛ばしを示唆させたのではないか、と推察する理由がある。彼は証券局長として、当時、大蔵省が重大事実を隠蔽し、その結果、きわめて不公平な行政処分が行われたことを知っていたはずだからである。

証券界を代表する大証券が挙って、数々の不祥事にまみれたとされる「証券不祥事」だが、実は、銀行にもまったく同様の不祥事が生じており、しかも、それは銀行局長によって隠蔽された。その結果、世間は証券叩き一色となり、証券批判の世論は、懸案だった銀行の証券参入を進める大きな後押しになった。

松野証券局長は、銀行局出身ではあったが、証券だけを悪者にしたことに忸怩《じくじ》たる思いを持っていたとしても不思議ではない。結果的に、山一破綻への道を開いたことになってしまったが、当時は、証券局長として、行政のバランスを修正したい気持ちがなかったとはいえないだろう。

証券会社を罰し、信託銀行は見逃す差別行政

証券不祥事を受けて、4大証券のトップがすべて辞任に追い込まれるなど、証券界には粛清《しゅくせい》の嵐が吹き荒れた。証券界一の実力者と自他共に認める、野村證券の田淵節也会長も放逐された。金融ビッグバンをめぐって、金融界、外資、行政とのさまざまな戦いが進む最中、証券界にはリーダーがいなくなった。

証券会社のトップが責任をとらされるのは当然だが、奇妙なことが起きていた。営業特金とならび称されていた「ファントラ」が、一連の証券不祥事の中で、まったくと言ってよいほど問題にされなかったことである。

財テクと言えば、むしろ信託銀行の本業である。信託各行こそ、多くの企業から資産運用を請け負っている。証券会社の営業特金に対して、信託銀行の口座はファンド・トラスト（金銭外信託）、略して「ファントラ」という。

財テクに失敗し、損失補塡の問題が生じていたのは、営業特金だけではない。ファントラもまったく同様だったのである。

証券会社が運用に失敗する状況で、信託銀行が成功していたとは考えにくい。営業特金と同じく、ファントラの「利回り保証」も市場の常識とされていた。証券会社に補塡を要求した企業の財務担当が、信託銀行に要求しなかったはずがない。それなのに、なぜ信託銀行の補塡問

題は報道されなかったのか。当時、不思議に思って、いろいろ聞いて回った。

蛇《じゃ》の道は蛇《へび》というか、信託銀行の実情を誰よりもよく知っていたのが証券会社である。証券会社は、自分たちだけ糾弾され、信託銀行が免罪されているのが悔しくてたまらない。信託銀行にも同様の問題がある、と教えてくれた。信託銀行の補塡の方が悪質だとの声もあった。

ある全国紙の記者が語ってくれたところによると、信託銀行の問題を聞きつけて取材を始めたときには、すでに遅く、大蔵省の土田銀行局長の号令一下、箝口令《かんこうれい》が敷かれた後だったという。まさしく後の祭りだ。よほど大蔵省が怖いのか、証券会社でさえ何も言わなくなり、事実の確認がとれないため記事にできなかったのだ、と。

信託銀行の方が悪質というのは、「利益の付け替え」が行われたからである。証券会社の補塡は、基本的には身銭を切って行われたが、信託銀行の補塡はそうではなかった。信託銀行にとっては重要ではない、他のお客の利益を付け替えたのである。

たとえば、こういう手段がとられたという。まったく同じ銘柄の売りと買いの注文を同時に出し、その日のうちに両方とも手仕舞う。売りと買いの両方の注文を出すのだから、価格が上がろうと下がろうと、必ず一方が収益を上げ、他方は同額の損失になる。

値が上がった場合は、買いから入った取引が利益を上げ、売りから入った取引は同額の損になる。値が下がった場合は、その逆だ。

利益を上げた取引を、補塡を要求した大事な顧客の取引と記録し、一方、損をした取引は、どうでもよい顧客の取引とするのである。本来なら、注文を出す前に、どの顧客の取引か記録しておかねばならないのだが、その日のうちに手仕舞うことによって、結果が出てから記録しても、ごまかすことが可能だった。

売買の注文を受ける証券会社は、そうしたやり方を察知していたから、信託銀行の方が悪質、と悔しがったのであろう。第三者から見れば大同小異、どちらも悪質だが、ファントラ問題が隠された結果、証券監視委員会はできたが、金融監視委員会ができなかったとすれば、問題ではなかろうか。

当初は、金融監視委員会を作る話もあったのだ。バブル破裂後、つぎつぎと不祥事が露見したのは証券会社だけではない。東洋信金を破綻に導いた尾上縫《おのえぬい》という料亭の女将の偽造預金証書をめぐる事件には、産業金融の雄といわれた興銀の関与があった。富士銀行や第一勧業銀行の不正融資事件もあり、金融監視委員会の必要が指摘されていたにもかかわらず、証券不祥事の騒ぎで、いつの間にかうやむやになった。

当時、証券監視委員会も金融監視委員会も大蔵省から独立した行政機関とすべきという意見が強くあった。もし、そうなれば、証券・金融への行政権限を失うという強い危機感が大蔵省にはあったはずだ。結果的に、証券監視委員会に議論は絞られ、粘り腰の抵抗が実って、独立性の弱い機関で決着した。大蔵省の戦略の勝利と言えよう。

なぜ山一を破綻させたのか

証券不祥事の直後、松野証券局長に会う機会があり、尋ねてみた。なぜ、証券監視委員会はできたのに、金融監視委員会はできなかったのか、と。その返事はこうだった。「そりゃあ、ファントラの損失補塡が隠されたからでしょう」。

あるとき機会を得て、土田銀行局長にも尋ねた。なぜ、信託銀行の補塡問題を隠したのか、と。「隠したのではない。信託はもともと利回り保証が認められている」という答えだった。しかし、嘘である。確かに金銭信託は、利回り保証が認められているが、ファントラ（金銭外信託）はそうではない。

そう指摘したら、「米国では認められている」との答えが返ってきた。だが、日本の話をしているのだ。利益の付け替えについて尋ねると、「ほう、はじめて聞いた」と。そして、後ろを向いて立ち去った。こうでなければ、大蔵省の局長は務まらないのかもしれない。しかし、大蔵省の金融行政は、一体何をめざして行われているのであろうか。

ファントラ問題を隠した理由を、ある市場関係者はこう解説してくれた。「大蔵省は、行政責任を問われたくないから、基本的に問題は隠すのですよ。証券の補塡はばれてしまったから、極力、証券に集中させて、銀行の補塡は隠そうとしたんじゃないですか」。

それもあるだろう。しかし、「証券不祥事」だけがクローズアップされ、リーダーを失った結果、証券界の弱体化は一気に進んだ。その間、権力を拡大したのは大蔵省だ。証券業協会の天下りポストも増えた。日本の証券市場はいまや、責任をとらない大蔵省、リスクをとらない銀行と、日本にだけリスクを押し付ける外資によって席巻されている。

長野証券局長にも聞いてみたい、「なぜ山一を破綻させたのですか」と。「支援する」が急転直下、「自主廃業」に変わったのはなぜなのか。「支援」と「自主廃業」の間に、米国格付け会社、ムーディーズによる山一證券の大幅「格下げ」があったのは偶然だろうか。そして、山一證券は、米国の証券会社、メリルリンチに売却された。

廃業の原因となった「巨額の簿外債務」の存在を直前まで知らなかったという長野局長の発言が事実でないことは、すでに確認されている。

山一への二度目の特融は、結局1111億円の赤字になった。しかし、破綻の時点で、山一證券は債務超過ではなかった。破綻し、顧客に証券を返却するだけのために人件費など巨額の経費を払い続け、多くの資産を叩き売ったにもかかわらず、1000億円程度の赤字で済んだこと自体、破綻以外の道を探るべきだったことを示している。

長野証券局長は、山一の自主廃業を発表するに当たって「市場が無理な経営を咎《とが》めるのはビッグバンに望ましい」と語った。しかし、日本の大証券を外資に売り渡し、金融不安とデフレ経済の引き金を引くことがビッグバンだと言うなら、金融ビッグバンとは一体、何のため、誰のためのものだったのだろうか。

アジアの金融危機

長野証券局長の「市場が咎める」との表現は、まさしく大蔵省が進めてきた金融ビッグバンの基本理念である。ビッグバンは市場メカニズムの重視を謳っていたからだ。しかし、市場メカニズムは万能ではない。市場メカニズムに委ねて良いときと、委ねるべきではないときがある。その見きわめこそが、金融当局の仕事である。

ムーディーズの格下げを受けて、山一の株価は急落していたが、ある学者は、これを「市場が退場を迫った」と解説した。市場が咎めるとの表現とほぼ同じ考え方に基づく発言だ。あたかも市場が神のように正しい判断をするかのごとき表現だが、果たしてそうか。

市場がそれほど正しいなら、なぜバブルは生じたのか。ほんの少し前まで、多くの人々が(その学者も)、株価は高すぎる、実態を反映しないバブルだと評していたはずである。その株価が、なぜ急に正しい判断を下せるようになったのか。

高すぎる株価をつける市場が、低すぎる株価をつけない保証はない。上に間違える株価は、下にも間違えるのである。それなのに、下落を正しいと見る根拠は何か。外資の格付けに誘発された株価下落、あるいは外資の売り浴びせが演出したかもしれない急落を、ご託宣《たくせん》のように受け止めるのはおかしくはないだろうか。

いずれにしろ、市場は完全なものではない。人類は、市場メカニズムよりも優れた価格決定機能をいまだ発明していないが、市場メカニズムには限界がある。市場メカニズムが完全でないからこそ、どの国も、それを補完するための政府を持つのではないか。補正のための規制を行うのではないか。

金融ビッグバンは、フリー、フェア、グローバルな市場メカニズムをめざして行われた改革である。しかし、その金融ビッグバンを嘲笑《あざわら》うかのように、金融・証券不祥事と金融破綻が起きた。そして、同時期に発生したアジアの金融危機も、まさしく自由な市場メカニズム、グローバルな金融の動きの中で生じたのである。

平成9年、タイに通貨危機が発生した。タイ・バーツはドルと連動する仕組みになっていたが、ドル高の進展で、タイ経済の実力を超えたバーツ高を生じた。ドル連動は、為替変動のリスクをなくすことによって外資を呼び込む工夫であったが、状況の違う二国の通貨を連動させること自体に無理があった。

タイ政府にバーツ防衛はできないと考えたヘッジファンドがそれに目をつけ、バーツを売り浴びせた。政府は買い向かったが力及ばず、変動制に移行し、バーツはさらに低下した。短期間に、半分の水準に落ち込んだのである。

バーツの下落は、外資の逃避を生み、外国資金で支えられていたタイ経済は支えを失った。好調だったタイ経済は、またたくまに失速し、大不況に陥った。経済の血液とも言うべき、資金が流出したからである。

金融の変化は一瞬である。お金は、運搬しなくても、一瞬にして移動可能だからである。金融のグローバル化のこれが一側面である。ヘッジファンドの売り浴びせが、市場メカニズムによってバーツの暴落を招き、タイ経済から成長のみならず安定を奪ったのである。

資本逃避が、タイと似た環境にあるインドネシアなど東アジア各国、さらには韓国にまで飛び火し、アジア金融危機へと拡大する。インドネシアでは、エネルギーや食品の激しいインフレを生じ、暴動を引き起こし、スハルト政権に引導を渡す政変にまで至る。ＩＭＦが融資の条件として緊縮財政を強《し》い、その結果エネルギーや食品への補助金の撤廃を余儀なくされ、生活必需品の高騰が国民生活を破壊したからである。

韓国の金融危機も深刻だった。ＩＭＦからの融資を受け入れるために、さまざまな条件を受け入れたからである。ただでさえ多額の不良債権を抱える金融危機の中で、金利を上昇させ、極端な緊縮財政をとればどうなるか、結果は目に見えている。

ＩＭＦのワンパターンの融資条件には批判も多いが、さらに、市場開放まで強く要求するとなると、痛めておいて買い叩く戦略かと思えてしまう。事実、市場開放はこれまで米国が強く要求してきたものである。ＩＭＦは米国の代理との通説をつい信じたくなる。米格付け会社、ムーディーズは、韓国でも大きく格下げして、経済悪化と金融危機を加速したのである。

韓国は、ＩＭＦに支援を求めた日を「国辱の日」と呼んでいるそうだが、米国の言いなりの日本にその気概はない。ＩＭＦの融資も受けていないのに、ＩＭＦの要求と同じ政策をとっている日本だから無理もない。ＩＭＦが米国の利益のために動いているとしたら、ＩＭＦと同じ政策を進める大蔵省の目的も自ずから明らかではないだろうか。

第10章 「ダメな銀行は潰せ」
——金融危機②

不良債権

昔は「不良」と言えば「少年」「少女」のことだったが、1990年代以降、不良といえば「債権」のことである。不良少年、不良少女は長じるとけっこう味わい深い大人になったりするものだが、不良債権ばかりは成長を楽しみに、というわけにはいかない。

不良債権の成長で、金融破綻は平成3年の東邦銀行から毎年のように起きていたが、比較的小さな金融機関であり、他の金融機関と合併させることで混乱を回避してきた。預金が全額保証されていたこともあって、金融不安が拡がることもなかった。

しかし、平成7年に入ると、東京協和と安全の二信組が破綻し、7月にコスモ信組、8月に兵庫銀行と木津信組と、破綻が相次いだ。兵庫銀行は第二地銀のトップ、コスモも木津も信用組合としてはトップクラスである。もう一段ステータスを上げたいという拡大路線が招いた破綻だった。取り付け騒ぎが起き、監督当局が預金は全額保護されているといくら強調しても、預金を下ろそうと押しかける人々の動きをとめることはできなかった。当局への信頼の欠如は明らかだった。

たとえばコスモ信組の場合も、当局は「店の外に人を並ばせるな」「建物の中に入れろ」と指示を出した。列があればつい並びたくなるのが人情だが、何事もなかったかのように見せかけたいというのが、信組側と金融当局の偽らざる気持ちである。

不安を煽るのはもちろん良くないが、隠して解決する問題でもない。当局のせっかくの指示は、しかし無駄だった。店内の様子が、テレビで全国に流れたからである。

コスモ信組の破綻以降、最初の「ジャパンプレミアム」が発生した。銀行は互いに日常的に資金の貸し借りを行っている。銀行は集めた資金を金庫に入れておくわけではない。そのほとんどは、融資や投資に向けられている。だが、通常以上の引き出しなどで、現金が足りなくなることがあり、逆に余る銀行もある。そこで、国内でも、海外でも互いに融通しあう市場が作られている。インターバンク市場だ。

平成7年秋、日本の銀行は海外の市場で、他の国の銀行よりも高い金利を払わねば、資金が調達できなくなった。日本だけの上乗せ金利（ジャパンプレミアム）が要求されたのである。世界の銀行の中で上位にランクされてきた日本の銀行にとって、驚天動地の出来事と言ってよい。

ようやく、危機収束に向けた動きが始まった。平成8年6月、いわゆる「金融3法」が成立し、破綻した信用組合の受け皿銀行（東京共同銀行）の設立が決まり、また向こう5年間、預金を全額保護することも、特例として預金保険法に明記された。実は、それまで事実上預金を全額保証してきたものの、預金保険法では「ペイオフ」の実施が定められており、法的には全額保証されてはいなかったのである。

「もう大丈夫」と思ったのかどうか、平成8年、大蔵省が公表した不良債権額は、いきなり40兆円に増加した。当時のGDPの約10分の1、国家予算の半分に匹敵する。実は、その直前まで大蔵省は不良債権額を12兆円と発表していた。急増したのは、不良債権の定義と集計の範囲を変えたからである。

つまり、不良債権を少なく見せかける努力をやめたのだ。しかし、突然不良債権が激増したにもかかわらず、株価は反応しなかった。市場も国民も、不良債権が過少に公表されていることを、とっくにお見通しだったのである。

公表しなければ、国民は知らずにいる、というのは政策当局の勘違いだ。発表しなければ事実が消えるというものでもない。事実が事実としてある以上、それが重大事だと思えば思うほど、民間は必要な情報をちゃんと探り出す。大蔵省の発表などはじめから信じていない。

金融3法と同時に、住専処理のために6850億円の公的資金を導入する法案も通り、バブルの後始末は一段落したかに見えた。これで障害はなくなったと安心したのか、同平成8年11月、橋本首相は「金融ビッグバン」の指令を出した。

しかし、米格付け会社ムーディーズは、1980年代には最上位にランクしていた日本の大手銀行の格付けを年々引き下げ、平成8年までに半数をBランクに格下げしていた。

生命保険の破綻

平成9年4月、日産生命が破綻した。日産生命を皮切りに、中堅生保がつぎつぎ破綻することになる。中堅とはいえ、世界に名を轟かせた「ザ・セイホ」の破綻である。

破綻の原因は超低金利である。保険契約は、その時点での平均的な金利が続くとの前提で結ばれる。掛け金の運用利回りの見込みを予定利率というが、バブル時代の予定利率は、5％から6％以上で契約されている。掛け金が、それを上回る利率で運用（利差益）できなければ逆ザヤになる。前代未聞の超低金利で、逆ザヤが長期間続き、生保の体力は限界に達したというわけだ。

死亡率や費用率を高めに見積もった分がゆとり（死差益、費差益）となっているが、それでカバーできる範囲は限られている。何十年にもわたって積み上げてきた巨額の含み益を、徐々に食い潰し、ついにゼロになり、中堅以下の生保はマイナスになったということである。

戦後、営々と築いてきた利益の蓄積をすべて吐き出して、なお足りないという状況になった。60年にわたる蓄積が、ほんの7、8年で失われてしまったのである。

低金利は、銀行には恩典だが、生保には痛手となる。預金金利がゼロ金利と言われるほど低くなったことで、銀行は、仕入れ金利が低くなるために、不良債権の処理を行う業務利益を得ることができる。しかし、銀行にとっての栄養補給は、反面、生保の生命を奪うことになった。

生保にとっては、低金利であればあるほど、逆ザヤが大きくなる。しかも、生保の契約は数十年におよぶ長期である。さらに、保険業法で、予定利率の変更は認められていなかった。逆ザヤの累積損は、低金利が続く限り拡大し続けるのである。

生保の掛け金は、株式や不動産にも投資されている。資産デフレの影響も甚大だった。△△生保の含み益が平均株価○○円でゼロになる、という記事がたびたび取り上げられるようになった。しかも、含み益がゼロになる株価水準は、時間が経つに従って上昇する。含み益を吐き出さざるを得ない状況が続いたからである。

生保の含み益は、最盛期、大手だけで40兆円に及ぶとされていた。1980年代、世界を席巻したザ・セイホの巨額マネーは、こうして消えたのである。

しかし、生命保険は、ある意味では預金以上に、国民生活の安全の基盤だ。一家の稼ぎ手に万一のことがあったときに、残された家族の生活を支える、まさしく保険である。

預金は全額保護されてきたが、日産生命の契約者は、破綻によって、予定利率を引き下げられた。結果、満期保険金や年金支払いは、それに応じて減額された。金融ビッグバンは、生保の競争を加速した。損保と生保の相互参入、外資の参入など、競争は激化していた。日産生命は、予定利率を引き上げることによって顧客を獲得しようとし、逆ザヤも大きく、結局、それが命取りになったのである。

日産生命の破綻後、次の破綻を探す動きが始まった。危ないと言われる中堅生保の契約者は大手生保と外資の草刈場になった。解約が相次いで、それがさらに生保の危機を深めた。経営不安だけでなく、ファイナンシャルプランナーによる「必要以上の保険契約は解約しましょう」というキャンペーンも影響した。不況で家計が苦しいなか、掛け金を節約する動きが広がった。契約の2割を失った中堅生保もあったと言われる。

最大の問題は、監督当局にあった。中堅生保の経営危機は4、5年も前から報道され、金融界ではよく知られた事実であった。株価と地価の暴落、超低金利で、もっとも大きな痛手を受けるのは、生保だ。大蔵省は、ビッグバンで、その生保をさらに追い詰めたのである。

日産生命の社長は、4年前から債務超過であり、その事実は、その都度、大蔵省に報告していたと明らかにした。大蔵省は、日産生命が高利回りで客を勧誘し、資金集めをしていたことも承知していたはずだ。知らなかったとしたら、それ自体が監督能力にかかわる。それにもかかわらず、何の措置もとらず、国民が契約するのを放置した。

挙句、破綻が現実化すると、すべてを契約者の自己責任に帰し、保険契約、年金契約の最大7割をカットした。預金は全額保証されたが、生命保険や年金契約は、大幅に削減されたのである。契約者の自己責任という理由だった。

しかし、検査に入った大蔵省が、何の措置もとらず、警告も発しなかったのだから、安全なのだろうと国民が思ったのが間違いだというなら、大蔵省は、自らを信頼するなと主張しているに等しい。

銀行の破綻と同じく、生保の破綻でも、監督責任は一切とらなかった。市場淘汰を掲げた金融ビッグバンは、大蔵省の責任回避の理由になっただけで、国民には何のプラスももたらさなかったのである。

そして、破綻した生保は外資の軍門に降った。国内生保には買収・合併に乗り出さないよう、それとなく大蔵省から指示があったという。外資に買収させるためだ。平成15年、保険業法が改正され、予定利率の変更が認められるようになった。しかし、あまりに遅すぎたのである。破綻生保を買いとった外資が、その恩恵を受けるのは間違いないが……。

"健全銀行"に公的資金注入という茶番

平成9年11月の拓銀、山一の破綻で、一気に金融不安が広がった。市場では次を探す動きが始まった。大銀行は潰さないと言明しておきながら、簡単に拓銀を潰し、山一を破綻させた当局の行動が、金融不安を拡大したのである。簡単に前言を反故にした監督当局を、市場が信頼するわけがなかった。

BIS規制のおかげで、一定の自己資本を維持しなければ、営業を続けられない。すなわち破綻である。株価と地価が暴落し、多くの金融機関が巨額の損失を抱え、自己資本比率の維持に苦しんでいる。その状況で、大銀行、大証券を破綻させれば、どういう事態になるか。

金融不安は株価の暴落、経済の悪化を招き、傷んでいる金融機関の経営状況を一段と悪化させる。空売りを仕掛ける投機筋は、さらに株の暴落を演出するかもしれない。株式が売り込まれ、破綻懸念が広がった金融機関は、たとえ自己資本比率を維持できていても、資金調達ができない状態に追い込まれる。資金繰り倒産をもっとも懸念すべきは、実は金融機関なのである。

金融不安への配慮が少しでもあれば、あれほどあっさり、拓銀と山一を破綻させることはできなかったはずである。しかし、監督当局は、その覚悟も準備もなく拓銀と山一を破綻させ、ビッグバンの時代の市場選別は望ましい、とまで語ったのである。

予想もしなかった金融不安の拡大にあわてて、政府は金融システム安定化のための緊急対策を発表し、平成10年2月、「金融システム安定化法」が制定された。完全に後手に回っていた。この期に及んでようやく、信用金庫や銀行に対して公的資金を注入できる仕組みを、法的に整えたのである。

銀行破綻は、預金を全額払い戻す資金がないことを意味している。銀行の破綻は、借り手にも甚大な影響を与える。融資が継続しなければ、多くの借り手が連鎖倒産に追い込まれ、それは新たな不良債権となり、金融危機は拡大する。これ以上危機を拡大させないためには、銀行を破綻させないこと、自己資本比率の確保が危ぶまれる銀行に、公的資金で「資本注入」を行い、支える必要があった。

平成10年1月、大蔵省は、日本の銀行の不良債権は、77兆円と発表した。2月、法整備を受けて、30兆円の公的資金枠が用意された。うち17兆円は預金を守るため、残り13兆円は自己資本が不足する銀行へ資本注入するための枠である。

資本注入を審査するための金融危機管理審査委員会も設置された。委員長の慶応義塾大女性教授の名前を冠して、佐々波《さざなみ》委員会と呼ばれた。大蔵大臣、日銀総裁、金融監督庁長官が委員として加わったが、委員長は経済学者であっても金融の専門家ではなく、日本の審議会の常とはいえ不思議な人選だった。専門でないにもかかわらず、お引き受けいただいた勇気は多《た》とすべきだろうが……。

ここでも不思議なことが起きた。公的資金を注入するのは、健全行に対してのみとされたことである。経営危機だからこそ資本注入が必要であるにもかかわらず、「健全行のみ」としたのは、そうしなければ、資本注入を申請する銀行がないからである。申請は、資本不足を自ら告白するに等しかった。当然、引責辞任を覚悟せねばならず、銀行の経営者にその覚悟はなかったのである。

そこで、もっとも健全と目されていた東京三菱銀行にまず手を挙げてもらった上で、すべての大銀行が挙って申請することになった。ちなみに東京三菱銀行は、平成8年4月、為替専門の東京銀行と三菱銀行の合併によって生まれた。金融ビッグバンの目的のひとつでもあった、金融再編の最初の大型事例となった。

公的資金の注入を受ける全銀行が健全銀行とされたのは、政策当局も含めて、誰も責任をとりたくなかったからである。無策ではなかったとのアリバイ証明に使われただけだ。本気で金融危機を阻止しようとする者は、誰もいなかったことになる。注入された資本も中途半端で、十分ではなかった。13兆円の枠のうち、資本注入されたのはわずか1兆8000億円だった。

その直後から長銀、日債銀の株式が売り浴びせられることになった。破綻したのは、資本注入からわずか4カ月後のことである。健全行のはずだったではないかと、佐々波委員会は、国会などでその責任を問われることになる。

佐々波委員長は、どういう審査をしたのかと追及され、「私の責務は円滑な委員会の運営」と答えて、失笑を買った。資料をろくに検討することもなく、事務方の予定したとおりの結論だったことが露呈したのである。

その後、破綻した長銀・日債銀の役員は、赤字であるにもかかわらず70億円の配当を行ったと、粉飾決算と違法配当の罪に問われることになる。しかし、挙げて〝健全行〟を装った国に、長銀・日債銀を告発する資格があるかどうか。平成20年8月、最高裁は長銀役員に無罪を言い渡したが、当時まだ会計ルールが確立されていなかった、と別の理由によってであった。

銀行の役員は刑事罰で告発されたが、監督当局も佐々波委員会も、初めから告発されてもいない。自己責任と経営責任だけを問い、行政責任は無視するパターンは、ここでも踏襲《とうしゅう》されたのである。

政府への信頼こそが最大の防波堤

公的資金の注入には国民の反発が強い。しかも、銀行はもともと評判が悪い。

バブルの金余りの時代、借り手の弱みに付け込んで、望みもしない融資を強引に勧め、不動産投資や設備投資を半ば強制しておきながら、失敗とわかると、情け容赦もなく担保を召し上げる。自分が紹介した不動産、強引に勧めた投資だったことなど記憶喪失のように知らん顔。

担保だけでなく、自宅や個人資産まで差し押さえられた中小企業の経営者は枚挙に遑がない。銀行が潰れるなら、「ザマーミロだ」という声もあった。

しかし、残念ながら公的資金の注入は、ぜひとも必要なのである。銀行のためではない。預金者や借り手や、日本経済を守るためである。銀行が破綻すれば、何の罪もない預金者の預金が危うくなり、借り手が連鎖倒産に追い込まれる。

金融不安は火事と同じ。公的資金は消防車と同じなのである。たとえ火元の不始末が原因でも、どんなに気に入らない隣人でも、火を消さなければ、類焼《るいしょう》の恐れがある。巻き込まれて死傷者が出るかもしれない。金融パニックという大風が吹けば、火の粉は至る所に飛んで、あちこちで火の手が上がるだろう。一刻も早く消さなければ、被害はどこまで広がるかわからない。

とはいえ、公的資金など一銭も使わずに、金融危機を未然に防ぐ方法が実はある。政府が、銀行は一行たりとも破綻させないと宣言し、断固、その方針を守り抜くことである。ビッグバン以前、わが国がとってきた方法である。

そうすれば、取り付け騒ぎも起きず、起きても収束させることができ、金融不安は拡大のしようがない。いくら外資が、銀行株を売り浴びせようと、格付け会社が大幅な格下げを行おうと、関係なくなる。いや、政府が断固たる姿勢をとれば、そういう動き自体が封じ込められる。

ただし、これには政府への信頼が絶対条件だ。大蔵省は自ら、その前提をぶち壊した。「大手20行は潰さない」と宣言した傍から、破綻させ、すでに狼少年化している。だから残念ながら日本では、この手法はもはや有効ではないだろう。しかし、政府への信頼が、金融不安への最強の砦《とりで》であることは強調しておきたい。

とはいえ、平成5年以降は、BIS規制があるため、残念ながら、この手法は、大銀行には使えない。国際業務を営む大銀行にとって、自己資本比率の維持は、存続のための絶対条件だ。しかし、自己資本比率規制の有効性は、当初から海外でも疑問視されていたのだから、政府が保証人になることによって堂々と無視……いや米国ならともかく、日本の監督当局には、その覚悟も力もないだろう。

国際金融市場の混乱を未然に防止するはずのスクリーニングであるBIS規制が、逆に金融不安を拡大し、投機の売り浴びせを強化する手段になっているとしか思えない。さらには自己資本比率規制があることが、貸し渋りや貸し剝がしを加速させ、経済悪化から銀行の経営状況をさらに悪化させるという悪循環さえ生じている。

長銀の破綻

平成10年6月、かねて経営悪化が伝えられていた長銀＝日本長期信用銀行の株価が急落し、金融不安が一段と進展した。長銀の株価は、3週間で3分の1近くにまで下落した。

当時、最も危機が懸念されていたのは、実は日債銀＝日本債権信用銀行の方だったのだが、にわかに長銀危機がクローズアップされることになった。

長銀も、日債銀も、ともに大銀行ではあるが、一般になじみが薄いのは、預金を集める普通銀行ではなく、金融債で資金を集める長期信用銀行だったからである。

金融債を発行できる銀行は、長期銀行など一部の銀行だけだったが、金融ビッグバンで、普通銀行も債券発行が可能になり、強みを失った。一方、融資も預金も対象が限定されるという長期銀行の制約は残った。普通銀行に比べ、支店が極端に少ない点も、競争力を殺《そ》いでいた。

あせりから来る拡大路線がバブルの破裂で裏目に出た。不動産融資の焦げ付き、巨額の不良債権という、拓銀とよく似た構図だったのである。拓銀だけではない。他の破綻金融機関に共通の現象と言える。

長期銀行は、日本の産業金融の雄《ゆう》と言われてきた興銀＝日本興業銀行を入れて3行あったが、そのうちの2行までもが、深刻な経営危機に陥り、トップ興銀も安泰とはいえない状態だった。

長銀は外資との提携を模索するも不調に終わり、危機的内情を知った相手の外資が、株の売りを仕掛けたとも噂されたが、真相は不明である。長銀の株価は下がり続け、7月にはついに額面を割った。山一證券の場合と同様、外資格付け会社による格下げが、売りを加速させていた。

長銀処理が決着しないまま、7月、参議院選挙が行われ、自民党は大敗を喫する。橋本改革による経済悪化と金融不安に、国民がNOを突きつけたのである。橋本政権はその責任をとって退陣し、小渕政権が誕生した。小渕政権は、「改革」の後始末に追われることになるが、喫《きっ》緊《きん》の課題は、金融危機からの脱出である。

日本発の世界金融恐慌の恐れ

拓銀、山一の破綻した平成9年11月以降、国際金融市場では、二度目のジャパンプレミアムが発生していた。コンマ以下の金利の短期金融市場において、ジャパンプレミアムは1%という大きさに達していた。平成7年の倍である。

山一證券については破綻を選択した大蔵省だが、長銀、日債銀については救済合併をめざした。少なくとも当初はそうだった。山一破綻後、金融不安は急激に膨らんでおり、この上、長銀、日債銀が破綻すれば、日本発の世界金融危機が現実のものとなりかねない。さすがの大蔵省も、それだけは避けたかったのである。

政府と大蔵省は、必死に健全な銀行との合併を模索していた。だが、多くの銀行が不良債権を抱え、経営危機の他行を引き受ける余力はなかった。政府は、住友信託銀行に白羽の矢を立てるが、なかなか条件が折り合わず、時間だけが経過した。10月、談判は決裂した。

しかし、改革派と目される人々は、危機意識が薄かった。市場メカニズムを尊重し、市場の淘汰に任すべきと主張したのである。金融ビッグバンが、その風潮を助長したとも言える。「ダメな銀行を潰すことこそが改革」という声の方が強く、長銀の素早い処理の大きな障害となっていた。

「改革」の結果にNOを突きつけても、改革そのものへの信奉は不思議なほどに揺らがなかったようなのである。

いったん収まりかけていたジャパンプレミアムが、平成10年6月以降、3度目の上昇を始めていた。改革派の人々は、これを「改革の遅れ」に対する国際社会のペナルティだと主張した。いつまでも護送船団を続ける日本の金融機関への国際市場からの不信の表明である、と。

「金融国会」――ダメな銀行は潰せ／LTCM

自民党は、救済相手が見つかるまでのつなぎ銀行＝ブリッジバンクを設ける「金融再生法案」を提出。しかし、ブリッジバンク方式は、中堅以下の銀行の処理のためである。長銀のような大銀行には向いていない。公的管理は破綻と同じく、借手への影響が大きすぎるからである。

長銀は破綻させない、「ツービッグ・ツーフェイル」（Too Big To Fail）という政府の方針に変わりはなかった。

しかし、改革派である野党民主党は、ダメな銀行は大銀行といえども破綻させる方針の対案を提出した。ブリッジバンクの他に、大銀行を視野に入れた「国営化」の選択肢を明記していた。しかし、国営化は実質破綻を意味し、あまりに借り手への影響が大きすぎるとして、政府が選択しなかった方策である。

自民党の中にも、改革派がいた。石原伸晃《いしはらのぶてる》氏や塩崎恭久《しおざきやすひさ》氏など政策新人類と言われた若手議員や、意外なところでは梶山静六《かじやませいろく》氏が、これに与《くみ》し、長銀を破綻させず延命させようとする小渕政権・大蔵省の方針に異を唱えた。

マスコミもこれに同調、「護送船団」の救済ではなく、「市場メカニズム」の尊重を訴えた。それまで経済政策を声高に主張することのなかった梶山静六氏の改革論調は、意外なだけに人気を集めた。ポスト橋本の総裁選で、田中真紀子《たなかまきこ》氏が候補3人について、小渕氏「凡人」、小泉氏「変人」に対し、梶山氏を「軍人」と呼んだことも、マスコミ受けしていた。梶山氏の金融市場改造論は悲壮感さえ漂って、憂国の士と扱われ、マスコミはすっかり英雄扱いだ。

銀行の救済に反対する世論は、むしろ大きくなるばかりだった。長銀の処理は、与野党対立の大きな政争に発展し、一刻を争う緊急事態の中で、長銀の処理は店《たな》ざらし同然になった。

ちょうど時を同じくして、米国にも金融危機の火が今にも燃え上がらんとしていた。平成6

年の発足以来、年率40％を超える高利回りで世界に名を轟かせたLTCMというヘッジファンドが破綻の危機に瀕していたのである。

LTCMは、ノーベル賞を受賞した金融学者二人が、自らの理論を実践して高収益を誇ってきた。多くの金融機関がLTCMに巨額の出資や融資を行っていただけでなく、同じような運用方法で追随していた。LTCMの破綻は、米国金融市場の破綻につながりかねなかった。

そのLTCMがアジアの金融危機、ロシアの金融危機への対応に失敗し、巨額の損失を抱え込んだのである。平成10年9月、LTCMの危機が米国市場で大きな問題となっていた。一定以上の下落は買いという戦略が、底なしの下落で大きな損失を出したのである。平時の戦略が、危機的事態に対応できなかったのである。

世界第2位の経済大国である日本と、世界第1位の経済大国である米国がともに、かつてない金融危機に直面していたのである。一刻の猶予もならなかった。そうした危機を速やかに収束させるためにも、長銀は極力小さな傷にとどめる手術を選択しなければならなかった。

民主党の菅《かん》代表が「金融国会を政局にしない」と発言したのは、危機的事態を鑑《かんが》みれば、きわめてまっとうな対応だったが、マスコミにも政界にも、彼を政局音痴と批判する声が上がった。世論の追い風があるにもかかわらず、与党と妥協するのは、せっかくの政権奪回のチャンスを逃す行為とみなされたのである。

しかし、菅氏のこの対応が、事態を収束に導いた。この発言があったから、自民党も事態収拾のための決断ができた、と後に、自民党幹部から明かされた。

野党案丸呑み、そして「自自公」

小渕政権の決断は、野党案丸呑みという「奇策」だった。改革派は、凱旋《がいせん》の声を上げた。野党案の方が優れていたのでそうせざるを得なかったと解釈したのである。しかし、実際はそうではなかった。一刻も早く安全ネットを張らねば、世界金融恐慌に発展する危険が強かったからである。

どちらの安全ネットが良いか、争っている時間はもはやなかった。どんな安全ネットであれ、ないよりはましだった。

LTCMの破綻が明らかになるまでは、米国は「ダメな銀行は潰せ」「大銀行といえども潰せ」と、改革派とまったく同じ主張を繰り返していた。それなのに、一転、主張を180度変え、「大銀行は潰すな」「ツービッグ・ツーフェイル」と言い始めたのである。

自国が安全圏にいる間は、日本の金融危機は、買い叩きの絶好のチャンスだったが、LTCMの破綻で、それどころではなくなった。自国の金融市場に火がついたからである。一刻も早い消火が必要だった。

平成10年9月、私は米国にいた。米財務省の日本担当官らと面談する機会があり、なぜ主張を変えたのかと質《ただ》してみた。彼らは澄まして「初めから大銀行を潰せなどとは一度も言っていない」と言ってのけた。その後、彼らはまたもや180度の転換を見せ、小泉政権に大銀行を潰す構造改革を要求する。自国が安全圏に入ったからである。

LTCMの破綻をめぐる日本の報道は実に興味深かった。「さすが米国、対応が速い」と褒めた。「米国の対応に見習え」との社説もあった。

その米国の対応がいかなるものだったかというと、見事なまでの「護送船団」だったのである。NY連銀のマグドナー総裁は、LTCMに融資・出資をしている銀行を呼び集め、資本注入を要請した。日本のマスコミが批判してきた「奉加帳《ほうがちょう》」方式に他ならない。中には、ドイツの銀行まで含まれていた。

しかし、記者に質されると、総裁は澄まして「会議室を貸しただけで、われわれはまったく関与していない」と嘯いたと、報じられた。米国でも奉加帳方式は、批判を受ける可能性があったのだろう。

日本のマスコミはさぞかし面食らったと思われる。米国の護送船団方式を批判するのを忘れたようだった。ダブルスタンダードはまずいと自覚したのか、手法へのコメントは避け、無視を決めこんだ。

危機においては迅速さこそが重要である。護送船団も時によっては最善の策になりうる。しかし、改革派の人々は、金融危機のさなかにおいて、まずはきちんと不良債権の検査をし、ディスクローズした上で、検査結果に応じた処理を進めるべきである、潰すべきは潰すべし、と主張していた。梶山氏もそうだった。

しかし、その主張は、大事故で大勢の怪我人が出ているとき、レントゲンをとり、血圧をはかり、結果が全部出てから、治療の優先順位を決めよ、と主張するに似ている。だが、その間にも、出血多量で死者が出るかもしれないではないか。まずは、止血である。一見して何をすれば良いかが判断できるほどの事態だから、危機なのである。

消防車だって、まずは消火に専念する。火災を広げないことが最優先だからである。火が燃えている最中に、火事の原因を調べたり、火元の責任追及などは行わない。そんなことは、消火が終わってから、やれば良いことだからである。

危機と平時の対応が異なるのは当然である。危機と平時の区別もつかない議論が、なぜ日本ではまかり通るのか、不思議でならない。

金融危機の綱渡りに懲りたのか、自民党は参院でも多数を得るべく、「自自公」連立政権を発足させた。政権の安泰を図る野合との批判が集中したが、果たして、そうか。

政権の安泰はもちろん考えただろうが、これによって、日本経済の安泰が図られたことも確かである。

とりあえず、金融の安全ネットは用意したが、この後、いかなる事態が出来《しゅったい》しないとも限らない。そのたびに、金融国会の停滞を繰り返すのは、きわめて危険である。自民党の思惑がどこにあったのか、知る由もないが、日本経済の危機を避けるために、素早い政策決定が不可欠であることだけは、間違いなかった。

このころ、あるエコノミストと会ったが、彼はこう言った。「なぜマスコミは、野党案丸呑みも、自自公も批判ばかりするんでしょうね。そうしなければ、日本経済は危なかったのですから、僕は良かったと思いましたけどね」と。

彼と同じ意見の専門家は他にもいたに違いない。マスコミが取り上げないだけなのだ。しかし、そうした報道が、誤った世論を形成し、日本経済と国民生活の破壊につながっているのだとすれば、マスコミの責任は軽くない。

第11章 外資だけが利益を得た

長銀は外資の手に落ちた

野党案丸呑みの結果、長銀は公的管理に移され（一時国有化）、不良債権の処理が進められた。

数カ月に及ぶ金融国会の店ざらしと、1年4カ月の公的管理の期間、優良顧客と多くの人材が、長銀から流出した。公的管理の制約が、多くの借り手の状況を劣化させた。国有化すれば状態が改善するとされたが、現実は逆だったのである。

最終的に長銀には、7兆9000億円の公的資金が注入された。住友信託が長銀の救済合併の条件として要請した公的資金注入の一体、何倍にあたるのだろうか。あの時点で、この半分の公的資金の注入を決断していたら、手を挙げる金融機関は他にもあったに違いない。

平成11年（1999）、〝再生〟した長銀は、民間に売却されることになった。金融再生法に基づき任命された柳沢金融大臣は、政府の代理人（ファイナンシャル・アドバイザー）として、ゴールドマン・サックスを指名、米国の大手証券が、売却先の決定や条件の交渉を担うことになったのである。

なぜ代理人をおいたのか。なぜ、それがゴールドマン・サックスだったのか、の過程は一切明らかにされていないが、財務長官だったルービン氏やサマーズ氏などの関与が取りざたされている。ちなみにルービン氏は財務長官になる前、ゴールドマン・サックスの会長を務めた人物である。

長銀買い取りに、いくつかの金融機関が名乗りを上げた。日本の金融機関の多くは、自身の建て直しに手一杯で、長銀を買い取る余裕はなかったが、外資系に混じって、中央・三井の両信託銀行の日本連合も入っていた。

だが、結局、選ばれたのは、米系投資会社リップルウッド・ホールディングスである。長銀の全株式が10億円で引き渡された。11兆円を超える資産と多くの営業上のネットワークを持つ巨大銀行の売却が10億円というのは、あまりにべらぼうだが、決めたのは政府の代理人ゴールドマン・サックスである。

リップルウッドの長銀買収の中心的役割を演じたのは、ゴールドマン・サックスの共同経営者だった人物だ。両者はつまり身内同士なのである。泥棒と警備会社が仲間だったようなものと言うと、たとえは悪いかもしれないが……。

リップルウッドはNLP（ニューLTCBパートナーズ）という持ち株会社を立ち上げ、長銀をその傘下においた。

NLPには、ボルカー元FRB議長をはじめ、米金融界のそうそうたるメンバーが名を連ねた。現職財務長官など米国政府関係者が積極的に関与するなど、政府肝煎りのプロジェクトだったことをうかがわせる。

外資への売却を柳沢金融大臣はこう評価した、「収益率の向上を目標としており、他の邦銀にも大きな刺激を与えるものと期待している」。マスコミも評価した。「長銀再生だけでなく、経営改善を進める他の邦銀や産業界への刺激になるはず」「外資の新風に期待する」など、お手本になると言わんばかり。

平成12年6月、長銀は、「新生銀行」と名を改め、日本初の外資系銀行としてスタートした。新生の名称は、やがて予想もしないところで、その意味を明らかにする。そして、外資に期待した政府とマスコミがいかに甘かったか、思い知らされることになる。

「瑕疵担保特約」という特権

翌年の10月には、新生銀行の中小企業向けの融資額が前年度、計画に達していなかったことが明らかになった。公的資金注入に際しての政府との契約を、初年度から無視したことになる。

外資は透明で、公正だというのは、根拠のない思い込みでしかない。ある意味、効率的であったことだけは確かだが……。

それにもかかわらず、新生銀行が年600億円の利益を上げたと報じられると、「さすが外資だ」「非効率な邦銀は見習え」との声が挙がった。しかし、逆に、毎年600億円の利益を上げられる銀行を10億円で売却してしまったことこそ、問題にすべきなのである。

そもそも新生銀行の高利益は、経営努力や能力の成果ではない。邦銀が持たない特権を持っていたからである。長銀売却にあたり、ゴールドマン・サックスはリップルウッドとの契約に「瑕疵《かし》担保特約」を加えていた。

瑕疵担保特約とは、もともとは民法の規定だ。「奥さん新鮮で甘いよ、保証するよ」と言われて買った箱のみかんが、2日でしなびてしまったとき、代金を返してもらうのと同じである。譲り受けた長銀の債権が、譲渡時点の評価と比べ2割以上悪化したとき、3年以内なら売った価格で国が買い戻すという契約になっていたのである。日本の銀行は持たないこの特権を、新生銀行はフルに利用した。

通常、銀行は、借り手の破綻はできるだけ避けようとする。破綻してしまえば、自身も損だからだ。とくに大口の融資先の場合は、貸し倒れの損失が巨額であるだけでなく、健全な融資先のはずの関連企業まで、連鎖倒産に追い込む危険がある。だから、ある程度の望みがあれば、可能性に賭けて、様子を見ようとするのだ。

しかし、新生銀行は違う。2割未満の悪化なら、そっくり自分が負担することになるが、2割以上なら一銭も損をしないで済む仕組みだ。かりに破綻の原因が、追加融資を断るなど新生銀行自身にあった場合でも、それは問題にならない。

とすれば、危なくなってきた債権は、さっさと借り手を破綻させて、価値を下げた方が得である。一時的に資金繰りをつけてやりさえすれば、十分存続可能な借り手をも破綻させ、安値で買収すれば、二重に利益を上げられる。

新生銀行は、長銀がメイン、サブメインであった上場企業をはじめ、大企業をつぎつぎ破綻に追い込んだ。ライフ、第一ホテル、マイカル、そごう、ハザマ、熊谷組……。しかも、瑕疵担保特約を盾に国に引き取らせた企業が転売に供されると、新生銀行自身、あるいはリップルウッドなど関連企業がその買取に名乗りを上げたのである。

日本では、とくに大企業は複数の銀行から融資を受けるのがふつうである。借り手企業の重荷を軽くすれば再建可能と判断すれば、話し合って債権放棄を行うこともある。その場合、通常なら、メインバンクが一番重い負担を負い、債権放棄額も最大だ。

ところが新生銀行は、自身がメインバンクでも債権放棄に応じない。その結果、融資先が破綻すればもっけの幸い、国から全額返してもらえるからである。追加融資が必要な場合でも、平気で断る。3年間、融資を継続する契約は結んだが、追加融資までは義務付けられていないからである。

「メインバンクは長銀のはず」といわれても、知ったことではない。「メインだったのは長銀で、私じゃありません。私の名前を見て下さい。新しく生まれた新生銀行ですよ」と澄ましている。新生銀行の名称は伊達《だて》につけたわけではないらしい。

長銀を引き継いだ以上、メインバンクの責任も引き継ぐはず、というのは、日本側の勝手な思い込みである。外資が邦銀と同じ行動パターンと考えたことが甘かった。その可能性を考えもしなかったことこそ、契約の瑕疵である。新生銀行のトップは日本人だが、中身は外資と評される人物だ。だからこそ、トップに選ばれたのである。

融資先を破綻させたくない邦銀は、新生銀行が放棄すべき分まで、債権放棄に応じざるを得なくなった。新生銀行は、貸し手の一員としての責任を負わないだけではない。しばしば、瑕疵担保特約を行使すると、邦銀を脅しにかけた。

瑕疵担保特約の行使は、融資先の実質破綻を意味する。大口融資先の破綻を避けたければ、邦銀は、新生銀行の債権を買い取らざるを得ない。その場合でも、新生銀行は、国から受け取った損失の引当金でカバーできない分は、ビタ一文も値引きしない。

「大きすぎて潰せない」

新生銀行の瑕疵担保特約で破綻に追いこまれた企業は、200社以上あったが、もっとも注目されたのは「そごう」デパートである。

新生銀行が、そごうからの債権放棄の要請を蹴《け》って、政府に買い戻し要求をしたため、国が債権放棄に応じざるを得なくなった。その報道に、「公的資金で一私企業を助けるのか」、という世論の反発が高まった。そごうには、放漫経営の問題もあった。

テレビ報道が広げた反発で、そごうの客が大きく減少した。小売業は、消費者から見放されたら立ち行かない。政府も公的資金の注入を行いにくくなり、そごうは、債権放棄の要請を取り下げざるを得なかった。民事再生法を申請し、法的処理が行われることになったのである。

73の銀行から、2兆円近い融資を受けていたそごうは、約3分の1の合計6300億円の債権放棄を求めていた。新生銀行が拒否し、国が肩代わりすることになった970億円の債権放棄の要請は、住宅ローンに苦しむ庶民の気持ちを逆撫《さかな》でした。

とはいえ、そごうには1万社の納入業者がいた。そごうの破綻は、それらの業者だけでなく、彼らと取引する業者の経営まで危機に直面させる。また、そごうだけで3000人弱、関連業者まで入れれば、数万人の従業員の生活が脅かされることになる。

借金に苦しむ人は大勢いるが、全員が債権放棄してもらえるわけではない。きわめて不公平である。しかし、大企業を助けるのは、小さな破綻を軽んじているからではない。

大企業を潰すと、なんの責任もない無関係のところにまで甚大な被害を及ぼしかねないからである。そごうを助けるのではない。そごうの破綻によって経済が受けるだろう大きな傷を未然に防ぐためである。たとえ公的資金を使っても、経済全体、国民全体のコストを、結果的に小さくできるからである。

もし、新生銀行が貸し手でなかったら、債権放棄も再建計画も実行されたはずと言われている。新生銀行がいなければ、いても瑕疵担保特約の特権がなかったら、そごうのために公的資金を使う必要はなかったのである。新生銀行の利益は、借り手や他の日本の銀行、日本経済全体の損失で購《あがな》われたのである。

新生銀行の対応は、長銀をメイン、サブメインとしていた多くの企業に衝撃を与えた。とりわけゼネコンは浮き足立った。企業だけではない。市場にも不安が広がった。新生銀行の借り手企業の株価が暴落し、経済全体が浮き足立ったのである。

新生銀行には、借り手の破綻を避ける動機がなかった。しかし、借り手の破綻は、新生銀行にとっても損失になるように、契約を結ぶこともできたのだ。

たとえば米国では、ロスシェアという方法が一般的である。不良債権を譲渡した後、一定の範囲を超えて減価したとき（二次ロス）、あらかじめ決めた比率で、国が譲渡先と二次ロスをシェアするのである。

そうすれば、借り手の破綻は、新生銀行にとっても損失になる。わざと破綻させるような行動は取れなくなる。日本政府の代理人であるゴールドマン・サックスが、あえてロスシェアの契約を結ばなかったのはなぜなのか。

共産党の志位《しい》和夫《かずお》委員長によると、瑕疵担保特約は実は米国でも使われていた方式だが、債権のつまみ食いを許すので、平成3年に中止されたそうである。ゴールドマン・サックスは、本当に日本政府の代理人だったのか。リップルウッドの代理人だったのではあるまいか。

金融再生法に二次ロスの規定がなかったため、瑕疵担保特約はやむを得なかったと、柳沢大臣は弁解するが、そんなことはない。再生法に規定がなくても、契約は自由だ。現に瑕疵担保特約だって、再生法に規定はない。

「いや、そもそもそんなことになったのは、灰色債権まで延命しようとして、無理やり譲渡したからだ」「健全債権だけ譲渡すれば良かったのだ」と改革派は批判する。しかし、それも違う。

改革派がお手本とする米国でさえ、灰色債権を譲渡しているからこそ、二次ロスの契約が必要なのである。借り手を無用な破綻に追い込むべきではない、というのは世界の常識なのである。経済全体のコストの極小化を図るのは政府の務めだ。誤った政策が原因で、多くの企業が必要以上に傷を受けた日本では、ましてそうであろう。

国有化の決算

12月、長銀に続き、日債銀も国営化され、外資に懲りたのか、ソフトバンク・オリックス・東京海上などの日本連合に売却され、あおぞら銀行になった。瑕疵担保特約を含めて、長銀とまったく同じ手順が踏まれたのである。日債銀には約4兆9000億円の公的資金が注入され、長銀と同じく10億円で売却された。

サーベラスなど競合外資がいたにもかかわらず日本連合に売却されたのは、長銀を外資に売却したことを強く批判されたからと言われている。しかし、専門家によると、そもそも欧米では、公的資金で再生した銀行を売却する相手は、必ず銀行だそうである。投資ファンドや事業会社に売却する例はないという。

金融業の専門性を考えれば、当然そうであろう。投資ファンドは、もともと短期的な売却益を上げることが目的だ。まして、事業会社への売却は、機関銀行化の恐れがある。公的役割を担う銀行が、単に、オーナー企業の資金調達窓口になりかねない。

しかし、ソフトバンクはわずか3年で、競合していたサーベラスに売却、少なくとも500億円の売却益を上げたとされている。

ソフトバンク保有株の買取には、三井住友銀行も名乗りを挙げたが、結局、米国GEキャピタルなどと外資連合を組んだサーベラスが全株を取得した。結局、サーベラスはあおぞら銀行の6割の株主になり、日債銀もほぼ外資のものになったのである。

日債銀売却の政府代理人は、米国証券のモルガン・スタンレー、そしてゴールドマン・サックスは今回、買い手側の代理人に回った。なぜ政府の代理人がまたしても外資だったのか、政府の代理人を務めた会社が、買い手側の代理人につくのはフェアなのか、疑問の残るところである。

しかも、サーベラスは、あおぞら銀行から1000社以上の顧客情報を入手していたことが露見した。ソフトバンクから保有株を買いとるために必要だったと釈明されたが、格付け会社にさえ渡さない個人情報まで含まれていたとされている。

投資ファンドにとって、銀行が持つ企業情報は、垂涎《すいぜん》の的《まと》であろう。まして、長銀、日債銀ほどの大銀行は、主要企業をはじめとする、企業のインサイダー情報の山である。とりわけ不良債権化している大企業の機密情報は、企業買収を仕掛けたいNLPにとってもサーベラスにとっても、大きな価値を持つ。情報の山はすなわち宝の山である。

サーベラスは、平成20年、あおぞら銀行の上場に際して、一部保有株を手放して、500億円の株式売却益を得たとされている。

両行に注入された公的資金は合わせて13兆円弱に上る。瑕疵担保特約に基づき、国が買い戻した債権の総額は合わせて1兆6600億円。あらかじめ譲渡先に渡されていた引当金を除いても、1兆2000億円超の追加支出となった。

このほか民間の負担がある。借り手や邦銀、日本経済が受けた損失ははかり知れない。逆に、買いとった側は巨額の利益を上げた。

とりわけ新生銀行の利益は大きかったが、日本は課税さえできなかったのである。リップルウッドは、日本が課税条約を結んでいないオランダに本部をおいているからである。きわめて周到に準備されたプロジェクトと思わざるを得ない。

法律の専門家によると、リップルウッドはほとんどペーパーカンパニーであり、実体が日本にあると争うこともできたそうだが、日本政府は一切の法的措置をとらなかった。国民への徴税にはやっきの財務省は、なぜ黙っていたのだろう。

さて、銀行に対する強硬姿勢で知られ、マスコミでも改革派大臣として人気の高かった柳沢金融大臣は、平成11年秋、訪米した。日本の「金融再生」を報告し、理解を求めるためだそうである。なぜ？　何のために？　日本が米国の属国でないなら、まったく必要のないことである。

ゴールドマン・サックスやモルガン・スタンレーを政府代理人に決めたのも、長銀を米国資本に売ると決めたのも柳沢大臣だ。この大臣を改革派というマスコミは、米国の指示通りに動くことを改革と信じているのだろうか。いずれにしろ、米国の金融危機となったLTCMの処理の後、米国から報告と理解を求める来訪があったとは聞いていない。

平成9年秋以降の2年間は、金融処理に明け暮れた。幾度にもわたる、金融安定と再生のための法整備、与野党攻防の金融国会、国家予算にも匹敵する70兆円という公的資金枠。多くの時間と手間、巨額の資金を投じて、一時国有化された長銀、日債銀をはじめとして、多くの金融機関が外資の手に落ちた。

日本の金融破綻は、まるで外資に貢ぎ物をするために準備されたかのようであった。しかし、これだけでは終わらなかった。外資の攻略は、小泉政権下、竹中プランによって疾風《しっぷう》怒濤《どとう》のように、再びわが金融市場を襲うのである。

第12章 回復なくして改革なし

回復なくして改革なし

小渕政権のもうひとつの課題は、景気である。平成7年、平成8年、順調に回復に向かっていた日本の景気は、橋本改革で坂道を転がり落ちた。

橋本政権において、すでに平成9年末、特別減税を復活し、平成10年4月には財政構造改革を緩和、追加の特別減税を含む16兆円超の景気対策を打ち出していた。しかし、ときすでに遅く、景気の悪化に歯止めはかけられなかった。

平成10年以降、経済成長率はマイナスに転じた。1980年代までは3%を超えたことさえなかった失業率は初めて4%台に突入。税収も激減、歳入不足を補う国債発行は激増した。財政改善をめざした財政構造改革が、逆に財政の急速な悪化を招くという皮肉な結果だった。税収の大幅な減少は、景気が大きく悪化したからである。

小渕政権のスタンスは、きわめて明瞭だった。就任早々、「財政構造改革法の凍結」を宣言する。事実上の橋本改革の否定だった。金融再生と経済回復を最優先課題として掲げ、自ら「経済再生内閣」と名づけたのである。

しかし、当初から不人気の小渕政権は、「改革後退」の批判にさらされる。橋本改革を失敗と責めたてたマスコミ世論だが、改革の後退も許さなかった。

ニューヨークタイムズ紙が小渕首相を「冷めたピザ」と酷評したことが報じられると、テレビなどは面白がって、事あるごとに言及し、冷めたピザは、小渕首相を象徴する表現になった。自国の首相を「誰も食べない残り物」と他国に酷評されて、喜んでいていいのかと思うほどだ。たとえ嫌いな父親でも、他人に悪口を言われるのは不愉快、というのが通常の人情と思うのだが……。

ケインジアンとして知られ財務出動を厭わない宮沢元首相を財務大臣に迎え、積極財政の布陣を敷いた。首相を務めた後、請われて蔵相に就任、積極財政で恐慌から経済を建て直した高《たか》橋是清《はしこれきよ》を連想させ、宮沢元首相は「平成の高橋是清」と称された。堺屋太一《さかいやたいち》氏を経済企画庁長官に起用したことも成功だった。作家だけに、説得力ある説明が可能だったからである。

小渕政権は、「回復なくして改革なし」「二兎は追わない、一兎を追う」と、景気回復を政権の目標として強く前面に押し出した。まず、喫緊の課題である金融危機対策に取り組んだが、長銀問題に目処がついた11月、総額24兆円に及ぶ緊急経済対策を打ち出した。橋本政権の16兆円に続き、過去最大の景気対策である。合わせて40兆円になる。

公共事業、貸し渋り対策、恒久減税としての定率減税6兆3000億円、地域振興券の7700億円など。当然のように、「改革後退」「ばらまき」の批判が巻き起こった。公共事業への批判も強かったが、とりわけ評判の悪かったのが「地域振興券」で、「天下の愚策」といわれた。地域でしか使えない期限付き商品券を配布するもので、連立政権を組んだ公明党の主張を入れた低所得者対策である。

「7000億円の国会対策費」「貯蓄に回してしまうから消費拡大の効果がほとんどない」など一斉に反対の声が上がった。新聞の投書欄にも「小学生、中学生に小遣いをやってどうする」「家には高校生の子供もいるのに不公平だ」との批判が掲載された。中には「私はもらっても遣いません」という高齢者からの投書まであった。

しかし、地域振興券は、同時に行われた6兆円の減税の補完だったのである。減税の恩恵は、税金を払える人にしか及ばないからだ。課税水準に達しない所得しかないような、最も支援が必要な人が放置される。そこで、生活保護など福祉政策の対象となっている人、課税水準に達しない高齢者、養育負担の大きい世帯主などを対象に、2万円分の商品券を配布したのである。

景気対策無用論が、逆に財政負担を大きくする

地域振興券は、15歳以下の子供がいれば、高所得の家庭にも配られた。たしかに、それは問題だった。その分、本当に必要とする人々に手厚くできれば、もっと望ましかったことは事実だが、選別にもコストと時間がかかる。緊急性との兼ね合いもあった。

翌年、企画庁が、7700億円の地域振興券の消費喚起効果は、GDPを0・1%増加させたと発表すると、やはり効果がなかったではないかとの批判が、再び噴出した。

景気対策というと、必ず反対の声が大勢を占める。大蔵省に誘導されたマスコミ報道のせいもあるが、本当に生活に困っている人は、全体から見れば少数だからである。大多数の人々は、生活に困っていない。だから、対策の必要性を感じない。景気下支えの効果は、まわりまわって国全体に及ぶのだが、それが対策のおかげとは思わない。

しかし、経済は大きなワタのボールのようなものである。ほんのわずかな部分が水に漬かっただけなら、全体に影響はほとんどない。しかし、毛細管現象で、水はじわじわと全体を侵していく。はっと気がついて、水から上げようとしても、ある程度水を吸ってしまったボールは重くて、引き上げられない。無理に持ち上げても、元の形を失っている。

失業、倒産など他人事と思っていた人たちが、ある日突然、解雇を言い渡されたり、事業が立ち行かなくなったりの例は枚挙に遑がない。まさかの大企業が数々破綻に追い込まれている。明日はわが身かもしれないが、そこまで想像できる人は少ない。

たとえ、自身は安全圏と信じる理由があったとしても、困難に直面している人々を放っておく理由にはならない。「選挙対策のばらまき」との批判が的を射ていたとしても、そのこと自体は対策を行わない理由にはならない。対策が必要かどうかは、それとは独立に論ずべき問題だからである。

昭和48年（1973）、第一次石油ショックのときのトイレットペーパー騒ぎ、平成5年、米不作の折の国産米買占め騒動、そして平成20年の石油、食料品の高騰に関しては、政府の対策を督促する声はあっても、無用論はほとんど聞こえない。ほとんどの国民が問題に直面する当事者だからであろう。

人の価値観はさまざまだ。「景気対策無用」の声があること自体は、不思議ではない。しかし、日本発の金融恐慌を世界中が懸念する状況にあってさえ、「景気対策無用」の声が圧倒的に大きい国は、めずらしいのではあるまいか。しかも、客観的であるはずのマスコミや、状況を理解していなければならない専門家の大勢がそうなのだ。

しかし、そうした反対の声が素早い対応の障害となって、逆に対策のコストを高めているのである。景気対策は早ければ早いほど、コストが低くて済む。早く手当てした方が、傷は浅く回復も早い。

サブプライム・ローン問題の米国では、財務長官やＦＲＢ議長だけでなく、政府の政策担当者が、なぜ公的支出が必要か、いま財政支出をしておけば、将来のコストとリスクを小さくできると、懸命に説明を繰り返している。

ところが、わが国ではそうではない。小渕政権の財政構造改革法の凍結にあたり、大蔵省が懸命に説明したのは、凍結の必要性ではなかった。そのために〝犠牲にされた〟財政改革の必要性なのである。財政赤字がいかに深刻で、財政改革の遅れがいかに問題かを強調する。ユニークで不思議な現象である。

小渕政権が第一番に、財政構造改革法を凍結したのは、財政構造改革が景気を悪化させた、との明瞭な認識があったからだ。

「恒久減税」が「恒久〝的〟減税」になった理由

橋本政権が約束していた恒久減税が実施された。総額6兆3000億円である。それぞれ25万円、4万円と上限がおかれたものの、所得税の20％、住民税の15％を削減する「定率」減税である。ご承知のとおり、この定率減税は小泉政権が廃止を決定、平成18年に半減、平成19年に全廃された。

なぜ〝恒久〟減税が廃止されるのか。平成17年（2005）、小泉首相は「臨時異例の措置」だからと説明した。〝恒久〟が〝臨時〟を意味するとは知らなかった。国語の常識を裏切る説明である。

恒久と臨時の落差に野党はこだわって、国会では議論になったが、例によって、マスコミは無視。「恒久減税」が、いつのまにか「景気対策として行われた一時的減税」と変質したことに、何の疑問も抵抗も示さなかった。新聞・テレビは、「一時的な恒久的減税」と語って、その矛盾にまったく気がつかない。

いや、その前に、いつ「恒久」が「恒久的」に変わったのか。当時の新聞を眺めると、当初、小渕政権ははっきり「恒久」と言っている。「恒久的」の表現も散見されるが、両者の違いは意識されていない。恒久であれば、的がつこうとつくまいと、という雑駁《ざっぱく》さだ。

ところが、途中から「恒久」がすっかり姿を消し、「恒久的」一本に統一されるのだ。ここには、雑駁どころか明確な意図が感じられる。

恒久も恒久的も似たようなものだと多くの人は思うが、思わなかった人たちがいたのである。恒久〝的〟、という表現に「恒久ではない」との願いを込めた人たちがいた。言わずと知れた大蔵省である。NIKKEI　NETの「首相官邸コンフィデンシャル」の中に、「恒久『的』減税、食い下がった主税局長」と題して、清水正人《しみずまさと》編集委員が書いている。

宮沢蔵相は「累進構造の抜本的改変による『恒久減税』を命じた」が、主税局長は「財政の致命傷になると見て猛反対」、「危機脱出後は減税を取りやめやすい仕組みにこだわった。熾烈《しれつ》な攻防の末、税額から一定率を差し引く『定率減税』方式が生まれた」。

「宮沢の捨てゼリフは『こんなものは「恒久減税」の名に値しませんな』だった。そこで小渕減税は「恒久的減税」と呼ぶことになった」。

「平成10年8月17日の衆院予算委員会。『恒久減税と公約したのに、いつの間にか「的」が入っている。何か理由があるんですか？』。民主党・菅直人が小渕に詰め寄った。『公約の趣旨は期限を定めないで制度改正し、その後、特に改正しない限り継続していくというもので……』。小渕は大蔵省出身の首相秘書官・細川興一が練り上げた答弁書を慎重に読み上げた」と。

なるほど、なるほど。私は勝手に、定率減税にしたのは緊急を要したからだと思い込んでいたが、そうではなかった。きめ細かい改正論議をする時間がなかったからではなく、元に戻しやすくするためだったのだ。

大蔵省一家の、この財政再建にかける熱意、頭脳的な伏線の配置、用意周到な目配りには心底頭が下がる思いがする。しかし、どうせなら、その熱意と頭脳と目配りを、財政再建だけでなく、日本経済再生、国民生活の再建にも向けてほしい、と思わずにはいられない。

それにしても、これほど優秀な方たちが、不況下の増税・歳出削減が、財政悪化の原因だということに、なぜ気がつかないのだろう。あるエコノミスト仲間は、気がついているが無視しているだけ、と論評したが……。

中小企業のための貸し渋り対策

小渕政権と大蔵省の間では、もうひとつの攻防があった。中小企業のための貸し渋り対策だ。BIS規制でがんじがらめの銀行は、自己資本比率を維持するため、なりふり構わぬ貸し渋り、貸し剝がしに一斉に走っていた。なにしろ、三菱重工が、東京三菱銀行に融資を断られたというのだから、銀行の貸し渋りはハンパではなかった。

中小企業金融公庫、国民金融公庫など公的金融機関は、こんなときこそ役割を果たすべきだったが、民間と一緒になって貸し渋りに走っていた。

中小企業の壊滅は、日本経済の壊滅につながる。中小企業のための貸し渋り対策は、ぜひとも必要だった。そこで、小渕政権は、公的な信用保証の拡充を行うことにした。

信用保証とは、公益法人である各地の信用保証協会が、中小企業の借金の連帯保証人になる仕組みだが、その融資枠を20兆円増やしたのである。中小企業のための安全ネットだった。

保証料を払えば、借り手が返済できない場合、代りに債務を履行してくれる（代位弁済）。信用保証の契約があれば、債務不履行のリスクがなくなるので、銀行も融資に応じる。

しかし、大蔵省は、通常１００％の信用保証を75％に切り下げようとしたのである。尋常ならざる貸し渋りの状況で、たとえ、一部とはいえ、貸し倒れのリスクがあれば、銀行は融資に応じない。１００％保証でなければ意味はなかった。

政権が100%に強くこだわり、ここでは大蔵省が引き下がった。この制度によって、多くの中小企業が資金繰り倒産から救われたのである。だが、一般には、これも決して評判が良くなかった。暴力団に融資保証したとか、銀行を助けるだけだなど、さまざまな批判があった。最も多かったのは、「そんなことしても破綻を先送りするだけ、潰すべきはさっさと潰した方が、借り手にとってもプラス」との批判だ。どうせダメなのに、信用保証で借金の残高を増やすだけ、というのである。

銀行が借り手に保証融資を受けさせて、自身の融資を回収するという、とんでもない事例があったのは事実だ。

しかし、この制度で、多くの企業が無用な資金繰り倒産から救われたのである。どんな制度でも、それを悪用する者はいる。100%完全無欠な対策などありえない。ムダは極力なくすべきだが、一部にムダや不正があるからと言って、すべてを否定するのは間違いではないだろうか。

その後、保証枠の1割が焦げついたと報じられると、それみたことかと、またもや批判が始まった。1割はたしかに高率だが、それだけ非常事態だったのである。しかし、裏返せば、自力で返済できた9割は、この制度によって急場を救われたのである。

無用な倒産の防波堤になったこの対策で、倒産件数は著しく減少した。中小企業政策を担う現場では、この対策はいまなお非常に高い評価を受けている。その後、倒産が再び増加に転じたのは、瑕疵担保特約がらみの大型破綻が相次いだ影響である。もしも、信用保証の拡充がなかったら、中小企業の破綻はもっとずっと増加していたはずである。

経済対策に協調しない「日銀の独立性」とは？

小渕政権が懸命に経済対策に取り組む中、日銀は、金融緩和を望む政権の希望を徹底的に無視し続けた。平成10年、松下総裁が、日銀不祥事の責任をとった後、後任についたのが速水《はやみ》総裁である。金利の引き下げは、円安にもつながり二重に経済にプラスだが、速水総裁は、利下げは淘汰されるべき金融機関や企業の延命につながり、円安はアジア諸国に迷惑との持論にこだわり、動かなかった。

政府や与党の政治家が、再三再四、経済対策への協力、協調を求めても、動こうとしない速水総裁を、徹底して支援したのがマスコミである。なんとなれば、「日銀の独立性は守るべき」だからである。

平成10年4月、日銀の独立をテーマに改正された日銀法が施行された。背景には、中央銀行の独立性を高めるEU各国の動きがあった。通貨統合を控えたEUが、準備段階で各国の中央銀行の独立性を要求するのは当然だが、EUに加わらない日本で、にわかに日銀の独立性を担保する法改正が行われたのは、なぜだったのだろう。

大蔵省の不祥事をきっかけに、大蔵省の権限の分散縮小が論じられ、日銀プロパーと大蔵省次官経験者が交代で総裁を務める「たすきがけ人事」も問題視された。あれやこれやで、同じく不祥事が露見していた日銀が、棚ぼたで「独立」を手にすることになったのである。

速水総裁は、新日銀法の下での、最初の総裁である。日銀ＯＢの速水総裁としては、断固、独立を守る心境だったのかもしれない。

速水総裁も、金融危機と経済悪化には抗しがたく、平成11年2月、日銀はゼロ金利政策に踏み切らざるを得なかった。遅ればせながら日銀も、金融安定に取り組みだしたわけである。

日銀は、金融機関同士が資金をやり取りする市場に介入して、金利誘導を行うが、その誘導金利を実質ゼロにしたのである。金融機関が、ほとんどゼロ金利で資金調達できるように、潤沢な資金の供給を行うことにしたのである。つまり、銀行に、資金繰りは心配しなくて良いと合図を送ったわけである。長銀破綻で三度目の上昇を見せていたジャパンプレミアムは、これで完全に収束することになった。

それにしても、「日銀の独立」を言い立てて、政策協力に応じない日銀をマスコミが支援し続けたのは異様だった。

日銀の独立はなぜ必要か。時の権力からの独立ということなら、金融政策だけに限るまい。

あらゆる政策が一部の権力者に私《わたくし》されることがあってはならない。なぜ、金融政策だけなのか。物価の安定という経済の一局面を司る機関が、なぜ独立でなければならないのか。

経済運営は、健康管理と同じくトータルなものである。発熱だけに関心を持つ医者が、患者の全身症状にかかわらず勝手な治療を行うことが、どうして必要なのだろう。この不況において日銀は、「熱は下げたが患者を殺した」「熱もないのに解熱剤を与えて病気にした」と批判されてきた。

財政政策と金融政策は車の両輪だ。両輪がばらばらな方向を向いていては、車は前に進めない。新日銀法においても4条で、「通貨及び金融の調節が経済政策の一環をなすものであることを踏まえ、それが政府の経済政策の基本方針と整合的なものとなるよう」と明記されている。

大蔵省が日銀の政策に介入してきたのは事実だ。バブルの原因といわれるルーブル合意後の長すぎる低金利もそうだった。日銀はもっと早く金利を引き上げたかったそうである。しかし、大蔵省の、米国の意向に逆らいたくない、消費税導入を控えて景気に水を差したくないという意向に、押し切られたとされている。

だが、もしも日銀総裁が職を賭して、自らの政策判断に固執していたら、それでも大蔵省の主張が通っていただろうか。大蔵省との総裁たすきがけ人事に唯々諾々《いいだくだく》と従ってきたのはなぜか。「政策の失敗を、独立性がないので仕方なかったと言い訳する」との批判に日銀はどう答

える か。

速水総裁就任のきっかけとなった日銀不祥事は、日銀の政策当事者が、市場に大きな影響を与える調査情報を、発表前に特定行にリークしたり、考査で入手した機密情報をライバル行に漏らしたという事件だ。

しかし、速水総裁も、また真相究明・再発防止が役割と語って就任した藤原副総裁も、その調査結果と責任の所在をまったく明らかにしなかった。形ばかりの処分と、その人数を発表しただけで、信頼回復のための努力はなされなかったのである。

情報リークなどの不祥事は、海外の中央銀行でもめずらしくないらしい。しかし、真相究明と信頼回復の努力がまったくなかった例は、きわめてまれである。独立性を求めるに際して、日銀がお手本として挙げてきたのは、ドイツのブンデスバンクだ。その総裁だったシュレジンガー氏はこう述べているそうである。「中央銀行の独立性は、国民の信頼によって保障されているのだ」と。

「ペイオフ解禁」の延期

ゼロ金利でようやく、財政・金融一体の経済対策が進むことになった。平成11年11月、小渕政権は再び、18兆円の大型経済対策を実施する。平成10年は「緊急経済対策」だったが、今度は「経済新生対策」である。緊急から新生へ、この命名には、ともかく危機は切り抜けたとの安堵感が見える。

金融危機が落ち着いたのは、安全ネットができたことが大きい。平成11年3月、早期健全化法に基づき、大手15行に7兆5000億円の資本注入が行われた。不良債権を処理するために必要な資本の厚みが増えた。救済合併を資金的に支援する仕組みもでき、不良債権の受け皿となる整理回収機構も発足した。

しかし、だからと言って、必ずしも十分とは言えないのは、不良債権の処理を加速するための、税制の枠組みがまったく作られていなかったからである。損失処理をしても税制上は損失と認めず、利益として課税する仕組みはなんら変わっていなかった。他の国なら常識の税制措置がとられていなかったのである。

また、瑕疵担保特約を行使する新生銀行の存在も、波乱要因になっていた。大手以外の金融機関への資本注入が遅れたこともあって、信用組合の破綻が各地で相次いでいた。否応なしの金融再編の動きが加速していたのである。水面下では、生き残りをかけた大手同士の合併・統合も、模索されていた。とりあえず鎮火はしたものの、安定したわけではなかった。

そこで平成12年12月、翌平成13年4月に予定されていた「ペイオフ」解禁の1年延期を決定した。ペイオフとは、預金保険を支払うという意味であり、預金の全額保護をやめ、預金保険でカバーされる範囲でだけ保証することである。

ペイオフについては、その後の広報活動もあり、今は多くの国民がよく知っているが、当時はまだ、ほとんどの国民が理解していないことは、アンケート調査でも明らかだったのだ。

金融不安は解消したわけではなく、自分が預金している金融機関が破綻した場合、1000万円を超える部分は消えてしまうかもしれないと知れば、大変な不安と混乱を引き起こす懸念があった。

ペイオフの解禁は、老後の備えや事業用資金が必ずしも安全ではなくなることを意味する。それが現実となったとき、国民の大きな動揺、反発、怒りは想像に難くない。パニックになれば、金融不安に再び火がつきかねない。

中小の金融機関から預金が流出し、少しでも安全と思われる大銀行へと資金の大移動が予想された。中小金融機関の破綻は、一つ一つは影響が小さくとも、各所で多発すれば、大きな裂け目になりかねない。大銀行とて安泰ではない。噂ひとつで、取り付け騒ぎを起こす懸念はゼロではない。

ペイオフ実施の延期はきわめて妥当な、というより是が非でも必要な措置であった。

ところが、これが、またもや批判にさらされる。改革の先送りだというのである。学者・有識者が挙って批判、マスコミもこれに同調した。いや、マスコミに識者が同調したと言うべきか……。

「ペイオフの延期は、ダメな銀行を延命し、金融正常化の妨げだ」「ペイオフは世界の常識、海外の信用を失いジャパンプレミアムが復活する」「外国人投資家が日本を見捨てる」「預金者の自己責任原則に反する」などなど。

ペイオフが世界の常識だというのは全く事実ではない。逆に「ペイオフはできるだけ避ける」が、世界の常識だ。不安が危機を拡大し、処理のコストを高めた経験を持つからである。外国人投資家が日本を見捨ててくれるなら大いに結構、呼びとめる必要はない。

当然のことながら、ペイオフ延期によって、国際金融市場で、ジャパンプレミアムが復活することはなかった。海外から批判も起きなかったのである。

預金者の「自己責任」とは?

最も奇妙だったのは、「ペイオフの先送りは、預金者の自己責任原則に反し、金融ビッグバンの時代にそぐわない」という批判だった。

なぜペイオフの実施が必要か、大蔵省はこう説明してきた。「預金の全額保護を続けると、預金者は、自己責任で銀行を選ばない。そのためダメな銀行にも預金が集まるので、破綻すべき銀行が生き延びてしまう。結果、いつまでも金融市場の効率化が進まない」と。金融市場の非効率は、預金者のせいらしい。

どうやって銀行を選ぶのかといえば、「そのために銀行にはディスクロージャー（情報開示）をさせている」という。財務諸表の見方も学んだことのない、サラリーマンや主婦や事業主に、銀行の貸借対照表や損益計算書を見よというのだ。素人が数字を見て、銀行の経営状況がわかるだろうか。公認会計士が騙されるような粉飾決算まであったではないか。

国民は生活に追われている。財務諸表の勉強をして、金融機関を選ぶなんて、そんな面倒なことを一人一人の国民がいちいちやってはいられない。だからこそ国民は税金を払って大蔵省に金融機関の監督を委ねているのではないか。

自己資本比率や格付けを見よ、とも言うが、仮に預金者が調べることができたとしても、どちらもまったく当てにならない指標である。

そもそも銀行の経営状況の判断が、素人にできるような簡単なことなら、どうして、大蔵省や日銀は金融危機を未然に防げなかったのか。

銀行を選べというけれど、あいにく、近くに金融機関は一つだけ、という地域だってたくさんある。郵便局だけという地域だって少なくない。金融ビッグバンのおかげで、金融再編が進んだ。合併・統合で、金融機関の数、支店の数は大きく減った。競争促進のはずが、寡占化が進んでいるではないか。こんな状況でどうやって、銀行を選ぶのだ。

行政当局は、二言目には「自己責任」「経営責任」というが、たまには「行政責任」「監督責任」についてどう考えているか、聞かせてほしい。

金融不安の真っ最中に、金融行政は「事前介入」から「事後監視」に変わった。金融ビッグバンは、金融危機の「行政責任」をあいまいにするのに、大いに貢献したように見える。

しかも、事後監視と言いながら、金融機関への「介入」は以前よりひどくなっているという話だ。介入しても、表向きは「事後監視」だから、何か問題が生じても、すべては「経営責任」とされるに違いない。

生命保険、損害保険の未払いが摘発された。特約保険料をとっておきながら、消費者が申請しなければ、特約分の保険金を支払っていなかったのである。こんな状態が、これまで何十年も放置されてきたことは、経営責任だけの問題だろうか。しかし、会社側の弱みにつけこんで、大蔵省ＯＢの保険会社への天下りは、この摘発をきっかけに増加したそうである。

ゼロ金利――家計には大迷惑だが……

よく知られていることだが、日銀は利下げが嫌いだ。日銀総裁の任期が終わると、白星いくつ黒星いくつと成果を数えるそうである。利上げが白星、利下げが黒星だ。通貨の番人、インフレファイターとして使命感を持つ日銀は、インフレに歯止めをかける手段でしかない利上げを、いつのまにか自己目的化してしまったのかもしれない。

インフレなど影も形もないデフレの状態で、利上げのチャンスをうかがい続ける日銀のスタンスは、そうとでも考えなければ、理解できない行動だ。

「ゼロ金利では、いざというとき、下げる余地がなく対応できない」と日銀は言う。しかし、今が「いざというとき」ではないのか。

ゼロ金利は預金者から見れば、確かにありがたくない。日銀が、ゼロ金利で資金を流してくれるから、銀行には、預金金利を支払う理由がない。もともとカンマ以下だった預金金利は、ゼロ金利の導入で、さらにもう一桁小さくなった。

平成7年、公定歩合が0・5％に引き下げられ、世界史に残る超・超低金利と思ったが、金利低下には歯止めがない。ついにゼロ金利になった。預金金利はとことん下がっても、貸出金利はそこまでは下げないので、銀行は十分な利ザヤを確保できる。

大不況と金融危機の中で、銀行は過去最高の利ザヤを稼いだ。そのおかげで、不良債権の損失をカバーでき、不良債権処理が進み、金融不安が鎮まったのは結構だが、国民はまさに踏んだり蹴ったりだ。

70兆円の公的資金の上に、ゼロ金利だ。本来なら、預金者の金利収入となる分が、銀行の利益に化けている。いわば国民は、強制的に銀行に寄付させられていることになる。しかし、失った金利収入もまた経済安定化のための公的資金なのである。

平成19年、日銀は、家計が失った金利収入が、平成3年から平成16年（2004）までの14年間で、331兆円に上ったと報告した。平成3年、1年もの定期預金の金利は6％ほどで、家計の金利収入は39兆円あったという。ところが、平成16年の金利は0・03％程度、年間の金利収入は、4兆7000億円にまで落ち込んだ。

とはいえ、この報告は、日銀の利上げ戦略の一つであることに注意が必要だ。預金者にやさしいわけではない。もとはといえば、ゼロ金利の犯人のひとりは、日銀だ。上げるべきではないときに、利上げを繰り返したことが、経済を悪化させ、ゼロ金利にせざるを得ない状況を招いたのだ。

日銀は、自分の責任だということを自覚しているだろうか。銀行をかばうわけではないが、金融機関は厳しいリストラで、給与は一時の半分以下、ボーナスなしの所もあったと聞く。

しかし、霞ヶ関の給与は平成10年、金融危機のまっただ中で、わずかとはいえベースアップがあったのだ。もちろん大蔵省も、である。日銀だって「準拠《じゅんきょ》」だろう。いやいや、日銀の給与は、霞ヶ関より高いという話だ。

どんなに経済が悪化しようとも、失業もなければ倒産もなく、ベースアップもボーナスもあるという人々に、経済運営を委ねているのが、そもそもの間違いではないだろうか。

政策当局の給与は、株価連動にすべきかもしれない。そうすれば、もう少し、経済悪化を自身の問題として身を入れてくれるのではないか。株価連動とは言っても、もちろん天井知らずというわけにはいかない。巨大な財政赤字があるのだから、減税と同じく、上限をつけねばならないだろう。

「財政改善」をもたらした景気対策

橋本改革以後、金融危機への対応に約70兆円、景気対策として約60兆円、合わせて約130兆円に上る資金が使われた。融資や出資も含まれるので、全部が全部、戻ってこないわけではないが、かなり巨額だ。時ならぬ改革のつけは、きわめて大きかったのである。

小渕首相は、「日本一の借金王」と自ら称した。しかし、景気は回復に向かって確実に歩み始め、金融危機もとりあえず収束した。それにつれ、当初低迷した政権の支持率も徐々に上昇したのである。

橋本改革は、平成10年10月、株価をバブル後の最低値、1万2879円まで下落させたが、小渕政権の対策は平成11年末、株価を1万8934円まで上昇させ、翌2月には2万円台を回復した。5割近い上昇である。

バブル破裂直前の平成元年末、600兆円を超えていた東証の株式時価総額は、平成10年秋には250兆円台と半分以下になっていた。しかし、わずか1年で400兆円台を回復、翌2月には460兆円を超える。経済対策に使った金額を大きく上回る経済効果を上げたのである。

短期間に、めざましい回復ぶりであった。野菜の蕪《かぶ》を両手に持って、「株、株上がれ」と掲げた小渕首相の姿を、マスコミは幾分の嘲笑《ちょうしょう》を込めて伝えたが、経済のバロメーターである株価の上昇は、金融危機の不安の暗雲が消えて陽が差し込んだような明るさを世の中にもたらしたのである。

なによりも、財政が改善したことを特記すべきだろう。景気回復の結果、税収が増加したのである。税収は、平成10年、平成11年と減少し40兆円台に落ちていたが、平成12年、再び50兆7000億円を回復した。大蔵省の当初見積もり（予算ベース）を2兆円以上、上回ったのである。

税収が増えたことで、赤字国債の発行に歯止めがかかった。80兆円の歳出の約4割が、国債発行によって賄われ、増税や緊縮財政で改善できなかった財政が、景気対策によって改善に向かい始めたのである。景気対策は、財政支出の増加によって財政を悪化させる元凶とされてきた。しかし、財政支出の拡大が、逆に財政を改善したのである。

経済の治療を続けることが、経済を元気にし、税収を増やし、赤字国債の発行を減少させたのだ。「二兎は追わない」と回復の一兎に集中した小渕政権が、結局、経済回復と財政改善の

「二兎」を手に入れたと言えよう。

このまま、小渕政権が続いていれば、失われた10年を取り戻すこともできたはずである。しかし、平成12年4月、小渕首相は病に倒れ、森政権に引き継がれる。

第13章 小泉改革が始まった

森政権でまたもや緊縮財政へ

崖に片手でぶら下がっているようなきわどい日本経済を、力技で引っ張り上げ、安全圏に向かう登り坂を懸命に引きずり上げつつあった小渕政権だったが、平らな安全地帯まで後わずかのところで、手を離さねばならなかった。しかし、後継の森政権は、日本経済の手を摑まなかった。

もう安心と油断したのかもしれないが、まだ坂の途中だった。油断の隙を、大蔵省は見逃さなかった。急速に緊縮財政を復活させたのである。経済の現場では、景気対策の予算が出きらないうちに、いきなり引き締められたように感じていた。日本経済は、せっかく登ってきた坂を、後戻りし始めた。

森政権は小渕政策の継続を表明したが、実体は、緊縮財政だったのである。さらに遅ればせながらゼロ金利に踏み出した日銀も、早くも平成12年8月、利上げに踏み切る。利上げの延期を求める政府の声をまたもや無視して、金利の誘導目標を引き上げたのである。

緊縮財政とゼロ金利解除の結果、日本経済は再び悪化し始める。小渕政権の経済対策で、2万円台を回復して維持していた株価は、森政権が発足した4月以降、急速に下落して、年末には1万3000円台まで戻ってしまう。一体、何度目の再暴落だろうか。

日本の政策当局は、あと少しの我慢ができない。日銀は、金利を上げたがり、大蔵省は、財政健全化を急ぎすぎる。

与党の反対を無視してゼロ金利を解除した日銀は、わずか7カ月後、再びゼロ金利に戻らざるを得なくなる。利上げで経済が悪化したからである。しかし、日銀は面子《メンツ》にかけて、ゼロ金利復活とは言わない。「量的緩和」という新手を編み出して、実質的にゼロ金利に戻したのである。

日本経済の手を離した森首相の手は、ゴルフのパターを握っていたらしい。えひめ丸の海難事故の当日ゴルフをしていたことがわかり、マスコミの批判に耐えられず、ついに辞任に追い込まれる。

そして、小泉政権が誕生する。小泉首相と竹中大臣は日本経済をボールにしてアメリカン・フットボールに興じるようであった。蹴られたボールは、崖下に向かって転げ落ちていくのである。

「私が間違っていた」――再挑戦をめざした橋本首相

森首相が辞任し、平成13年4月、自民党総裁選が行われることになった。橋本元首相は総裁選に立候補し、こう語った。

「私の財政改革は間違っていた。国民に多大な迷惑をおかけしたことは深くお詫びしたい」。

ジャーナリストの千葉《ちば》利宏《としひろ》氏が、「未来計画新聞」の中で、平成15年にインタビューした折の橋本氏の発言を紹介している。

「日本の金融機関の技術力が国際的に見てこれほど低いと判っていたなら、金融ビッグバンなどやらなかった……」。

しかし、総裁選は小泉氏の圧勝に終わり、その思いは果たせなかった。平成17年の郵政選挙に際して、体調を崩していた橋本氏は、小選挙区での出馬を断念、比例での立候補を望んだが、小泉執行部は、これを拒絶、引退を余儀なくされる。

比例単独は認めないというのが拒絶の理由だったが、他候補には認めているという矛盾があった。その二重基準を執行部は説明せず、マスコミも追及しなかった。

再挑戦して橋本改革が成功したかどうか、は疑問だが、いずれにしろ、その答えは出ないままに終わった。平成18年、橋本元首相が病死したからである。訃報に接した、米国の元通商部代表ミッキー・カンター氏の、「真の愛国者だった」とのコメントが伝えられた。

クリントン政権下の1990年代、米国の日本への要求は、それまでに増して強硬だった。とりわけ緊張が高まったのが平成7年の自動車交渉で、このときの米国通商部代表として、橋本通産大臣と火花を散らした人物がカンター氏である。当時、日本は自社さ連立の村山政権であった。

米国の勝手な基準だけで100%の関税をかけるなど、国際的にも批判の強いスーパー301条の発動をちらつかせながら、「米国車を扱うディーラーの数」「米国の自動車部品を使用する比率」など数値目標を強く求めて、譲らなかった。事実関係を無視した理不尽な要求で、到底、呑めるものではなかった。改革派が自由経済のお手本と崇《あが》める米国の、これが実態である。

双方譲らず、長い交渉の末、民間が自主的に部品の目標率を定め、ディーラーに関しては米国が一定数を〝推定〟、ということで決着した。つまり、日本政府は数値目標を設定せず、前例を作らないことに成功し、米国は実質的な成果を上げることに成功したわけである。合意なき合意と評されたゆえんである。

決着後、剣道6段の橋本氏に、カンター氏が竹刀《しない》を贈った。大勢が見守る中、橋本氏は、カンター氏の握る竹刀の切っ先を持って、わざと自身の喉下に突きつけてみせた。カンター氏は苦笑い、ジョークに見せかけた抗議であったかもしれない。

日米交渉に絡んだ、後日談とも言える、もうひとつの事件に触れておこう。日本の首相の発言で、米国の株価が史上2番目の暴落となり、世界中で大きなニュースとなった事件である。

「米国債を売りたいと思った」——日米通商

きっかけは、平成9年、米国を訪れた橋本首相の、コロンビア大学での発言である。大学での講演後、フロアから質問があった。「過去20年、円に対するドルの価値は半分近くまで下がったが、日本はそれでも米国債を持ち続けるのか」。

橋本首相は「ここにFRBやNY連銀の方はいないでしょうね」と笑わせてから、こう答えた。「実を言えば、米国債を大量に売りたい誘惑にかられたことが、何度かあった。カンター氏とやりあったときや、ドルが大きく下落しているのに、米国が放置していたときだ」。「外貨準備は、米国債でなく金で持つこともできた。しかし、それでは、米国経済に大きな影響が出ないだろうか。外貨準備として米国債を持つ多くの国々が、ドルが下落しても持ち続けており、それは米国経済の支えの一部になっている。その点はあまりわかっていただけていないようだ。われわれが米国債を売りたい誘惑に負けないように、これからもドルの安定に協力していただきたい」。

この発言が伝えられるや、米国株価は192ドルの暴落となった。史上2番目、ブラックマンデー以来の最大の下げであった。米国株価の暴落と、その原因となった橋本発言は世界中で大きなニュースとしてとりあげられた。

米国は、収入以上に支出をする国である。他の国から借金して穴埋めしている。ドルは基軸通貨だから、他の国は外貨準備をドルで持っている。現金で持っても金利がつかないから、米国債を買う。ドルが米国に支払われ、米国に資金が戻って来る。

日本は、当時、世界一の外貨準備高を誇っていた。その大半が米国債だ。その日本が米国債を大量に売れば、米国経済へのインパクトは大きい。つまり、橋本首相は、日本にもカードがあるとほのめかし、無理難題はほどほどにと、やんわり押し戻したというわけだ。

米国のマスコミの多くが、この発言を「威嚇《いかく》」と受け止めた。「どうせ売れやしない」「売れば円高が進むから、困るのは日本の方だ」と反撃したのも、まあ当然というものだろう。

解《げ》せないのは、日本のマスコミが「失言」と決めつけて、「不用意」「軽率」「うっかり」と批判的だったことだ。「米国の株価だけでなく、日米関係を危険にさらした」「米国が怒ったらどうする」「外貨準備の半分を金で持つのは不可能だ」と、まるで米国の新聞のようなのだ。日ごろ、日本のマスコミは、日本の政治家の存在感のなさ、国際的発言力のなさを、慨嘆《がいたん》していたはずである。それなのに、いざ発言力を行使すると、あわてふためいて外国に気を遣うのはなぜなのか。

世界競争の時代、各国は自国の利益を守るのに必死である。日本の首相が自国の影響力を世界に思い出させたのが、そんなに悪いことだろうか。国連の分担金もODAも世界一、それなのにいつも影が薄く、無視されがちの日本を慨嘆していたのは、誰だったのか。

この程度のかけひきは、どこの国だって行っている。もっと露骨な圧力や介入もめずらしくない。どこよりも米国自身がそうである。橋本発言を評価する声がEUにあったのは、彼らも米国の横暴を感じていたからだ。

誰よりもあわてたのは大蔵省だった。橋本首相の名前で、「誤解を招いたのは遺憾、真意は違う」と即座に訂正コメントを発表、蔵相も次官も、「これまで一度も売ろうと思ったことはないし、今もそうだ」と同じ表現で釈明に努めた。実質的な首相発言の否定である。

しかし、首相の発言を、蔵相や官僚が即座に否定するのは、かえって国際信用を失う行為ではないのか。米国を恐れ、迎合する大蔵省の姿勢が、くっきり見えた瞬間だった。橋本発言を知って、大蔵省次官が激怒したとの報道さえあった。

「発言を誘った会場からの質問者はヘッジファンドの人間だ。売りポジションを取った上で、暴落を仕掛けてきた彼らの戦略に、橋本首相はまんまと嵌《は》められた」というのが、大蔵省幹部の一致した見解だと、日経金融新聞は書いた。だが、そんな裏話に、どれほど意味があるのだろう。

たとえそうでも、橋本発言で米国の株価が暴落した事実、それによって、日本にもカードがある、とデモンストレーションした効果はあったのだ。しかも、史上2番目の下げ幅とはいえ(だから世界は注目したのだが)、下げ率で見ればたいしたことはなく、すぐに回復し、実害は何もなかった。

米国高官の発言で、日本の株価が乱高下《らんこうげ》することはあっても、その逆はないというのが、それまでの常識だ。その影響力のなさこそ、むしろ問題だろう。橋本発言は、市場を一瞬あわてさせたが、ダメージはまったく与えていない。少なくとも結果的には、理想的なデモンストレーションだったのだ。

「日米関係の悪化」が心配というが、スーパー301条を振りかざし、実態を無視した無理難題を押し付けたり、急速な円高を仕掛けてきたのは、米国だ。「カンターさんとやりあったとき、ドルの下落に無関心だったとき」というのは、橋本首相にしては、ささやかな皮肉である。

橋本首相は一言も「売る」とは言っていない、「誘惑にかられた」と言っただけだ。しかも、発言内容をきちんと読めば、「売らなかったし、これからも協調する」とはっきり述べている。

橋本発言から数週間後のワシントンポストは、「橋本首相はここ十年来の日本で最も強力な首相になりつつある」と論評した(このときも、日本のマスコミは褒めすぎだと嘲笑した)。自動車交渉の平成7年当時からワシントンでは、橋本首相はタフネゴシエイターの呼び声が高かった。少なくとも海外は、国益を守ろうとした橋本首相の姿勢を評価したのである。

小泉政権――「わかりやすい政治」のまやかし

森政権に批判的だったマスコミは、小泉政権に対しては、打って変わって好意的だった。日本のマスコミは、政治を否定するのが仕事だから「自民党をぶっ壊す」が受けたのかもしれないし、「痛みを伴っても改革」と改革路線を強く打ち出したせいもあったろう。

「改革なくして成長なし」「聖域なき改革」「改革をとめるな」「恐れず、ひるまず、とらわれず」「郵政改革は行財政改革の本丸」「民にできることは民に」「中央から地方へ」とワン・フレーズ・ポリティックスと言われるほど、すべてがキャッチフレーズ化された。

しかし、政治は本来、キャッチフレーズでは語れない。「小泉政治はわかりやすい」と多くのマスコミが評価するが、政治のわかりやすさってなんだろう。

利権や裏取引が、政治をわかりにくくするのは事実だが、では公明正大な政治ならわかりやすいかと言えば、それも違う。何の勉強もせず、予備知識もない人がちょっと聞いただけでわかるなんて、政治に限らずどんな分野でもないはずだ。

まして、政治は〝ぐちゃぐちゃになる〟要素をそもそも持っている。あちらを立てればこちらが立たずは世のならい。利害の対立を何とか調整し、たとえツギハギだろうと纏《まと》め上げなければ前に進めないのが政治である。

どちらにもそれぞれ理があって、善か悪か、白か黒かの単純な2分法では割り切れないのがふつうである。

〝足して2で割る〟は政治を批判する決まり文句だが、代案を示す責任がないなら、何とでも言える。小泉サンや真紀子サンがそうしてきたように、無責任な立場から一刀両断、切って捨てれば、カッコも良いしわかりやすい。

しかし、すべての国民に責任を負う立場で、そんな乱暴なことをできるわけもない。嫁と姑、上司と部下の間で苦労した経験のある人なら、すぐにわかるはず。

「改革」もそうだ。都会の人が望む改革と田舎の人が望む改革は、時に正反対だったりする。従業員と経営者、高齢者と若者、男性と女性、立場が違えば、利害が対立することも少なくない。価値観だって、人それぞれ。

多くの対立する利害、錯綜する価値観を掬《すく》い上げ、議論を尽くし、優先順位を決めるのが、政治の本来の役割だ。さまざまな価値観、さまざまな立場を代表し、代弁するのが議員の役目のひとつでもある。それなのに、反対意見を一方的に「抵抗勢力」と決めつけるような改革は、それだけでうさんくさいと言うべきだ。

どこの国でも、地域の代表として議員が選ばれていることの意味を、考えてみる必要があるのではないか。それぞれの地域の状況や利害を代弁する者がいなくて、本当に国民のための政治ができるだろうか。地域への利益誘導は、それ自体が悪いわけではない。それだけに固執して他を省みない自分勝手や、自身の利権に結びつけることが問題なのである。

「族議員」だって必要だ。専門分野を持ち、官僚の情報の嘘を見抜き、優先順位を見極める見識がなければ、本当の政治はできない。族であることを利権にする議員は〝賊〟議員であって、専門議員としての族議員と区別すべきである。

「票をあてにする」というのも、なにかにつけ出てくる非難だ。しかし、同じ価値観、同じビジョンを共有する人々の票を集めなければ、民主主義は成り立たない。誰の立場も代弁しない、無色透明の人間などどこにもいない。そんな議員など存在できようはずもないし、仮に存在しても何の役にも立たないだろう。

政治のリーダーシップとは、自らの将来ビジョンを語り、説得し、支持されてこそ発揮できるものである。面白おかしい漫談で人気を博すことではない。自身の属する政党をあしざまに非難することは、単なるポピュリズム、迎合であって、政治ではない。

とはいえ、キャッチフレーズの効用を必ずしも否定するものではない。場合によっては必要なときもあるかもしれない。しかし、そこには大きな陥穽《かんせい》がある。人々の思考を停止させる危険があるからだ。キャッチフレーズに一定の役割を担わせて良いのは、議論を尽くした内容、説得力のある説明を伴う場合のみであろう。

中身を語らず、キャッチフレーズだけの改革は、国民に選択肢を示さない。そんなものが、本当の改革であろうはずがないのだ。しかし、この小泉政権が5年半も続いてしまったのだから、日本は本当にわからない国である。

またもや「財政構造改革」

ポスト森を、橋本元首相、麻生太郎氏、亀井静香氏と争った小泉首相は、総裁選の最中、「橋本首相だったら大して変わらない。私だったら劇的に変わる」と言い続けた。橋本改革の失敗を踏まえた発言と思われたが、小泉改革は、焼直しといってよいほど橋本改革とそっくりだった。

政権について最初の所信表明演説において(平成13年5月)、小泉政権は、「国債発行30兆円以下」「公共事業の見直し、削減」など、財政構造改革を強く打ち出した。かねて大蔵族として知られる小泉首相は、財務省と二人三脚で、財政構造改革に邁進《まいしん》する。すなわち緊縮財政と増税である。

森政権は、意図せざる緊縮財政であったかもしれないが、小泉政権は、はっきりと「財政構造改革」を宣言した。橋本元首相が「間違っていた」と反省の弁を述べた財政構造改革だが、小泉首相の耳には届かなかったのであろう。

小泉首相が、所信表明演説で語った長岡藩の「米百俵《こめひゃっぴょう》」の逸話は、マスコミが飛びついて、緊縮財政を美談に変身させた。幕末、窮乏《きゅうぼう》する長岡藩に、分家の三根山《みねやま》藩から米百俵が贈られるが、小林虎三郎《こばやしとらさぶろう》は藩士に配らず、売却して学校を建てる資金とした。「百俵は食べてしまえば一日、二日のことだが、人を育てれば1万俵の値打ちになる」と。

小泉首相は、改革の痛みを我慢せよ、と国民を諭す意味で用いたが、長岡藩は将来のための投資を行ったので、藩財政の節約のために領民に痛みを強いたわけではない。意味を取り違えていると多くの人が指摘したものの、マスコミ人気の勢いにかき消された。

三根山藩も苦しい中からの支援であったたし、建てた学校には領民の子の入学も許可されたという。そしてその後、小泉首相は「三位一体の改革」で教育費を削減するのである。

財政構造改革は、しぶとく何度でも現れる。そして、日本経済は、再び、三度、叩きのめされることになる。小泉首相は、根っからの大蔵族とされている。

小泉首相が、最初の選挙に落選した後、福田赳夫元首相のもとで書生をしていたことは知られている。小泉氏があまりに何も勉強していないことを心配した福田元首相が、大蔵省に教育を委ね面倒を見てもらったとの話が伝わっている。長く大蔵委員会に所属し、大蔵省政務次官も務めた。小泉政権の誕生を、誰よりも喜んだのは財務省であったかもしれない。

平成14年度の予算は、公約を達成するために、特別会計などから隠れ借金を行い、無理やり公約の30兆円ちょうどに収めた。財務省との二人三脚ぶりがよくわかる。経済状況がどうなるかもわからないのに、なぜ30兆円なのかの説明がまったくないことも、小泉改革を象徴していた。

しかし、その努力の甲斐なく、結果的に、35兆円近い国債を発行せねばならなくなった。緊縮財政のために税収が落ち込んで、予定どおりの税収を得られなかったためである。

野党に追及された小泉首相は、「そんな公約、守れなくてもたいしたことはない」と嘯いた。これが森首相だったら、大変な騒ぎになっていたはずだが、マスコミは苦笑いするだけで、さして問題にはしなかった。

そして、翌平成15年度も、国債発行30兆円以下との公約は守れなかった。同じことが翌年も、その翌年も繰り返された。ようやく平成18年、初めて国債発行を30兆円以下に収めることに成功したが、小泉改革の成果ではなかった。米国への輸出増大による景気回復のおかげであることは明白だった。税収入が増えたのである。

小泉首相をはじめ改革派の人々は、「景気対策を行っても経済は回復しないではないか」「効果のない経済対策をやっても仕方がない」「必要なのは改革だ」と主張する。

しかし、せっかくの景気対策の効果を、毎回毎回、ぶち壊しているのが、早すぎる財政改革なのである。経済が本格的に回復するまで待たずに、緊縮財政や増税を行うことが、再び経済を悪化させるからである。

平成2年、日本の税収は60兆円を超えていた。しかし、バブル破裂後の不況や、経済対策として行われた減税などで10兆円以上の減収となる。平成10年、平成11年は40兆円台に落ち込んでしまう。直前に比べ、7兆円近い税収減は、橋本改革の影響である。

平成12年に50兆円台を取り戻したのは、小渕政権の経済対策の成果だったが、緊縮財政の森政権で、再び落ち込み、続く小泉政権ではさらに激減して、43兆円台を続けることになる。橋本政権を上回る税収の落ち込みを見せる。橋本改革の失敗を見事に繰り返したのである。

財政赤字の本当の原因

何かを改革しようとするとき、問題がどこにあるのかをきちんと分析しなければ、対策だって決められない。では、巨額の財政赤字を累積してしまった原因は、何なのか。

大蔵省は、財政赤字の原因を景気対策と公共事業のせいにもしてきた。しかし、それはまったく事実ではない。平成2年以降大型の景気対策がいくたびか行われ、事業規模は130兆円を超える。とはいえ、真水《まみず》と呼ばれる実際の財政支出は、その半分もない。せいぜい60兆円と推計されている。

一方、平成元年以降の20年間で、国債発行残高は400兆円以上も増えている。400兆円－60兆円＝340兆円は、一体どこに使われたのか。

公共事業も冤罪《えんざい》だ。公共事業が激減したこの10年、財政赤字は急増しているからである。こうした嘘を振りまいて、公共事業を削減し、国民の生命と生活を危険にさらす権利が財務省にあるのだろうか。

そもそも財政資金は、国民が、国民生活を守るために拠出した、国民のお金である。財政赤字の本当の原因を明らかにすべきである。

繰り返し述べてきたように、不況下の緊縮財政・増税が、経済をさらに悪化させ、そのせいで税収が激減したことが、財政赤字の主たる原因である。国家予算が約80兆円、それなのに税収が40兆円から50数兆円しかなく、毎年、毎年、20兆円、30兆円の赤字を国債で補ってきたのである。

日本経済と国民生活の再建よりも、財政再建を優先させた結果である。公共事業や景気対策が財政赤字を拡大したのではない。公共事業や景気対策を行わなかったことが、財政赤字を拡大させたのである。日本の財政危機は、狼少年が、自らの嘘で実際に狼を招きよせたようなものなのだ。

第14章　道路公団の民営化

公共事業はムダか

小泉政権は、公共事業削減を打ち出した。公共事業にはムダが多いのは事実だ。しかし、ムダがあるなら、ムダをなくせば良いだけだ。本当の公共事業改革は、必要なものをしっかり選別し、優先順位をつけ、できるだけ安く、できるだけ速くという効率化の努力を重ねることではないか。

奇妙なのは、談合・癒着や、利権、ムダへの批判が、そのまま公共事業そのものの否定になってしまっていることである。それほど、公共事業アレルギーが定着しているのだ。公共事業を要求することが、あたかも犯罪でもあるかのように扱われる。

しかし、公共事業は本来、国民のためのものである。公共事業が、国民の生命と生活をまもるための社会資本だということが忘れられ、国民自身が社会資本整備を拒否し、「ムダだ」「いらない」の大合唱なのである。

こうした日本の現状は、世界の中で異例である。大災害の頻発は世界的規模の現象だ。各国が予算を拡大し、大災害に対応するための社会資本整備を急ぐ中、日本だけが逆に縮小しているのだ。平成10年、日本の公共事業の国家予算は14兆5000億円だったが、いまや半分以下の6兆5000億円。しかも、今後さらに削減の予定である。

よくぞと思うほど大地震が頻発し、かつてないほどの巨大台風が夏の初めからおしよせる。これほどの大災害が各地で続いても、「災害に備えて社会資本整備を急げ」という声は、どこからも上がらない。いや上がっているはずなのだが、取り上げられない。したがって、声が大きくなることもない。災害地からの報道も、社会資本整備の遅れを非難する声を伝えない。

なぜ、こんなおかしなことになったのか。いつのころからか、「公共事業悪玉論」が世の中の常識となった。

公共事業悪玉論のキャンペーン

もう10年以上も前、スクラップを見ていて気がついた。同時期に公共事業批判の記事が急に増え、しかも内容がどれも似通っている。「ひょっとして」と、大蔵省に電話をして尋ねた。「公共事業批判のキャンペーンをおやりになりましたか」と。たとえ事実でも否定すると思いきや、「もちろんやりましたよ」の返事があっさり返ってきた。「マスコミにすぐ使える資料も提供しました」と。

公共事業批判の中で、災害への備えがおろそかになっているだけではない。既存の社会資本の補修も急がねば、危険な状態だ。

米国のミネアポリスで橋が崩落した惨事は記憶に新しいが、実は1980年代、米国では橋の崩落や道路の陥没が相次いだ。大恐慌後のニューディール政策で整備した社会資本が、その後の緊縮財政でろくな補修もされないまま耐用の限界を迎えたからである。

日本の社会資本の多くは高度成長期に整備したものだ。そろそろ耐用年数を超えようとしているが、予算が大幅に削減され、既存の社会資本の補修費用まで手が回らない。危険な橋は全国に万を数えるそうだが、地方自治体は国よりさらに財政難だから、予算がないまま放置されている。耐用年数を過ぎているのは橋だけではない。日本は、1980年代の米国の轍《てつ》を踏もうとしている。

日本は、公共事業が予算に占める比率も、GDPに占める比率も先進国の中でとびきり高い「土木国家」というのも財務省のキャンペーンだ。しかし、日本の社会資本整備は、欧米先進国よりもずっと遅れて始められた。ローマ時代から上下水道を整備したり、道路網の整備が行われていた国とはわけが違う。

日本の公共事業が他の国に比べて割高なのは、事実である。しかし、そのすべてが談合・癒着や官の非効率のせいではない。日本の公共事業が高コストにならざるを得ない理由は他にもある。

日本は、人件費と地価が世界でもっとも高い国である。地形が複雑で、すぐにトンネルや鉄橋が必要になる。しかも地震国で、地震対策のためだけで工事費は1割から2割以上高くなるという。

道路は使うためにつくったはず

さらに日本の高速道路は、借金でつくるから金利負担が巨額になる。平均的な財投金利を5・5%だったとすれば、1兆円が13年で2兆円に増えた計算だ。26年では4倍になり、40年なら8倍だ。日本の公共事業は、完成まで数十年かかる場合もめずらしくはない。

道路は借金を返すためにつくっている（としか思えない）。利用料で借金を返す「償還主義」をとっているから、料金が高すぎて利用者が少ない。利用者が少ないのでムダといわれ、いつまでも全線完成しないから、不便で利用者が増えず、借金もなかなか返せない、いつまでも料金は高いまま、という悪循環である。

つくった高速道路を使わないのは、これ以上ないムダである。利用者が少ないのは、料金が高すぎるからである。

借金の返済が終わった高速道路が無料にならず高いままなのは、料金収入を新しい道路の建設費にあてる「料金プール制」をとっているからだ。しかし、欧米先進国では、国がつくる道路は借金や料金収入ではなく、税金でつくって、無料で提供するのが基本である。主としてガソリン税などを建設費にあてている。日本でいう「道路特定財源」である。一般財源から手当てされる場合もある。

高速道路から利便を受けるのは、その上を車で走る利用者ばかりではないからである。高速道路のおかげで、地域の利便と安全が高まって、直接利用しない人にまでさまざまな恩恵がおよぶ。だからこそ、高速道路は社会資本と呼ばれ、他の国は税金でつくっているのだ。

社会資本整備の絶好のチャンスを見逃した

財政のムダを省きたいなら、低いコストで社会資本を整備できる今こそ、絶好のチャンスである。金利はゼロ金利といわれるほどに低く、地価は一時の何分の一にまで下がっている。これ以上低いコストで整備できるときは、そうめったにあるものではない。

しかも失業対策、景気対策、地域おこしにもなり、国民の生命と生活をまもる防災対策にもなるのだ。少子高齢化を控えているというなら、いまのうちに、必要な社会資本整備をできるだけ進めておくべきではないだろうか。

それなのに、一石五鳥にも六鳥にもなるチャンスをみすみす見逃したのである。見逃しただけではない。逆に削減したのだから、後世に申しわけの立たない大失敗だ。財政最優先の政策が、どれほど国民に大きな損失を与え、生命を危険にさらしているかを思えば、ほとんど犯罪というべきである。

日本の公共事業が高すぎると言うなら、なおのこと、二度とないほど低コストでできるこのチャンスを見逃すべきではなかった。なぜ大幅削減だったのか。大地震対策など必要な防災事業をきちんと選んで、効率的に行えば、景気対策にもなって、日本経済をここまで悪化させることもなかったし、税収がここまで落ち込むこともなかったのである。

高速道路を一営利企業に委ねてよいのか

「これ以上高速道路はつくらない」「道路公団を民営化」するという小泉改革は、喝采《かっさい》で迎えられた。高速道路の悪口なら、誰でも、いくつも思いつく。

料金が高いうえ、なにかにつけて渋滞する。高速道路でなく低速道路だといいたくなる体験は誰もがもっていて、行楽の記憶は渋滞の記憶とかさなっている。サービスエリアの食事は高くてまずい（と思う人は少なくない）。

それというのも、サービスエリアなど関連事業は道路公団のＯＢが天下っているファミリー企業に発注され、どうやら彼らの高額の給料と退職金のために利用者が高コストと不便を強いられているというのは、周知の事実だ。建設土木会社への天下りも多く、道路の建設費用が割高なのは、そのせいだ。道路が政官業の癒着の温床というのは社会常識といってよい。

道路公団を民営化すれば政官業の癒着もなくなって、ムダな高速道路をこれ以上つくらずに済むといわれれば、世論が喝采する下地は十分だったのだ。

というわけで、道路公団民営化の改革は、華々しく始まったが、結局、完全民営化は見送られ、いわゆる「上下分離」に終わると、どこが民営化か、改革の失敗だと強い批判を浴びることになった。

民営化会社には運用管理（上）だけがゆだねられ、高速道路やサービスエリアなどの所有（下）は新しくつくる政府組織（保有・債務返済機構）にとどまったからである。しかも、とりあえず計画は縮小されたものの、今後も高速道路はつくりつづけ、なかでも採算のとれない高速道路は借金ではなく、税金でつくることになり、返済の義務さえ生じない。

これは失敗ではない。失敗を阻止したのである。良かったとつくづく思う。高速道路は万一の災害のときの、避難路、救援路でもある。国民の生命と安全を託す高速道路を、採算だけの営利企業に譲り渡すのは、絶対に間違いだ。

第二東名はムダだと決め付けられて、計画が縮小された。しかし、東海地震などによる大津波の恐れは杞憂《きゆう》ではない。東海地震はいつ起きてもおかしくないプレートの状況だそうである。震源の深さと遠さにもよるだろうが、太平洋側の沿岸一帯に大津波がおしよせる危険がある。沿岸の人々が一斉に車で避難しようとしたとき、渋滞で逃げられないことはないのか。もちろん防災のためだけに高速道路をつくるのではないが、危機管理の役割も担っていることを考慮したうえでの計画縮小だったかどうか。大津波の襲来が予報されたとき、住民の避難路は確保されているだろうか。

採算がとれないからこそ国がやる

それにしても、なぜ「民営化」だったのか。民間企業が採算のとれない事業を行わないのはたしかだろう。だが、民営化によって万事うまくいく保証は、実はどこにもない。

高速料金が下がるというのも、サービスが良くなるというのも、そうなるはずだ、なるだろうとの期待でしかなく、論理的・実証的に証明されたわけではない。すぐわきに別の高速道路があるわけではないのだから、民営化された高速道路会社は独占企業だ。営利追求の独占企業が、料金を下げるだろうか。逆に上げる可能性だってある。

道路に限らず、国の事業を経済採算だけで評価するのが間違っている。逆に、採算がとれない事業こそが国の仕事だ。採算がとれる事業ならビジネスチャンスだから、放っておいても民間企業がやるからだ。

しかし、採算がとれないが、国民生活と生命を守るためにやらねばならない仕事があり、それこそが国の役割というものだ。採算がとれなくてもやってほしいことが多々あるから、国民は税を払っているのである。

民営化は国民のための改革にあらず

公共目的の事業を民営化した結果、国民生活と生命が危険にさらされた例は、世界に少なくない。なぜ、そうした事実がほとんど報道されないのか。

英国の国鉄民営化の失敗は有名である。列車の遅れや運休が多発しただけでなく、数々の事故をひきおこし、一時、国の管理に戻されたほどである。もっとも知られているのは2000年11月、ハットフィールドの脱線事故だ。レールの補修が行われないまま放置され、あるとき列車の重みで線路は300の破片に砕け散り、死者を出す大惨事に到ったのである。

英国の民営化の失敗は水道事業でも生じている。たとえばロンドンでは、老朽化した水道管から水が漏れ、水圧が下がってビルの上層階では水がまったく出なくなった。学校や病院、公営住宅などには市の負担でポンプをつけざるを得なかったが、ポンプ設置は民営化会社の関連会社。市が支払った多額の経費は、水道事業を買いとったテムズウォーター社の親会社に利益をもたらしただけで、水道管の補修にはまわらなかった。

しかも、下水処理場を2つ減らして、その広大な土地を住宅地として売却。巨大な不動産利益をあげたが、役員報酬と配当に消えた。その一方、未処理の下水が川に流れ魚が窒息死、下流にある浄水場の水質は極端に悪化した。テムズウォーター社は、水は浄化したから安全というが、人体への影響は不明なままである。

ドイツの民営化も同じだった。水道料金があがり、水質は悪化した。EUの企業にとって「水は青い金塊」だそうである。道路も水道と同じように地域独占事業だということを思い出しておこう。

もし、実際に道路公団が、当初の予定通り「上下一体」で完全民営化され、小泉総理のいうとおり株式上場していたら、どうなっていただろう。民営化とは、営利事業になるということなのである。コスト意識は高まりすぎるかもしれない。高速道路は補修されず、道路の陥没や高架の崩落事故が起きないと、誰が保証できるだろう。阪神大震災で起きたような、高架の崩落によって人命が失われる事故が多発しかねない。

道路公団の民営化は、上場して株式の売却利益で借金を返そうという試みでもあったが、それで安心できるのは財政への負担を軽くできる財政当局だけである。道路の補修を怠ればコストは削減されるかもしれないが、浮いた利益は料金低下に向かわず、株主への配当にまわるかもしれない。国民の安心と安全を犠牲にしてまで、財務省の安心を優先させねばならない理由があるだろうか。

国民全体の公共資産である社会資本を、一営利企業の手にゆだねる危険を、国民は知っておくべきだ。そうすれば「民営化」するだけで改革だと思いこまずに済むはずだ。

第15章 意図された金融危機
——4大銀行の増資と、りそなの謎

「倒産は改革が進んでいる証し」？

平成14年10月、日本の金融界に衝撃が走った。訪米中の竹中金融相の「〝大きすぎて潰せない〟とは考えていない」という談話が伝えられたからである。ニューズウィーク誌のインタビューに応じての発言だったが、そんな重大な行政方針をなぜあえて米国で、と疑念を抱いた者は少なくなかった。

「大きすぎて潰せない（ツービッグ・ツーフェイル）」は、世界の金融界が、歴史から学んだ知恵だったが、小渕政権がこの方針を採ろうとした際、野党をはじめとする改革派はこれに強硬に反対した。潰すべき銀行を潰してこそ、金融市場は再生されるというのが彼らの主張だったからである。

もともと小泉政権は、改革の第一歩として「緊縮財政」と「不良債権の早期処理」を掲げていた。しかし、政権発足の時点で、銀行の不良債権問題はすでに峠を越していた。改革派である前任の柳沢金融相が、不良債権処理の加速を要求しており、これ以上の早期処理は、借り手の無用な整理が不可避と思われた。

しかも、緊縮財政と不良債権処理を同時に進めることが、そもそも矛盾だった。不況の中での緊縮財政は、不況をさらに深刻化させ、新たな不良債権を生むからである。

不良債権の処理は、好むと好まざるとにかかわらず多くの企業を破綻に導く。ただでさえ深刻な不況の中で、倒産・失業が増えることは、さらなる経済悪化を招く。不良債権を処理すればするほど、逆に不良債権を増加させる恐れさえあった。

いや、現実に増加した。小泉政権発足後の1年間、不良債権処理の加速を要求された銀行は10兆円という巨額の不良債権処理を行った。それにもかかわらず、不良債権は逆に増加したのである。新たに20兆円の不良債権が発生したからである。銀行が、処理しないでおこうと判断した不良債権まで処理させた結果、無用な倒産、連鎖倒産を招いたのである。

しかし、改革政権は、政策の誤りを認めようとしない。不良債権が増加したのは、銀行が隠していたものを暴きだしたからだと主張した。経済が改善しているのに不良債権が増えたのであれば、そうであろう。しかし、経済の悪化は火を見るより明らかだった。それでも、竹中経財相は、不良債権の増加が政策のせいだと認めようとはしなかった。

不良債権の増加は、多くの警告に耳を貸さず、独りよがりの改革を進めた〝戦果〟である。

「民に任せよ」の小泉政権が、民（銀行）の判断を無視したのは、それ自体矛盾と言うべきだった。その帰結として、経済は急速に悪化した。就任当初は、新政権への期待から上昇した株価も、改革の方針を明らかにした平成13年5月の所信表明演説の後は、下落を続けていた。

尋常ならざる経済の悪化に、与党の中から景気対策を強く求める声が挙がったが、小泉首相は無視し続ける。さすがに、景気対策を求める声は改革支持のマスコミからも挙がった。アンケート調査でも7割近い国民が景気対策を望んでいた。しかし、小泉政権はこれも無視。

平成13年12月、青木建設が破綻し、民事再生法を申請したことについて聞かれると、小泉首相は「改革が順調に進んでいる表れではないか」と平然と言ってのけた。青木建設は準大手のゼネコンで、７０００人の従業員が路頭に迷う可能性があったが、その痛みは、小泉首相にとって、改革の一里塚でしかなかったのである。

竹中氏は、小泉改革を、経済財政担当大臣として先頭に立って推し進めてきた、いわば本部長だ。強硬姿勢を貫き、周囲に一切耳を貸さないその手法は、さすが改革派と評価する声もある一方、党内外から強い反発と不信を買っていた。

その竹中氏が、改造内閣で金融大臣を兼務することになり、金融界には緊張と動揺が広がっていた。就任直後、竹中金融相は、不良債権の抜本処理のためのプロジェクトチームを立ち上げると発表、そのメンバーにハードランディング論者である木村剛《きむらたけし》氏を加えた。

竹中氏が金融相を兼務するというだけで下落した株価は、木村氏のニュースでまた下落した。木村氏はかねて、「日本の銀行はまだ多くの不良債権を隠しており、抜本的な不良債権処理が必要。大銀行の破綻も避けるべきではない」と主張していた。

竹中プランが動き出した——大銀行といえども潰す

米国での竹中発言は、その矢先のできごとである。銀行株を中心に、株価がさらに下落したのも当然だった。日本のメディアも、この発言に注目し、真意を質した。蔵相の失言で火がついた昭和恐慌の二の舞になりかねなかったからである。

日本に戻った竹中金融相は発言を否定し、「ツービッグ・ツーフェイルという考え方が適切ではないという一般論を述べただけ」「一般論と政策的決定を短絡的に結びつけないで欲しい」と語ったと報道された。が、妙に慌てた印象を与えており、発言が日本に伝わることは想定外だったのではないかと思わせた。

別のところでは「誤訳だ」と述べたとの報道もあったが、実は竹中大臣は以前から、テレビなどでも似たような発言を行っていた。「大きいからと放っておくと周りまで悪くなる、悪いところには退出してもらう」「ダメな企業が退出するのは資本主義のルール」だと。日本語の発言は、翻訳のせいにはできない。

昭和2年（1927）、時の片岡蔵相は国会で、資金繰りに苦労してはいたが破綻していなかった銀行について「渡辺銀行は今日破綻いたしました」と発言してしまい、昭和恐慌の引き金を引いた。

片岡蔵相は明らかに失言だったが、竹中金融相の発言は、意識的、意図的と思われた。それは、その後発表された竹中プランを見れば明らかだった。

それは、「不良債権を厳格に査定」し、自己資本が足りなければ公的資金を入れ「資本の充実を図る」が、そのような事態を招いた「経営責任は厳しく追及」し、場合によっては「国有化」も辞さない、というものである。

不良債権を厳格に査定することも、経営責任を厳しく追及することも、いかにも改革派らしい厳しい金融行政だと、一般には前向きに受け止められた。銀行がいまだに不良債権隠しを行っているとの見方は根強くあったから、「不良債権の厳格査定」は好ましいことと歓迎されたのである。

しかし、それなら、なぜ、銀行株を中心に株価は暴落したのか。以前、不良債権処理が進展するとみなされて、銀行株を中心に株価がめざましく上昇したときがあった。平成8年の住友銀行の赤字決算である。今回、市場はまったく正反対に、下落で応えた。あのときと、竹中プランのどこが違うのか。

長引く不況に人々はいらだっていたから、「不況から脱出できない原因は不良債権であり、いつまでも処理をしない銀行が悪い」という竹中大臣の説明は一般に受け入れられやすかった。しかし、事実はまったく違っており、市場はそれを知っていたのである。

実は、平成8年以降、銀行の不良債権処理は着実に進んでいた。橋本改革の影響でいったん増えたものの、その後は再び減少に向かっていた。不良債権の水準はいまだ高かったが、経済悪化で新たな不良債権が生じていたことを思えば、銀行の体力の許す範囲で、めいっぱい処理が行われてきたと言うべきであろう。

その陰では、貸し剝がしや担保処分を受けた多くの借り手が泣いたはずである。銀行が処理せずに残している不良債権の多くは、再生の見込みがあると判断したもの、あるいは規模が大きすぎて破綻させれば他の債権まで巻き込みかねず、現状での処理は逆に損失を拡大すると判断し、営業政策上残しているものだ。

不況が、健全企業の債権を不良債権化している現実があった。経済悪化を前提にすれば、不良債権処理はむしろ緩やかにしなければ、多くの企業の無用な死を招き、日本経済の体力を失わせる可能性が高かった。

悪化する経済状況で、今後2年以内に不良債権を半分にするという竹中プランは、どう考えても無謀な計画だった。株価が暴落したのは当然だったのである。

森政権になって下がり始めていた株価は、小泉政権に入ると、バブル破裂後の最安値を更新し続けた。平成14年1月、株価はついに1万円割れを喫し、平成15年4月28日、7607円のバブル破裂後の最安値を記録する。最高値の5分の1以下、小渕政権の高値と比べても6割以上の下落である。

銀行をはじめとする金融機関は、保有株の含み益をすべて吐き出し、含み損を抱えるようになっていた。まだ益の残っている株式を売却しては、不良債権の損失を埋めてきた銀行だが、保有株式が損失を発生する事態に直面させられていた。

緊縮財政と不良債権処理の加速が原因だった。銀行の自己資本の減少は、銀行の経営より、政府の経済運営の失敗に原因があると言うべきだった。

「不良債権処理の加速」「不良債権査定の厳格化」は、一見、改革のように見えるが、実態を無視し、銀行と不良債権への不信を巧みに利用した、銀行叩きとしか思えなかった。銀行だけではない。借り手も、日本経済も回復不能な傷を受けかねない。

一体なんのために、と多くの関係者が疑念を強めた。

サッカーがアメフトに変わった

竹中プランの中で、特に問題だったのは、「税効果会計」の変更である。銀行の自己資本算定のルールを突然変えたのだ。それも、減らす方向に。

「税効果会計」とは、税の前払いなどを会計上処理するやり方のことである。いずれ戻ってくるはずの税は資産として計上して良いという会計上のルールがある。これを「繰延《くりのべ》税金資産」と呼ぶが、繰延税金資産は自己資本としてカウントすることもできる。このルールを前提に、銀行は不良債権の処理を進めてきた。

不良債権の処理には「直接償却」と「間接償却」の2種類がある。直接償却とは、不良債権の最終処理をしてしまうことで、融資の清算、債権の売却、債権放棄がこれにあたる。不良債権は帳簿から消えるし、損失も確定する。

一方、最終処理は行わず、資産として保有し続けるが、損失見込み分は減額しておこうというのが、「間接償却」である。たとえば、10億円貸したが2割の確率で貸倒れになると判断すれば、2億円の貸倒引当金を計上し、資産価値を8億円に減額、2億円は損失として会計処理を行う。

この場合、不良債権は帳簿から消えないので、損失は確定しない。破綻してしまうかもしれないが、逆に借り手の状況が改善し全額返済される可能性もある。その可能性がある以上、間接償却の損失は、損失として認めないと、税務署は言う。

だから間接償却では、会計上は損失が増え、自己資本も減ってしまうのに、税務上は損失と認められず、利益から2億円を差し引くことができない。その分の税金も支払わなければならない。直接償却は「無税償却」だが、間接償却は「有税償却」ということになる。ただし、借り手が破綻するなどして損失が確定すれば、その段階で払った税は戻ってくる。

とはいえ、税を戻してもらうには条件がある。銀行が黒字で払うべき税金があれば、納税分から差し引くというやり方なので、黒字でなければ、払いすぎた税金は戻ってこない。しかも、期限が決まっていて、その期限を過ぎれば、たとえ黒字になっても税金は返してもらえない。

従来、この期限は5年間だった。5年以内に黒字の見込みがあると認められれば、その範囲において、払いすぎた税は会計上、資産として計上でき、自己資本に組み入れることもできる。しかし、黒字になる見込みがないと認定されれば、資産計上できないし、自己資本に算入することもできない。

竹中プランは、突然このルールを変え、1年に短縮しようとした。米国が1年というのがその根拠だが、米国は間接償却であっても、無税償却が原則であることを無視している。例外的に無税償却を認めないケースについて、1年と定めているに過ぎない。

従来5年と決められていたのは、税務上、損金の繰越が5年だからである。つまり、5年以内なら損金を繰り越して、その後に生じる利益と相殺できる、という税務上のルールである。

企業活動はそもそも長期にわたるものだから、長期的利益に課税するのが公平という考え方である。利益の変動が激しい産業もあれば、そうでもない産業もある。損金の繰越は日本ではたった5年だが、米国では20年間、英国とドイツは無期限である。

そもそも、不良債権の早期処理が必要と判断したときには、処理が進むように税務上の軽減処置を併せて行うのが、世界の常識である。それなのに竹中プランでは、不良債権の処理を加速するとしながら、処理がしづらくなるような税務変更、課税強化を行うというのだ。

竹中プランでは「1年に短縮、ないし自己資本の10％以下のどちらか少ない方」しか認めないとされていた。当時、大手銀行の自己資本の約半分が繰延税金資産である。竹中プランが実行されれば、銀行の自己資本不足は深刻にならざるを得ない。

「不良債権査定の厳格化」も「税効果会計の見直し」も共に、わざと銀行の自己資本不足を演出するのが狙いとしか思えなかった。

銀行の財務を悪化させ、金融危機を再発させるのが目的と言われても、弁解の仕様がない矛盾した政策だった。しかも、国有化まで持ち出している。竹中プランは、銀行破綻を計画しているのかと疑われたのも無理はない。

銀行は怒って、抗議の姿勢を明らかにする記者会見を開いた。ゲームの途中でいきなりルールを変更して、アウトを宣告されるようなものだから、怒るのは当然だった。銀行協会の会長はこう言った。

「サッカーをやれと言われてサッカーをしていたら、いきなりアメフトに変わった」と。アメリカン・フットボールというたとえは、意図的に選んだ言葉だろう。「アメリカン」がキーワードだ。この一語に、竹中金融行政への怒りと疑念が込められている。

不良債権処理は米国の要求でもある

竹中金融相も、そのブレーンと目される木村剛氏も、米国では不良債権処理が原則として無税である事実、さらに経済悪化の局面では課税上の優遇措置をとって損金処理を支援した事実も、当然知っているはずである。それなのに無視し続けた。

米国をお手本としながら、都合よく事実をつまみ食いしているのは何かが変だった。部外者でさえそう思ったのだから、当事者の銀行は、なおさらである。

かねて竹中大臣は「新生銀行は立派な銀行だ」「長銀は国有化され外資に転売されて優良銀行に生まれ変わった」を持論としてきた。

その竹中大臣が、「大銀行といえども破綻させる」と発言し、むちゃくちゃなルールの変更で、銀行の自己資本を急減させ、国有化を視野に入れているのだから、新生銀行をもうひとつ作ろうとしているのではないかと、想像したとしても、それほど大きな勘違いとは言えなかった。

そもそも新生銀行を立派な銀行と褒めちぎること自体、奇妙である。たとえ年間600億円の利益を上げたとしてもそのやり方は、ハゲタカの名に恥じない。しかも、年600億円の利益を上げる銀行が、たった10億円で買えたのだから、外資が、また新生銀行を欲しがるのは当然だった。

大儲けした外資が味をしめ、日本政府に新たな〝ビジネス・チャンス〟を要求しているとの噂がある。本物と確証があるわけではないが、当時の武藤財務省次官と森金融庁長官らが「外資にチャンスを与えるため投資ファンドを作ろう」と密談した内容を詳細に記録した「メモ」の存在を、ある週刊誌がすっぱ抜いたことがある。

米国の大統領から政府高官まで日本に不良債権の処理を迫るのも、竹中金融相が、おかしなプランを進めるのも、その意図は明らかと思われた。8兆円の公的資金を注入した銀行を、たった10億円で米国ファンドに売却した柳沢金融相は、その〝成果〟を、わざわざ米国まで報告に行っているのである。

小泉政権の初代金融大臣は、柳沢氏である。柳沢金融相も、不況の中、不良債権の厳格査定と自己資本の充足を過酷なまでに進めたが、たぶん、それでもまだ手ぬるいと判断した人々がいたに違いない。その結果の、竹中金融相の誕生と思われた。

政治が動いて、税効果会計の見直しにはストップがかけられたが、不良債権の厳格査定の方針も、処理の加速の方針も、まったく変わらなかった。小泉・竹中改革は、マスコミの支持を受けている。マスコミが支持すれば、国民も支持する。銀行は孤独な戦いを強いられることになった。

銀行はこの数年すでに、すさまじいまでの合併・統合を行ってきた。平成8年の東京三菱の合併は、国際競争力の強化をめざしたものだったが、その後の再編は、金融ビッグバンに、不良債権処理のリストラが重なっている。

平成11年から平成13年にかけて、金融市場が様変わりするほどの金融再編が進んだ。第一勧業銀行、富士銀行、日本興業銀行がみずほ銀行に、住友銀行と三井銀行が三井住友銀行になった。みずほは、しのぎを削ってきたライバル行同士、三井住友は財閥の垣根を越えた合併で、ほんの数年前までは予想もできない取り合わせだった。

さらに、三和銀行、東海銀行、東洋信託がＵＦＪ銀行に、あさひ銀行と大和銀行がりそな銀行になり、大銀行は東京三菱を加えた国際４メガと、国内特化を宣言したりそなに集約された。その他の銀行や証券、保険の再編もめまぐるしいほどに進んでいた。

大銀行同士が、ここまで思い切った合併・統合を進めたことで、金融市場もようやく落ち着きを取り戻すかに思われていた。しかし、その期待を裏切って、竹中金融プランという激震が見舞ったのである。

4大銀行の孤独な戦い——外資による国辱的資本参加

平成15年1月、4メガはそれぞれ、過小資本で国有化される事態を避けるため、巨額増資に踏み切った。三菱東京グループ３５００億円、三井住友グループ４５００億円、ＵＦＪグループ１２００億円、みずほグループは1兆円。

みずほが1兆円なのは、監査法人が「８０００億円の税効果会計を認めない」と宣告したからだ。竹中金融相の税効果会計の変更は阻止されたが、それでも監査法人は自発的に基準を変えた。金融庁は監査法人の生殺与《せいさつよ》奪《だつ》の権限も持っており、その締め付けは厳しくなっていた。

マスコミは、みずほの1兆円増資に驚き、なりふり構わぬ生き残り策と批判した。融資先の企業にまで、「購入代金を融資するから株を買って欲しい」と持ちかけたからである。しかし、本当に批判すべきは誰だったのだろう。

三井住友グループの増資はゴールドマン・サックスが引き受けた。ゼロ金利の時代になんと４・５％の配当利回りの優先株である。しかも、議決権のある普通株に転換できるオプションがついている。その価値だけでも相当な金額である。さらには、ゴールドマン・サックスが行う投資の損失を保証するリスクを負い、そのための巨額出資さえ行っている。

ゴールドマン・サックスは、リスクがほとんどないのに、常識はずれの高利回りを約束された。国辱的なまでの好条件で、なぜここまでしたのか謎だ、それほど状況が悪かったのかと噂された。UFJグループの1200億円の増資はメリルリンチが引き受けたが、異常な好条件を与えているのは同様である。

生保などの機関投資家だけでなく、企業も個人も運用には苦労している。ここまで好条件でなくても、飛びつく投資家はいくらでもいたはずである。

それなのに国辱的なまでの好条件を提示して外資に引き受けさせたのは、おそらく「外資でなければならなかった」のだ。「国有化」「転売」を避けるには、それと同程度に「おいしいビジネスチャンス」を提供する必要が、銀行にはあったのだろう。

たとえ一部を譲り渡しても、市場から消えるよりはまだマシだと、銀行は孤独な決断をしたに違いない。日本の金融大臣が、自国の銀行をここまで追いつめたのである。東京三菱もみずほも、不良債権処理の子会社などに外資の資本参加を受け入れた。

銀行の不良債権に関しては、もうひとつ奇妙な動きがあった。竹中金融相と親しいとされる米国最大の証券会社ゴールドマン・サックスの、日本における銀行アナリスト、デービッド・アトキンソン氏のレポートである。彼のコメントは、しばしば金融専門紙や経済誌で取り上げられ人気もあったが、首をかしげる日本人アナリストは少なくなかった。

彼は、日本の不良債権は公表の倍以上の巨額であるとして、150兆円という数字を根拠も示さぬまま掲げ続けた。資本増強のための公的資金の注入が必要と主張するレポートを、顧客である国内外の機関投資家に送るだけでなく、日本のマスコミでもさかんに主張していた。

実際に分析している専門家の多くは、これをポジショントーク、自社の運用成績を上げるための世論誘導、と見ていたが、これに踊らされた政治家、マスコミは少なくなかった。150兆円という数字はやがて一人歩きをはじめ、テレビのコメンテーターが言及するほどに定着していく。

しかし、4大銀行が外資による増資に動き出したころ、突然、彼のコメントは方向を180度変えた。「不良債権は87兆円に減少、あと10数兆円の償却で不良債権処理は終わる」として、「銀行株は買い」と推奨を始めたのである。

外資がもっともおいしいビジネスチャンスと考えているのは不良債権処理である。産業再生機構は、不良債権処理を促すために国が作った組織だが、日本の銀行に不良債権を提出させながら、処理の段階では日本の銀行を一切排除するという方針を、当初はとっていた。それほどに、外資の参画が重視されているのに、そんな行政を怪しみ追及する報道は、一部週刊誌を除けばほとんどなかった。

しかも外資系投資ファンドが日本企業を買い取る資金を、国の公的機関である政策投資銀行が融資するという手厚さだ。「外資にビジネスチャンスを与えるため投資ファンドを作ろう」という前述の密談メモが、なにやら信憑《しんぴょう》性を増してくる。

りそな国有化の謎

4大銀行グループを外資に提供し、竹中プランは終わるかと思われたが、日本の銀行がおかれた状況はそれほど甘くはなかった。それを如実に示したのが平成15年5月の「りそな国有化」の決定である。

標的にされるかもしれないと噂されていたのはみずほであって、りそなではなかった。そもそも、りそなは破綻しないはずだった。経営危機に陥った地銀や第二地銀を傘下に収める格納庫として金融庁御用達《ごようたし》であることは、市場で知られていたからである。

りそな国有化をめぐる謎は多いが、もっとも重大な疑問は、2兆円近い巨額の公的資金が注入されたことである。公的資金注入は、それこそ厳格な資産査定が前提なのに、根拠も示されないまま、いきなり2兆円の投入が決定された。

不良債権の厳格査定を主張する竹中金融大臣が、資産査定を行わず、2兆円もの巨額の資金投入を決めたのは、矛盾だった。過小資本を補うためなら数千億円で十分なのに、なぜその数倍の2兆円だったのか。

国民の怒りを呼んだあの住専の6850億円の3倍にあたる巨額の公的資金注入、しかも根拠もない注入なのに、マスコミは静かだ。「債務超過なのだろう」「それほど傷んでいるのだろう」と簡単に納得してしまっている。銀行が不良債権を隠しているという竹中金融相の主張がそこまで浸透したということか。

さて、りそなの監査をめぐっては、りそな・金融庁と2つの監査法人の意見の相違が問題になった。繰延税金資産を何年分認めるか、で見解が分かれ、それによって、りそなの命運が左右されるという重大な問題だった。

繰延税金資産は認めないという朝日監査法人の厳格査定どおりなら、りそなは債務超過になる。破綻処理され、ちょうど預金を保証する額だけしか公的資金を注入できない。しかし、朝日監査法人はなぜか突然、監査を降りてしまう。直前には、担当公認会計士が自殺するという事件が起きていた。

残された新日本監査法人は、当初、りそなや、金融庁の意向に沿って、5年分を認めようとした。4年分以上なら、りそなは自己資本比率を満たし、何事もなく決算を済ませることができる。この場合も公的資金は必要ない。

しかし、「金融庁は監査に介入すべきではない」との竹中金融相の意向が伝えられ、それもできなくなる。米国でエンロン、ワールドコムの粉飾決算事件が起き、監査法人も罰せられていた。厳格監査を主張する竹中金融大臣に逆らうことは、監査法人にとっても難しかった。

結局、破綻以上・健全未満の3年分を認めるという結論に至る。これなら、国有化し公的資金を注入できるのだ。りそなの勝田《かった》頭取は、それを聞いて「5月7日になって、新日本監査法人の態度が豹変した、背信だ」と怒りを露わにした。もっと以前なら増資する方法もとれた。しかし、この期に及んでの豹変では、対応のしようがなかったからである。りそなに巨額の公的資金を注入するには、竹中プランに沿って繰延税金資産を減額する新日本監査法人の「豹変」がどうしても必要だった。

決算報告直前に監査法人が突然降りるのも、基準を突如変更して従来と違う監査結果を出すのも、どちらもきわめて異例だった。繰延税金資産を厳格に査定するなら、りそな以外にも、問題にしなければならない銀行はあったはずである。

自殺したとされる朝日監査法人のりそな担当の公認会計士には、他殺の疑いもあった。彼の親しい友人から聞いた話だが、訃報に駆けつけた両親を彼の部屋には入れずホテルをとり、朝日監査法人から人がきて、パソコンから書類まで根こそぎ持って行ったという。なぜなのだろう。

きわめて謎の多いりそなへの2兆円の公的資金だが、一体なんのためだったのか。大銀行といえども潰すと言っていた竹中金融相が、突然方針を転換し、2兆円もの公的資金を注入して、破綻を避けたのは奇妙すぎた。

実は、当初、竹中金融相はりそなを破綻させ転売するつもりだったが、金融庁の抵抗で、2

兆円の公的資金注入で妥協したとの見方がある。外資に利益提供するのが目的なら、必ずしも「破綻」「国有化」である必要はない。

必要額の何倍もの2兆円の公的資金を注入したりそなが、その直後に、1兆7000億円の赤字を計上したのも、実に奇妙なことだった。不良債権を極端な低価格で大量転売でもしなければ、これだけ巨額の赤字は出ない。当初の資本不足の何倍もの公的資金を注入したのは、この赤字を前提したものと考えれば、平仄《ひょうそく》は合う。

しかし、この疑問はあたかもタブーであるかのように、誰も問題にしなかった。金融安定の名目で、国民のお金である公的資金が、またもや外資の利益に化けたのであれば、不況に苦しむ日本人は救われない。

2兆円の公的資金投入で利益を得たのは誰か

りそなへの公的資金注入は、株価を急騰させた。りそなをはじめとする銀行株だけでなく、株式市場全体に活気が戻った。バブル破裂後の最安値7607円をつけた4月と比べると、まったくの様変わりだった。

竹中金融相は、「不良債権処理が進んだからだ、改革の成果だ」と強弁したが、そうではない。竹中金融プランの180度の転換のせいだった。必要以上の査定の厳格化、不良債権処理で銀行を追い詰めていたにもかかわらず、打って変わってりそなに2兆円もの公的資金を注入したからである。

銀行の株主は、破綻、国有化によって株価がゼロになるリスクを負っていたが、一転、そのリスクが消えたのである。米国での竹中発言以来、暴落していた銀行の株価が、急騰したのは当然だった。

しかも、竹中金融プランによって再燃しかけていた金融不安が、消えたのだ。不良債権処理とは、多くの場合、借り手企業の倒産を意味している。自己資本が減れば、銀行は、その12・5倍の融資を貸し渋り、貸し剝がしを余儀なくされる。そうしなければ、8％の自己資本を維持できないからである。

その結果、経済が悪化すれば、さらに不良債権が増えて、自己資本が毀損し、という悪循環である。りそなへの公的資金注入は、その懸念を吹き払った。だからこそ、銀行株を中心に株価が反転、急上昇したのである。

自身の脅迫的金融行政で暴落させた株価を、180度の方向転換で元に戻しただけである。自身が乗せた重石を取り払っただけの、いわばマッチポンプでしかない。この間、どれだけ多くの無用な倒産・失業が生じたかを思えば、許しがたい行為である。

しかも「国有化」と称していたが、厳密な意味での国有化ではない。長銀や日債銀のように破綻した上での国有化なら、債務超過であるから株主責任が問われ、株価はゼロになるはずだった。

しかし、りそなのケースはそうではない。「〝実質〟国有化」という手品が使われた。そのために、破綻以上・健全未満の監査が必要だったのである。債務超過ではないから、株主責任は問われない。直前の安値で購入した株主は、株価の急騰によって大きな利益を得たはずである。

安値でりそなの株式を購入した外資系ファンドがいくつかあり、巨額の利益を上げたと証券市場でささやかれた。一部政治家もいたとの噂も流れた。インサイダー取引の疑惑があったのである。

2兆円の公的資金投入が、暴落させた株価を反転・急騰させる目的を持っていたとすれば、債務超過の「国有化」ではなく、破綻以上・健全未満の「実質国有化」の謎が解ける。

繰延税金資産が0年や1年ではなく、また4年や5年でもなく、その中間の期間でなくてはならなかった理由もわかるのである。1年を強く主張していたはずの竹中金融相は、3年になったことに、なぜか何のコメントもしなかった。

不良債権の厳格査定を主張する竹中金融相が、資産査定も行わず2兆円もの公的資金を投入した不思議な行為の理由も、以上のように考えれば納得できる。マッチポンプだけでも許しがたいが、単なるマッチポンプではなく、国民と国益を犠牲にした謀略があった。

しかも、2兆円の効果はそれだけではなかった。景気回復と改革の成功を印象付けるという大きな役割を果たしたのである。

もう一つの不思議な金融行政――UFJ

不思議な金融事件は、他にもある。平成15年10月、金融庁に、UFJが一部の資料を隠蔽しているという内部告発の電話があったそうである。たしかに、資料は隠蔽されていた。金融庁に報告したよりも、ダイエーなどの貸出先の業績見通しが悪いことを示す資料だという。要するに不良債権隠しだ。

これが、「刑事告発も辞さない」というほどに、金融庁の大きな怒りを買い、役員は全員辞任に追い込まれた。金融庁の意を受けた監査も厳しく、UFJは巨額の赤字に転落、その上、とても応じきれないような業務改善命令の数々を金融庁から突きつけられ、ついに、東京三菱銀行に救済合併を求める事態に至ったのである。

「検査忌避」というと、いかにも悪質なようだが、貸出先の経営見通しを、比較的楽観的なものから悲観的なものまで、いく通りか試算してみるというのは、どこの銀行でもやっていることである。監督官庁への報告するのは、そのうちで最も可能性の高いケース、というのもふつうのことであろう。報告よりも、悲観的な状況を想定した資料が出てきたとしても不思議はない。

オリンピックの体操競技だって、最高点と最低点を除いた残りの平均で評価される。隠していたのは悪いが、銀行がそうしたくなるような、異常に厳しすぎる検査の実態もあった。メガバンクの国有化を、竹中金融相は諦めていなかったようなのだ。

問題を複雑にしたのは、それ以前に、UFJ信託と住友信託の統合がすでに決まっていたことだ。当時話題になっていた韓国ドラマ「冬のソナタ」にたとえる論評まで現れた。ヒロインUFJは、幼なじみの住友信託との婚約を破棄し、初恋の東京三菱と結婚しようとするが周囲は反対、婚約者も諦めない。

怒った住友信託が司法に訴えるという騒ぎ。「冬のソナタ」と違うのは、UFJが本当は東京三菱ではなく、婚約の整った住友信託と一緒になりたいと望んでいるらしいことである。さらに、東京三菱も実は、UFJとの統合を望んではいない、という不思議な事件なのである。

当人たちの希望をまったく無視したシナリオを強制する存在がいた、というのが、市場の観測である。結局、お上には逆らえず、東京三菱とUFJが統合されたのは、ご存じの通りである。

さらに、UFJが不良債権を甘く評価していたわけではない、ということが後に明らかになる。平成17年、発表された三菱東京UFJの利益が、トヨタを抜いて日本一になったからである。その原因は、ＵＦＪの巨額利益にあった。

三菱東京に救済合併を求めざるを得ないほど、巨額の不良債権を抱えていたはずのＵＦＪが、なぜ巨額の利益に転じたのか。ＵＦＪの不良債権は、金融庁や監査法人の評価より、ずっと優良だったからである。

不良債権の評価をごまかしていたとされ、巨額の貸し倒れ引当金を積まされて、１０００億円を超える赤字決算に追い込まれたＵＦＪだったが、実際には焦げ付きはそれほど大きくなく、過剰な損失処理が無用となり、それが逆に巨額利益に変わったのである。つまり、金融庁と監査法人の査定の方が厳しすぎたのである。

過剰な不良債権処理を無理やり進めさせたのは、竹中金融相と金融庁である。資料隠蔽の代表格が、ダイエーだ。ダイエーのような大口を処理したことで、不良債権処理の加速を主張していた竹中金融相は満足したかもしれないが、ダイエーには多くの関連企業があり、10万人を超える従業員がいた。

ＵＦＪの巨額利益は、竹中金融行政のまやかしの証左であったが、厳しすぎる査定によって不良債権処理され、倒産・失業に追い込まれた人々にとっては、もはや取り返しはつかない。

ＵＦＪについては、もうひとつの噂が流れた。98年の大蔵省過剰接待疑惑の捜査において、ノーパンしゃぶしゃぶ接待を検察に明かしてしまったのが、三和銀行（後にＵＦＪ）の役員で、大蔵省が激怒していたそうである。今回の事件は、大蔵省（金融庁）による、その復讐であり制裁だというのである。

まさか事実ではないと思うが、そういう噂が流れたほどに、金融庁の検査が異常だと、多くの金融関係者が感じていたことは、まぎれもない事実なのである。

竹中金融行政は、いずれきちんと検証されるべきであろう。

第16章 景気回復の嘘

株価上昇、そして小泉再選

平成15年5月のりそなへの公的資金投入によって、上昇を始めた株価は、大商いが続く中、9月には、ついに1万1000円を記録するまでに上昇した。4月の7607円からの急上昇だ。小泉・竹中改革が引き起こした暴落の、ようやく半分を取り戻したに過ぎなかったが、目の前で株価が上昇する効果は大きかった。

自民党総裁選が行われたのは、ちょうどそのタイミングだった。経済悪化から一時は再選が危ぶまれた小泉総裁だったが、決選投票に持ち込まれることもなく1回目の投票でやすやすと再選を決めたのである。

「景気は回復し始めた、株価も上がった、改革の成果だ」という政権の説明を多くの党員が信じ、反小泉派の主張が勢いを失ったからである。そうでないなら、長引く不況で傷みきった地方の党員投票が、議員票を大きく上回って小泉支持に傾くことはなかったであろう。

政府の主張を検証もせずに繰り返す、マスコミ報道の影響が大きかった。マスコミも、多くの国民も、改革の成果として景気が回復し始めたと、信じたのである。「改革なくして回復なし、だから言ったでしょう」、小泉首相は、得意満面に胸を張った。

しかし、改造内閣が発足した9月22日、株価は「今年最大の下げ幅」を記録した。下落は、閣僚名簿の発表と同時に生じていた。竹中金融相への党内反発は大きく、解任か、あるいは併任が解かれるかと〝期待〟されていたにもかかわらず、金融・経財併任のまま留任することがわかったのだ。

懐刀《ふところがたな》を失うわけにはいかないと考えたのかもしれないし、単なる意固地の表れだったかもしれない。しかし、米国の強い意向だという噂も消えなかった。竹中金融プランに党内外から批判が高まった平成14年10月、米国の大統領経済諮問委員会のハバード委員長は、「竹中プランは正しい、私も同意見」という応援メッセージを、日経新聞にわざわざ寄稿していた。

これの奇妙さは、日米を入れかえて考えてみれば、すぐわかる。米国で政府と与党（野党も）、あるいは与党内にも、激しい意見の対立があるとき、日本の政府高官が、米国の主要紙にわざわざ寄稿して、一方を強く支持したら米国はどう反応するであろう。

いずれにしろ、新内閣発足の日の株価下落は、小泉再選は経済にマイナス、竹中再任はなおマイナスという市場の意思表示と思われた。党員や国民は政府の説明を信じたかもしれないが、市場はその嘘を見抜いていたのであろう。

しかし、景気回復を示すとされる経済データがつぎつぎと発表される。多くの専門家が、景気回復の兆しがあり、その期待が株価の上昇をもたらしたと解説し、調子を合わせた。

政権はさらに強気に、景気回復は改革の成果であると自画自賛を続ける。「改革がようやく芽を出した。この芽を潰さないことが大事」と小泉首相が繰り返せば、竹中大臣は「日本経済は沸点直前」と断言する。

竹中経財相は、平成14年2月に景気は底入れし、以後景気拡大が続いていると言った。しかし、本当に景気は回復していたのであろうか。

景気回復は本当か?

たしかに、平成16年に入ると、経済データは改善し始めたようだった。小泉政権に入ってすぐ5%を超えた失業率は、平成15年の年末から4%台に戻った。景気が回復しつつあるのは事実だった。

しかし、その回復が「改革」の成果である、というのはまったくの嘘である。ひとえに輸出の増加のおかげである。米国や中国経済が好調で、輸出が増え、製造業の企業業績を大きく改善した。それが徐々に周辺に波及していたのも事実である。

とはいえ、その回復が政府の言うほど、華々しいものではないことも、疑いのない事実だった。内需は一向に回復しておらず、日本経済の落下を、輸出がきわどいところで食い止めているに過ぎなかった。輸出の勢いがなくなれば、景気悪化に歯止めがかからなくなるのは必定という状態だったのである。

だが、政府は景気回復を示すデータをつぎつぎと発表する。消費者物価が下げ止まったのは、デフレ経済に歯止めがかかった証拠と政府はいう。しかし、よく見れば、たばこや発泡酒の増税、社会保険料の値上げ、不作やBSE騒動による米や食肉の値上がりが消費者物価を押し上げただけであり、この効果を差し引けば、物価のマイナス基調に変わりはなかった。

もちろん、需要は回復していない。マクロの物価を示すGDPデフレーターはマイナスが続いていた。デフレに歯止めはかかっていなかった。

2月のデパートの売り上げが27カ月ぶりに上昇に転じたというニュースが大きく伝えられ、消費の回復を印象づけた。「小売に春の兆し」と大見出しを打った新聞もあった。売り上げのような、月や季節によって変動するデータは、前年同月と比べて、増減を判断する。

ところが、平成16年はうるう年で、2月は前年より1日多かった。1日多ければ、それだけで3・5％以上の売り上げ増である。まして、日曜日が増えたのだからなおさらだ。うるう年だと知りながら、プラスと大騒ぎしたいほどに実態は悪いのか、とついつい勘ぐりたくもなる。

案の定、3月は下落した。

もっとも華々しく伝えられ、世界も驚いたのが、2月に発表された平成15年第4四半期のGDP成長率の高さだった。年率換算で7％、好調の米国を上回っただけでなく、バブル期をしのぐ高さだったからである。新聞は大きく取り上げたが、それを受けて当然上昇するはずの株価が、逆に下落したのが不思議だった。

実は、ちょうど1年前にも、政府は市場とマスコミを驚かせた。イラク戦争の不安もあり、誰もがマイナスと予想した平成14年第4四半期の実質成長率がプラスだったと発表したからだ。その後しばらく経ってから、やはりマイナスと修正されたが、専門家以外は気がつかないほど、小さく報道されただけだった。

こっそり（ではないが、そう言いたくなるほど静かな）修正だったので、一般の人々はまったく知らされないも同然だった。めざましい回復の記憶だけが残ったのだ。しかし、踊らされて傷を受けた市場関係者は忘れない。忘れていなかったからこそ、「またか」と思う売りが出て株価を下げたに違いなかった。

景気対策どころか、国民の不安と負担を増大する改革を続ける小泉政権の政策で、景気が回復するわけがない。この回復は輸出があたかもカンフル剤のように一時的な元気をもたらしただけであり、日本経済の病状はいささかも改善していないのだ。

「重病人の小康《しょうこう》状態」「下山途中の上り坂」としか言いようがない状況だったのである。

「巨額の為替介入」という裏技

実は、平成15年春以降、日本は、総額32兆円を超える空前の為替介入を行っていた。多いときには、1日のドル買いが1兆数千億円に及んでいる、世界の常識を大きく外れた、あまりに巨額の介入である。

日本経済の支えは輸出だけ、怖いのは円高だ。円高が輸出の勢いを殺げば、日本経済は、唯一の牽引力を失う。小泉政権の命運がつきてはならなかった。財政構造改革をかかげる小泉政権が、経済悪化に足をとられるのは、財務省にとっても望ましくない。

前代未聞の巨額介入は、小泉改革支援の裏技だ。財務省は介入枠を使い切ると、保有する米国債を日銀に売って、その資金で、さらにドルを買った。介入の司令塔である溝口財務官は、国際市場から、ミスター・ドルの異名を奉《たてまつ》られた。為替介入なら、財政出動を伴わず、財務省の予算配分権を侵すこともない。

日銀の福井総裁もまた、通常と異なる対応をとった。円が市場に流れるに任せたのである。ジャブジャブの円資金があふれ出た。

この巨額の円資金は、日本経済だけでなく、米国経済をも支える役割を果たした。好調な米国経済だったが、イラク戦争によるテロの懸念が影を落としていた。ドル高による輸出の減少より、米国債の暴落懸念のほうが大きかった。

買ったドルの過半が米国債に投資された。平成15年の米国債の発行増分の44％を日本が購入したのである。その結果、巨額の資金が米国に流入し、米国株価、ひいては世界の株価を押し上げた。もちろん日本の株価もだ。何のことはない、日本の巨額の為替介入がまわりまわって、日本の株価を引き上げたのである。

りそな国有化をきっかけに、日本の株価が大きく反転上昇した局面で、日本株を買っていたのは、実は外国人投資家だったのである。国内の投資家はこの間、いずれも売り越しており、買い越しだったのは外国人投資家だけだった。彼らの買い越し額は、なんと14兆円を超えたのである。

財務省の巨額のドル買い介入は、日本の株価を上昇させただけでなく、外国人投資家に巨額の利益をもたらしたことになる。財務省と日銀が演出した、大規模な株価上昇作戦だった。

そこに、金融庁と竹中金融相によるマッチポンプ、りそなへ2兆円の公的資金という金融行政の大転換が加わったのだから、株価が急上昇しなければどうかしている。こうして上がった株価が改革の成功を印象付け、小泉再選の大きな力となったのだ。

外国人の大量の日本株買いについて、小泉首相と竹中金融相は、こう言った。「自信喪失の日本人と違って、外国人は日本経済を客観的に評価している」「改革で日本が良くなったことをわかってくれている」と。シナリオどおりの大芝居。

自信喪失かどうかは知らないが、多くの国民は、景気回復の実感を持てずにいた。小泉応援団のマスコミまで、「実感なき景気回復」と書く。政府の発表と国民の実感の間には、かつてないほどの落差が生じていた。なぜ実感がないのだろう。

「実質成長」のからくり

さて、政府が発表する成長率は、いつも「実質成長」だ。この「実質」が曲者《くせもの》だった。実質という言葉は、いかにも嘘やごまかしのない印象を与えるが、時にごまかしの手段となる。

ご存じのように、経済データには「名目」と「実質」がある。名目は現実の経済でやり取りされるそのままの数字。名目からインフレ分を差し引いたのが実質だ。数量といっても良い。所得が増えても、物価が同じ率で上がっているなら、実質所得は変わらない。購買力が増えていないからである。

名目所得は上昇しても、インフレで水増しされただけなのだ。本当に所得が増えたかどうか明らかにするためには、インフレの水増し分を除く必要があり、それが、実質データだ。

日本がまだ成長していた頃、実質成長率は、名目からインフレの水増しを除いた、文字通り実質的な数値だった。10%の成長率でもインフレが4%なら、実質成長率は6%という次第。しかし、物価下落で、デフレ経済の場合には、実質は実質的ではない、「粉飾」「厚化粧」の存在になる。

実は、経済理論も、政策も、データも、インフレを前提に考えられている。成長する経済なら、インフレが起きるのがふつうだからである。

生産設備の拡張には時間がかかる。そのため、供給の増加は、需要の増加に遅れがちだ。高成長でも低成長でも、拡大する経済では、供給は需要に追いつかず、物価は慢性的に上昇する。インフレを前提とするとき、名目データでは、本当の成長と水膨れしただけの経済の区別ができないから、実質データが成長の実体をあらわすことになる。実質データが意味を持つのは、あくまでインフレのときなのだ。

ところが、竹中経財相は、デフレのときに、実質データを多用する。インフレのときにインフレ率を引くのだから、デフレのときにはデフレ率を足すべきという理屈だろう。しかし、ここにからくりがある。

インフレとデフレは、一見対称的だが、実はそうではない。逆必ずしも真ならず。おデブさんは脂肪を減らすべきだが、やせすぎの人が脂肪を増やせば良いとは限らない。

成長経済では、多少のでこぼこがあっても、ほとんどの物価が上昇する。長い間、値段が変わらない卵が物価の優等生と言われるのは、それが例外だからである。

一方、デフレ経済では、物価の方向はバラバラだ。給料は下がっても、交通費は下がらない。服も食品もすべてが下がるわけではない。安くなる物もあるが、高くなる物もある。しかし、平均的には物価が下がるのがデフレ経済だ。

物価が下がるのは、不況で物が売れないからである。技術革新などの効率化でコストが下がったケースもあるだろうが、たいていはやむを得ざる辛い値下げである。たとえコスト割れでも、売って収入を得なければ、従業員の給料も払えないし、借金の金利も払えない。物価下落の影には、苦しい企業の実態がある。

インフレは借金を軽くしてくれるが、デフレでは逆に重くなる。借金で手に入れた住宅や設備の資産価値は下がるのに、借金は減ってくれないからである。給与が減ったり利益が減ったりすれば、なお借金の負担は重くなる。

企業も家計も、デフレで重くなった借金に苦しんでいる。「収入が増えなくても、物価が下がれば増えたのと同じ」と竹中大臣は澄ましているが、物価下落は、ありがたいことばかりではないのである。

「回復した」「成長している」という政府の発表に、実感がついていかないのは、それが「実質」データだからだ。デフレが進めば進むほど、デフレ率を上乗せされた「実質GDP」や

「実質所得」の成長率は高くなる。不況が深刻になればなるほど、景気回復が進むというおかしなことになっている。

「実質」は、インフレ経済の水増しを除去するが、デフレ経済で「実質」を用いると、逆に水増しになってしまう。実感がないのは、実体がなかったからなのだ。

いざなぎ景気超え?

平成15年秋、竹中金融相は、雑誌のインタビューに答え、株価上昇についてこう語っている。「4月末に7607円の安値をつけたあとの10週間で、30%あがりました。『10週間で30%』というのは昭和27年以来です。高度成長期やバブルの時期にも経験しなかったことが起きました」と。

「10週間で30%」という未経験の〝株価上昇〟を実現したものは、やはり未経験の裏技だったが、次なる詐術は「バブル景気を超えた」という月例経済報告である。この〝景気拡大〟は、安倍政権、福田政権と引き継がれ、平成18年11月には、ついに戦後最長のいざなぎ景気を抜く、という快挙(?)を成し遂げる。

実感が持てない大多数の国民は、「バブル景気を超えた」「いざなぎ景気を超えた」「戦後最長の景気拡大の記録を更新中」という報道を聞くたびに、逆に疎外感を強めたはずである。

乗せてもらったタクシーの運転手さんがこう言った。「景気が回復してきたって、どこの話なんですかね。われわれまったく実感がないけどね。そのうち私らのところまで回ってくるかとずうっと待ってるけど全然だよ。逆に悪くなってんじゃないの。ホントもうやんなっちゃうよ」。

政府が嘘をついた、とまでは言わない。ビー玉を転がして、やっとわかるような勾配でも、坂には違いないからだ。それにもともと、月例経済報告は、さまざまなデータを総合した政府の景気判断でしかない。

月例報告は景気対策をやりたくない財務省の意を汲んで、景気が悪化しても、認めないので有名だ。景気後退などとは、よほどのことがない限り認めない。政府の経済運営の基礎となる景気判断が、対策を打ちたくない財務省の許可を得なくては発表もできない、という本末転倒になっている。

「後退」と言えないので、「減速」「足踏み」「踊り場」「低迷」「停滞」など、さまざまな表現を駆使する。悪い順に並べて欲しいとＮＨＫから解説を頼まれたことがあるほどだ。もともと「月例文学」「霞ヶ関文学」と呼ばれている、政府の作文なのである。

そもそも、政府はいまだに「デフレ経済からの脱却」を宣言できずにいる。強弁一辺倒の竹中氏でさえ、さすがにデフレが収束したとは言えなかった。ごまかすのが難しいデータだということもあるが、それほど悪いということでもある。

政府のいう景気拡大は、平成14年の2月から始まっている。バブル景気は51カ月、いざなぎ景気は57カ月だから、平成18年5月にはバブル景気を抜き、平成18年11月にはいざなぎ景気を抜いた計算だ。

だが、バブル景気でGDPは、1・33倍、いざなぎ景気は2・23倍になっている。いざなぎを抜いた時点で比べれば、今回の景気は1・04倍でしかない。つまり、横ばいなのである。景気の底から横ばいで、どうして回復の実感を持てるだろう。

成長率を比べよう。もちろん、名目成長率である。いざなぎ景気は18・4％、バブル景気は7・3％だが、今回は0・9％でしかない。竹中さんの好きな実質成長率で比べても、いざなぎ11・5％、バブル5・4％に対して、2・1％である。

お給料を比べるともっとはっきりする。いざなぎ景気では、2・15倍になっているのに、今回は逆にマイナスだ。いざなぎ景気は実質で見ても1・8倍だが、今回は実質でもマイナスである。もし、これでも景気拡大というなら、景気拡大の定義が間違っているのである。どうしても発表したいなら、別の名前で呼んで欲しい。

デフレが続く景気拡大なんて、それ自体が矛盾である。成長とデフレは相容れない。政府は「最長」と言っているだけで、「最大」とも「最強」とも言っていないということであろう。

国全体の所得ともいうべきＧＤＰもほぼ横ばい、サラリーマンのお給料は逆に減っているのでは、実感がないのは当然ではないだろうか。

第17章　格差の拡大と日本的経営の破壊

「格差」の拡大

たとえ景気回復が事実でも、かつてと違って、その恩恵が広く及ぶ形になっていない。ごく一部の高額所得の人々がさらに所得を増やしただけなのだ。賃金や消費に波及するのが遅れている、と政府は言う。しかし、遅れているだけではない、流れが細くなってしまっている。すでに仕組みが変わったと言うべきだ。

日本企業の行動基準が昔と変わったのである。そのために、就業者の所得が増えずに、むしろ減少している。それが、大多数の国民が景気回復の実感を持てない、もうひとつの理由である。

平成15年以降、輸出製造業を中心に企業業績は大きく改善した。しかし、この業績改善を日本経済復活の証拠と見るのはまだ早い。ふつう景気が回復するときには、売り上げが伸びる。しかし、今回、業績がめざましく改善しているのに、売り上げは必ずしも伸びていない。

売り上げに比して利益が大きく伸びたのは、厳しいリストラのせいである。大企業のめざましい業績回復の裏には、切り捨てられた従業員、追い詰められた下請企業、見捨てられた地元経済という大きな犠牲の踏み台がある。

かつて、不況のときには、労働分配率が高まった。配当や役員報酬を犠牲にしても、雇用を維持したからである。しかし、いまや様変わりだ。正社員を減らして、安く使える非正規の従業員を増やしたせいもあって、労働分配率は逆に減少しているのだ。その一方、配当や役員報酬は大きく増加した。

資本金10億円以上の大企業では、昭和50年（1975）から平成12年までを見てみると、役員報酬は一般従業員のほぼ2・5倍だ。それが今では5倍である。竹中経財相がお手本とする米国にどんどん近づいて、株主と役員だけが大儲け。

好業績の大企業でも、従業員の平均給与はこの10年、1%しか上がっていない。一方、7割以上の労働者が所属する資本金1億円以下の中小零細企業では、平均給与は16%の下落である。1億円から10億円の中堅企業では9%下がっていると、ロンドン大学のロナルド・ドーア教授も指摘している。

平成15年の暮れ以降、失業率が5%台から4%台へと低下したのは間違いないが、もちろん小泉・竹中改革のおかげではない。小泉政権以前は4%台だったのだから、改革による悪化を元に戻しただけなのだ。元に戻してくれたのは輸出の増加である。いくら強弁が得意の小泉、竹中の両氏でも、輸出の増加を改革の成果と言えはすまい。

しかも、数字は元に戻っても、中身は元に戻らない。正社員を1人リストラして派遣やパートを2人雇えば、失業率は改善する。失業率の改善は、働く者の状況を改善せず、むしろ悪化させているのである。いまや非正規労働者の割合は全体の3分の1に及んでいる。

低賃金で、しかも不安定な派遣労働者が激増しているのだ。パートといえば、主婦が通り相場だったが、パートで働く中高年の男性が増えているそうである。そういう仕事しかないからだ。そして、パートの賃金は一般労働者の4割にも満たない。

経団連会長といえば日本経済の民間リーダーとして、財界総理と呼ばれたほどの重責を担う立場である。しかし、御手洗《みたらい》会長の会社で「偽装請負」がシステム化していたことが明らかになった。経団連は、「残業代ゼロ法案（ホワイトカラー・エグゼンプション）」の成立をあきらめていない。

永年、会社に貢献した従業員や、下請企業や、地元経済を切って捨てた日産自動車のゴーン社長を、英雄のように祭り上げたときすでに、日本の企業社会は壊れていたに違いない。

従来の日本企業は、ゴーン流リストラは恥ずべき行為として、可能な限り避けようとする意識がどこかに残っていた。しかし、ゴーン社長が英雄視されたことによって、その歯止めは失われた。「タブー」ではなく、「株価を上げる効率化」とみなされるようになったのである。

小泉政権になって、「格差」は急速に拡大した。生活保護世帯が100万を超え、一方で若いIT長者がいたりする。ジャパニーズドリームも悪くはないが、社会一般に明るい未来と夢があってこそ、ではあるまいか。

小泉首相は国会で格差問題について聞かれて、こう答えている。「格差はいつでもある。格差があることは悪いことではない」。後に安倍首相も、「格差はいつでもどこにでもある」と、まったく同じ答弁をした。さすが小泉後継である。

だが、「格差はいつでもある」という発言は、それだけで為政者の資格がないことを露呈するものだ。生活保護も受けられず餓死した人が、「おにぎりが食べたい」と書き残していたと報道された。そんな人を出さないためにこそ、政治はある。不当な格差をできるだけ埋めるのが政治の役目ではないか。

「1億総中流」と言われ、所得と富がどの国よりも平等で、どんな社会主義国よりも成功した社会主義と言われた、かつての日本はもはやない。「勝ち組」「負け組」などという身《み》も蓋《ふた》もない表現が、公の場で用いられる社会に、日本はなってしまったのだ。一体、誰のせいだろうか。

「新自由主義」という行政責任の放棄

「民に任せよ」「市場の判断」「自由な競争」「規制緩和」「小さな政府」を主張する小泉・竹中改革は、新自由主義と呼ばれる。「小さな政府」は、財政支出を抑えたい財務省の方針ともぴったり重なっており、さすが大蔵政権と異名をとるだけのことはある。

官の非効率、不親切な行政は、かねて国民が大きな不満を感じているところだから、「小さな政府」は、支持を受けやすいかもしれない。しかし、国民が望んでいるのは効率的な政府であって、小さな政府ではない。

もとより市場メカニズムは完璧ではない。市場の失敗は数多い。人類は、市場メカニズムよりも優れた需給調整の仕組みを見つけなかったが、市場メカニズムを補完する方法は、さまざまに工夫を重ねてきた。

その根源的なひとつが政府による公共サービスである。民に委ねた方が良いものもあるかもしれないが、民間企業が営利追求を目的とする以上、安易な民営化は、国民生活の安全ネットの破壊につながる。

たとえば派遣法である。最初に導入したのは小渕政権だが、当初は通訳などの専門職だけだった。今日のワーキングプア問題の元凶は、小泉政権が製造業への派遣を規制緩和したことである。企業は安い労働力を手に入れたが、国民生活は破壊された。

「小さな政府」は、社会保障を縮小する口実だったのかもしれない。年金・医療保険の削減だけでなく、失業保険、生活保護の支給も厳しさを増すばかりだ。一方、国民の負担は増大している。小さな政府を掲げながら、増税もすさまじかった。小泉政権下、税や保険料など国民負担は、13兆円近い増加である。

小渕政権下で実施された定率の恒久減税を、一時的な景気対策だとして廃止した。恒久減税が一時的であると主張したこと自体まやかしだが、同時に行われた法人減税は廃止されないという、二重のまやかしを、小泉政権は説明しなかった。

竹中経財相は、サッチャリズム、レーガノミクスを手本にしていたそうだが、彼らの状況と、今日日本がおかれている状況はまったく異なる。当時の英米の問題は供給の不足であり、不足をもたらしている非効率だ。

しかし、日本の供給は限界的なまでに効率化され、不足しているのは需要である。需要の不足は競争促進や規制緩和で補うことはできない。

日本の経済状況は、大きな政府を必要としている。需要を補うための景気対策も必要だし、社会保障の安全ネットの拡充も必要だ。しかし、もっとも政府の支援が必要な時期に、政府は国民を突き放した。

景気悪化を放置しなければ、ここまで格差が拡大することはなかったはずである。

デフレ・スパイラル——国民が努力するからこそ景気が悪化する

景気対策を求める国民の声に、竹中経財相はＮＨＫの日曜討論でこう言い放った、「国民は政府が餌を与えてくれるのを待っていてはならない」「政府頼みでは経済はいつまでも良くならない。自助努力が必要だ」。

「不況、不況と言うが、ちゃんと高収益を上げている会社はいくつもあるではないか」「努力する人を支えるのが改革政権。小泉政権は、古い自民党のようにバラマキはしない」というのは、竹中経財相の持論だ。財政構造改革をめざす小泉首相も、もちろん「景気対策」などする気はない。

「政府が餌を与える」という言葉に、「竹中大臣は国民を飼い犬扱いするのか」と、怒りの電話がＮＨＫに殺到したそうだが、国民が怒るのは当然だ。国民は精一杯の努力を重ねているからである。

当てにもならない景気対策を待って、雛鳥のように口をポカンと開けて待っている事業主など、どこにもいない。皆、必死で努力しているのだ。必死でこぎ続けねば倒れる自転車のような状態に、多くの企業と家計がおかれている。しかし、努力すればするほど、景気が悪化するのが、この不況の特徴なのである。

売り上げが落ち、利益が出なくなった企業はリストラする。従業員の数を減らす。仕入れを抑え、経費を節約する。結果、失業者が増え、取引先の売り上げを落とし、回りまわって、また自分の売り上げを落とすことになる。比較的業績良好と言われた電気や自動車などの製造業まで、第二次リストラ、第三次リストラに取り組まざるを得なかったのは、そのせいだ。

家計も節約する。お父さんのお給料が減れば、お母さんは節約する。商店街やスーパーやデパートの売り上げが落ち、回りまわって、また、お父さんの会社の業績が悪化する。悪循環がここでも生じている。

スパイラルとは「らせん」という意味である。らせん状に、どこまでも経済縮小が続くデフレの悪循環が生じているから、デフレ・スパイラルなのである。

国民はなんとか不況を乗り越えようと、懸命に節約、リストラの努力を重ねているが、努力すればするほど状況が悪化するのは、その努力が全体としての需要を縮小しているからである。

これまでの不況は、経済発展に伴う産業の構造転換という側面が強かった。重厚長大からソフト化、ハイテク化というように、衰退していく産業もあれば、一方に成長する産業もあり、衰退産業で使われなくなった人手や資材を成長産業に吸収することが可能だった。

しかし、今回の不況は、資産デフレに端を発している。全産業的、全地域的な不況である。あまった労働力や設備を吸収する力がどこにもない。だから、リストラすればするほど、節約すればするほど、全体としての需要が落ちて、なお経済が悪化してしまうのだ。

節約やリストラは、コスト引き下げで改善をもたらすかのように思えるが、需要不足の経済では、結局、更なる需要の不足、経済の悪化をもたらすだけなのだ。経済学で言うところの「合成の誤謬《ごびゅう》」である。一人一人にとっては合理的な行動だが、全体が、同じ行動をとることによって、逆に非合理な結果を導いてしまう。

だからこそ、国が需要を追加しなければならないのだ。景気対策が必要なのである。この経済状況で、民に任せて放置するのは、政府の怠慢である。

「しかし、良い業績を上げている企業があるではないか」「だから政府の責任ではない」というのが、小泉・竹中政権の主張である。しかし、どんなに教師が不出来でも、自分で勉強して良い成績をとる優等生はどこにもいる。優等生が良い成績を上げているからといって、教師の教え方が正しい証明にはならない。

国民の努力ではどうにもならない不況だからこそ、政府が需要を増やす政策が必要なのである。それを、バラマキとしか認識できないのは、経済の現状を理解できていない証拠である。

この状況では、たとえ「バラマキ」であっても需要増加をもたらす有効な政策であるが、バラマキでなくても国がやるべきことはたくさんある。減税は、一部貯蓄に回るから効果が薄いというなら、財政支出以上に需要追加の効果を上げる公共事業を行えばよい。もちろん、ムダな公共事業は行うべきではないが、防災事業は急を要している。

しかし、小泉政権は、公共事業抑制を強硬に進めただけでなく、増税路線をひた走った。だが、その一方で、景気回復を演出するための、とんでもない裏技が使われた。株価吊り上げ作戦である。株価上昇は経済に好影響をもたらすのは事実だ。だが、国民の富が、海外へ持ち出される結果に終わったとしたら、喜べない。

日本型経営を守れ――「企業は株主のもの」ではない

「自由な競争」「市場の判断」を主張する、小泉・竹中路線が咲かせた徒花《あだばな》が、ライブドアの堀江社長と村上ファンドである。

この十数年、米国をお手本に、日本的経営は不透明・非効率と批判するのが流行だった。日本企業の従来のシステムを壊すことを改革と呼んできた。しかし、日本企業が本当に非効率だったのなら、どうして日本は世界第2位の経済大国になれたのか。

「企業は株主のもの」という考え方が、この20年急速に広がって、世界の常識とされてきた。しかし、それはアメリカン・スタンダードでしかない。イギリスは米国に近いが、ヨーロッパ、中でもフランスや、特にドイツは日本に近いシステムをとっている。

会社法では、企業は株主のものであろう。しかし、株主は株を手放したらそれきりだ。企業にとって従業員こそ、運命共同体である。技術も情報もネットワークも従業員の中に体現化している。従来、日本企業は何よりも従業員を大事にした。下請けをはじめとする取引先も、地元も大事にしてきた。

日本的経営に問題がないとは言わないが、非論理的な批判が多すぎる。日本だけの非効率・不公正なやり方という批判そのものが、事実ではない。

ドイツやフランスの企業も、かつての日本企業と同様に、「会社は株主のもの」などと思ってはいない。株主より従業員を大事にしていることをはっきり示すアンケート調査がある。「企業は誰のためのものか」という二者択一の問いに、独仏の8割の経営者が、株主だけではなく従業員を含む「全利害関係者」と答えている。米英は7割が、「株主」だ。不況のとき、独仏は6割が、「配当を削っても雇用維持」と答え、米英は9割が、「解雇しても配当維持」と答えている。

日本的経営は、決して世界の孤児ではない。むしろ米英が特異なのである。ちなみに日本企業は、97%以上が、「全利害関係者」「雇用維持」と答えている。ただし、残念ながら、これは1990年代初めのアンケートだ。

いま、日本の企業の多くは、グローバル・スタンダードとやらの洗礼を受け、かつての気風を失っている。「終身雇用」も「年功序列」も、「労働の流動化」「自由な労働スタイルの選択」などの名目で否定された。そして作られたのが「労働者派遣法」である。労働者派遣法はその旗印とは反対に、労働者の選択ではなく、雇用者の選択を広げただけだった。

「派遣法」や「残業代ゼロ法案」をはじめとし、数々の公的事業の民営化を推進した「規制改革会議」というのがある。なぜか、この会議の提言は、委員の経営する企業の事業と重なる〝改革〟や〝規制緩和〟が多いのだ。少なくとも、そう見える。

まさか、自社の利益になるように決めているとは思わないが、誤解を避けるためにも、李下《りか》に冠を整《ただ》さず、瓜田《かでん》に履《くつ》を納《い》れずの対応を望みたい。公正、効率、改革を標榜するなら、公的に自ら決定に参画した規制緩和を、自社のビジネスチャンスにすべきではない。

そもそも、営利企業の経営者に、自身の事業利益にかかわる決定を委ねるのが間違いだ。また、引き受けるべきでもない。意見を聞きたければ、公聴会で聞くことができるのだから。

さて、アメリカン・スタンダードをグローバル・スタンダードと誤解し、尊重する日本では、日本的経営は排斥すべきものとされてきた。

たとえば「株式持合」は、M&Aを妨害しダメな経営者を延命させる、経営者の保身の手段でしかない、不正な手段とされてきた。「そんなことやっているのは日本企業だけだ」「経営の非効率を招く持合は一刻も早く解消すべし」と、ただでさえ株価が暴落している中で、持合株の放出を推進したほどである。

その過程で、外国人投資家の持ち株比率が激増した。平成元年には4％台でしかなかった外国人持ち株比率は30%近くになっている。売買は6割に達している。日本の株式市場が外資に支配されたのは、経済悪化もさることながら、持合解消のせいもある。

これまでの外資のやり方と、金融当局の姿勢を見ると、きわめて危険な市場になったといわざるを得ない。企業の防衛は当然である。

しかし、株式の持合とは「資本提携」のことである。資本提携と言い直せば、株式持合が、世界のどこでも行われていることだとわかるはずだ。フランスでもドイツでも、株式持合は通常の企業戦略だ。それなのに、日米構造協議の昔から、米国は、株式持合や系列取引、企業集団を解消せよと日本に迫ってきた。

不公正で非効率というのがその理由である。しかし、どこの国にも企業集団は存在する。米国にだってもちろんある。シティやゴールドマン・サックスは企業グループではないのだろうか。EUにもアジアにも企業グループはある。

日本の企業グループがあまりにうまく機能していたので、ライバルの砦を壊そうというのが米国の狙いだったのだ。米国が自国の利益を求めるのは当然だ。当然でないのは、そうした米国の意図を知ってか知らずか、米国に同調する日本の人々の存在だ。米国と一緒になって、持合解消を改革だと主張する経済学者やジャーナリストは少なくない。竹中金融相もその一人だ。

M&Aなど行わなくても、経営者の交代は日本でも日常茶飯に行われてきた。不況のたびにどれほどの企業で経営交代が行われただろう。むしろ、株式の持合の中で、企業集団の圧力の中で、経営者の交代が行われてきたのである。ちょっと古いが、三越の岡田事件が良い例だ。問題企業を放置すれば、グループ全体が沈みかねないのだから、排除するのはあたりまえだ。アメリカやイギリスのようにM&Aという形をとらなかっただけである。

経済が必要とする機能は、どこの国も何らかの形で持っているはずではないだろうか。そのやり方が、他の国と同じである必要はまったくない。資本主義と一口に言っても、国によってさまざまだ。その国の実情にもっとも適したやり方を、それぞれに選んでいるはずだし、それがもっとも効率的なはずである。

重要なのは、結果である。企業活動が成果を上げているかどうかだけを見るべきなのに、形にとらわれるから判断を誤る。事情の異なる外国のシステムを無理やり取り入れる必要はない。木に竹を接《つ》ぐような猿まねは、逆に非効率を招くだけだ。

ライブドアと村上ファンド

M&Aが容易な市場では、「乗っ取り屋」が跋扈《ばっこ》する。改革や経営効率化を掲げながら、実は買収株式を高値で引き取らせるのが目的という「乗っ取り屋」はどこの国にも存在する。村上ファンドもそうだった。M&Aは、経営のリスクとコストを高めて、むしろ経営の非効率を招きかねない。

かつてのピケンズ事件のように、村上ファンドは、企業改革の騎士、古い大企業に戦いを挑む挑戦者と位置づけられた。

「買収がいやなら防衛策などとらずに、株価を上げる努力をせよ」、多くの識者がそう言って、村上ファンドを支援した。名だたる企業の経営者まで、同じ意見だったので、本当にびっくり、がっかりしたものだ。

ライブドアのニッポン放送買収事件でも、村上ファンドの騒動でも、「株価の上昇」「企業価値の上昇」が声高に叫ばれた。実にもっともらしく聞こえるが、ではエンロンはどうなのか。

米国の代表的優良企業だったはずのエンロンが、粉飾決算で株価を吊り上げていた事件は有名だ。平成13年、結局、エンロンは破綻して、多くの投資家が資産を失った。その後、ワールドコムをはじめ、数々の米大企業の会計操作、不正行為が露見した。竹中サンが大好きな米国の、これが実態だ。

ライブドアを応援し、ニッポン放送の従業員や取引先企業の声に耳を貸そうとしなかった、多くの識者は、あの時点ですでに明らかだった株価操縦まがいの異常な株式分割をどう見たのか。そうやってまで、企業価値を吊り上げるのが正しいのか。

フジテレビにも問題はあっただろう。しかし、ライブドアは法を犯した。それなのに、東京地裁も東京高裁も「ライブドア」や「村上ファンド」の代弁者でもあるかのような、一方的な判決を下した。司法も流行に染まるのだということをしみじみ悟らせてくれた。

いつでも株を売って退散できる株主は、目先の利益を追いがちだ。配当をせよ、株価を上げよと要求する。

株価は市場の判断を集約するが、時に誤情報に踊らされ、バブルやパニックも引き起こす。株価は重要な指標だが、囚われすぎるのも危険である。日々乱高下を繰り返す株価に一喜一憂する短期的経営は、米国企業の弱点とされてきた。

一方、日本の安定した株主構造は、長期的視点からの経営を可能にし、それが日本企業の強みだったのである。敵対的買収の敷居を下げることは、その強みを危うくし、逆に企業価値を損なう可能性も高いのだ。

買収防衛策はすなわち経営者の保身、と決め付けるのは、そろそろ考え直してはどうだろう。防衛策が何でも正しいというのではない。要はバランスなのである。

米国でも防衛策が強化された結果、買収の決着がつくまで1年、2年という時間がかかるようになり、どちらの事業計画が良いか判断する十分な時間を、株主は与えられるようになった。買収側も防衛側も事業計画を慎重に練り上げるようになったという。

いずれにしろ大切なのは、企業経営の結果である。

しかし、日本では、ライブドアの堀江社長や村上ファンドが改革の騎手でもあるかのように、その主張を持ち上げた。結末はご承知のとおりである。

彼らの錬金術は意図するとしないとにかかわらず、日本経済を支えてきた日本的経営の基盤に致命的な一撃を与えた。長い不況で傷みきり、十分の一の時価総額の体力に落ち込んだ日本企業は、徒手空拳《としゅくうけん》で買収の大津波に向かうことになるところだった。

行政も司法も世論さえ味方でない孤軍奮闘の戦いだ。日本企業が傷つくことは、日本経済が傷つくことである。だとしたら、ライブドアや村上ファンドの事件で、損失を被ったのは一部の投資家や企業だけではない。

国全体、国民全体に計り知れない大きな損失を将来にわたって与えたことになる。

安易に「株主主権」を受け入れ従業員を大事にしなくなった日本企業、目先の採算だけで長期的取引関係を打ち捨てる日本企業は、おそらくもっとも大切な財産であり武器でもあったものを捨ててしまったのだ。

第18章　年金は本当に危機なのか
——社会保障の破壊①

「消えた年金」「消された年金」

この数年ほど、年金への関心が高まったことはかつてなかった。人々の将来不安、生活不安がそれだけ大きくなっているからに違いない。

関心を持たざるを得ない問題が、つぎつぎ露見したこともある。年金のムダ遣いだけでも腹が立つのに、「消えた年金」で明らかになったのは、厚生官僚、社会保険庁のあまりの杜撰《ずさん》さだ。官の非効率、不公正と悪口は言うものの、それでも、事務処理だけはちゃんとやっていると思っていた。それこそがお堅い官の特徴とまで思っていたのである。ところが、その事務処理がここまで杜撰だったとは。

データが不足している資料を埋めようともせず、そのまま放置したなんて。名前や住所の読みはとりわけ難しいのに、アルバイトのでたらめな入力に任せていたなんて、信じられないことである。

「消えた年金」だけでも許しがたいが、「消された年金」まであったという。年金は国民の老後を託す大事なお金である。たとえ1円でも多いほうが安心だ。それなのに、経営悪化で資金繰りに苦しむ事業主に、悪魔のささやきを行った。「給与を実際より安くごまかせば、企業負担分が軽くなる」。取り締まる立場で、過少申告を指導していたなんて、年金加入者の老後を何だと思っているのだろう。怒りを通り越して唖然《あぜん》としてしまう。しかも、理由は、自分の成績を上げたいからだという。これで暴動が起きないのは不思議である。

それだけではない。1年たっても2年たっても、名寄せさえ完成しないのだ。そんないい加減なコンピュータ・システムのために、私たちの年金掛け金から、1兆4000億円も使ったというのだろうか。聞けば、そのコンピュータ会社に大勢の天下りがいるらしい。1兆4000億円は彼らの、給与とボーナスに化けたに違いない。

年金掛け金の流用を決めたのは財務省

年金で省益を追求しているのは厚労省だと一般には考えられている。もちろん、それも誤りではない。しかし、厚労省は従犯で、主犯ではない。主犯は、ここでも財務省だ。

年金への関心が高まったおかげで、年金会計の問題がつぎつぎと明らかになった。あまり利用されない赤字の保養施設、グリーンピアの建設は、年金保険料のムダ遣いとよく知られていた。たしかに数千億円の建設費は途轍《とてつ》もなく大きい。

ところが、実は事務費という名で隠されている人件費、天下り官僚の給与や退職金の総額はその何倍にも達しており、流用は併せて10兆円に及ぶことを、岩瀬《いわせ》達哉《たつや》氏が膨大な資料を調べて明らかにしてくれた（『年金大崩壊』『年金の悲劇』）。

いつのまにか、社会保険庁の事務費に年金の保険金が流用されていることも明らかになった。本来、社会保険庁の経費は一切税金から支出すると定められている。私たちが納めた年金保険料は、年金給付のためだけに使うと法律で決められていたのである。

しかし、社会保険庁の事務費の4分の1が年金保険料から流用されていたのである。こんな流用は厚労省の独断でできることではない。仕掛けたのが財務省であることが、すでに明らかとされている。税金からの支出を抑えるために、国民の年金に回るべき資金を使ったのである。

流用を可能にしたのは、平成9年、橋本政権が成立させた「構造改革特別措置法」だ。法案を作ったのは大蔵省である。彼らは、この法案に、年金事業等の事務費に政府の負担以外の財源を充てることができるという条文をすべり込ませた。

彼らにとっては国民よりも年金財政、年金財政よりも本丸の財政赤字が重要だ。省益を護るために、国民を犠牲にしたのである。その特措法の期限が切れる平成15年、財務省は一見無関係な「公債発行特例法案」に、またもや流用を認める条文を潜り込ませた。

国民は、社会保険庁の官舎や公用車に年金保険料を流用したことに怒りの声を挙げた。しかし、官舎や公用車を強調すればするほど、問題の中心から逸れていく。厚労省だけ叩いていると、主犯の財務省が見えなくなる。厚労省に年金保険料を流用させたのは財務省だったのだ。厚労省は批判されて当然だが、予算を握る財務省は、他のすべての省庁に強大な圧力を加えることができる。財政支出を支配する、彼らの権限の自由度を確保するために、国民の安全と安心が犠牲にされてきたことを忘れてはならない。厚労省は財務省の盾として使われているに過ぎない。

「年金改革」は「財政改革」?

平成16年、強行採決した「年金改革」はやっぱり、給付を減らす〝改革〟だった。これまで、年金改革という名前で進められてきたことは、すべて、年金給付を減らして年金保険料を上げるだけ。

今回も、「マクロ経済スライド調整」などと、よくわからない名前がついていたが、要するに、インフレ率に比例して年金を増やすのを、今後はやめるという話だ。これからはインフレが生じても年金は増えず、しかも、その差はそのまま埋められないので、年金生活者の生活は年を追うごとに苦しくなる。

一方、保険料は相変わらず上がっている。保険料は上がるのに、年金は減らすというひどい話の、どこが改革なのだろう。これで「100年安心」とはよく言えたものである。安心するのは国民ではなく、財政支出を絞ることに汲々《きゅうきゅう》としている財務省ではないだろうか。

国会で、マクロ経済調整について聞かれて、「そんなこと専門家に聞いてくれ」と不勉強を暴露したが、小泉首相は、厚生大臣を3度も務めている。厚生大臣としての就任期間の最長記録保持者だったのだ。専門家のはずではないのだろうか。「人生いろいろ、会社もいろいろ、社員もいろいろ」なんて、へらへら笑ってほしくなかった。

郵政族、道路族を抵抗勢力扱いしてきた小泉首相だが、ご本人は立派な厚生族である。平成8年、特養ホームがらみの汚職事件を起こした岡光《おかみつ》厚生次官に、退職金を払おうとしたのが、時の厚生大臣小泉氏だ。「官僚が辞職するのは武士が切腹するのと同じである。退職金を払ってどこが悪い」と擁護した。厚生省はこれに深く感謝して、小泉さんを総理にする会を作って応援してきたそうである。

改革、改革といいながら、決まるのは保険料の値上げと年金の引き下げばかりである。年金改革といいながら、中身は財政改革なのである。

少子高齢化が進むのだから仕方がない、と国民はあきらめてしまっているが、そもそも少子高齢化の進展自体、国の政策の失敗である。出生率がめざましく改善したフランスの例もある。

少子高齢化が不可避でも、明るい未来の設計は不可能と決め付けるべきではない。元気な高齢者、働いていたいという高齢者が圧倒的多数である。生きがいをもって働ければ、経済だけでなく健康にもプラスだ。

いやしくも社会保障改革を論じるなら、国民が安心して活力を持って暮らせるためにはどうしたら良いかのビジョン作りから、始めるべきである。それなのに、1から10まで財政危機の話ばかり。

「高齢化で給付は増える一方」「支え手は減る一方」「このままでは年金が持たない」「保険料を上げねばならない」「給付を下げなければならない」、みごとにすべてがお金の話である。国民の安心は二の次、三の次、一にも二にも財政危機の解消である。国民の安心のための年金財政の安定ならまだしも、国民を不安に突き落としてまで財政安定を優先するというのは、本末転倒としか言いようがない。

本末転倒という言葉は、わが国の〝改革〟のために存在しているのではないかと思うほど、すべての〝改革〟がこのパターンにはまっている。アンケート調査によると、年金改革で国民の不安は増大しているという。当然である。国民に安心を与えるための社会保障改革で、少子高齢化と財政の危機ばかりを言い立てて、国民の不安を煽ったからである。

これが改革だとすれば、それは財務省にとっての改革というほかない。社会保障費は、毎年、増える一方で、しかも予算の中でもっともウェイトが大きいのだ。これがこのまま膨らんでは、せっかくの財務省の予算配分権が自由に使えないというわけなのである。

しかし、財政危機といいながら、発表されるデータはあまりに不完全である。年金財政の危機は本当なのだろうか。

実は年金財政は大黒字

年金財政には数々の嘘がある。第一に、公表されている積立金の額は実際よりも過少である。平成15年、年金改革にあたり、小泉政権は年金積立金は147兆円と発表したが、実は、これは実際より80兆円少ない。厚生年金の代行部分30兆円と共済年金の積立金50兆円が含まれていなかったからである。

年金財政の危機を示すために、過少申告したのである。本当は227兆円あったわけだが、その後の運用益の積み増しもあり、少なくとも230兆円はあると推定される。共済年金は厚労省ではなく財務省が管理しているが、公的年金に違いなく、一本化の話もあるのだから、積立金からはずすのは変である。

第一、大きく見せたい年金給付額には、共済年金も含めているのだから矛盾である。年金制度が複雑なのを良いことに、都合よく数字を操作しているとしか思えない。いずれにしろ、公務員の共済年金が当初から別扱いというのも腑《ふ》に落ちない。国鉄共済など財政悪化の年金をつぎつぎ厚生年金に押しつけて、共済年金だけは、健全経営だ。

ずいぶん国民を馬鹿にした話だが、政府発表の数字の矛盾を指摘する声は、マスコミからも専門家からも聞こえてこない。

第二に、「積立金が足りない」という嘘である。実は日本の公的年金の積立金は国際的にも突出して巨額である。公的年金はどの国も、現在の働き手の保険料を、現在の高齢者の給付に使う「賦課《ふか》方式」をとっており、積立金は原理的にはゼロで良いから、他の国はごくわずかな積立金しか持たない。

「現在は3・5人の働き手が一人の高齢者を養っているが、近い将来1・5人に一人になる」と高齢化の危機を煽ってきたのをみると、わが国の公的年金も賦課方式のはずである。しかし、それなら、同時に「積立金が450兆円足りない」と主張するのはきわめておかしい。

積立金が足りないという計算が「積立方式」に基づくものだからだ。積立方式とは民間年金の方式で、若い時代に積み立てたものを、年をとってから取り崩す。当然、積立金があり、積立金不足という事態も生じ得る。しかし、賦課方式の公的年金で、積立方式に基づく年金不足を計算することに何の意味もない。もちろん、公的年金もある程度の予備費を持つのが通常である。保険料収入の増減によって給付が不安定になるのを防ぐためだ。しかし他国は、数カ月から1年数カ月の給付を賄う予備費しか持たないのに、日本はなんと5年半分の予備費を持っている。

この予備費を「積立金」と呼ぶこと自体ミスリードで、賦課方式の公的年金で積立不足を言い立てる矛盾を許す土壌を作った。政府は、日本は「修正積立方式」だと言うが、いずれにしろ、賦課方式100%のときの不足と、積立方式100%のときの不足の両方を言い立てるのは矛盾である。そうまでしなければ、危機を証明できないのなら、本当に危機なのかどうかが怪しくなってくる。

このような情報操作を許したのは、ひとつには年金の仕組みが複雑すぎること、国民にわからないように、わざと複雑にしているのではないかと思うほどだ。

ちなみに、年金が本当は大黒字であって財政危機ではない、という点については、厚労相の元年金数理課長の確認を得ている。

あまりに複雑で誰も理解できない

公的年金の仕組みは、うんざりするくらい複雑だ。制度が複雑なだけでなく、用語が不親切でわかりにくい。

第一に、公的年金であるにもかかわらず、ひとつの方式に統一されていない。ばらばらな年金の組合せで、しかもそれぞれに仕組みが異なる。たとえば自営業なら「国民年金」、サラリーマンなら「厚生年金」、公務員なら「共済年金」というように。職業によって違うのかと納得すると、その一方で「国民年金は基礎年金だから、すべての国民は国民年金に加入する」という説明もあり、混乱してしまう。

さて、よく知られたことではあるが、同じ専業主婦でも、自営業の妻とサラリーマンの妻では扱いが違う。前者は1号、後者は3号と呼ばれる。「なるほど妻は2号ではない」と、品の悪い冗談を言う人が出てくるゆえんだが、1号、3号などという呼び方は、囚人かロボットみたいで親しめない。

年金の名称もわかりにくさの一因だ。厚生年金は「厚生年金基金」の略称かと思うと、これが違う。両者は別物だ。厚生年金は公的年金だが、厚生年金基金は企業年金のことである。恥ずかしながら当初私は、この両者をすっかり混同していた。ついでに言うなら、国民年金に対する「国民年金基金」というのもある。要するに基金とついたら民間の年金で、これが3階と呼ばれているものらしい。

そう、ビルでもないのに、年金には1階、2階、3階がある。1階はすべての国民に共通の「定額」の基礎年金、2階は所得に応じて保険料も給付も増える「報酬比例分」である。2階までが公的年金で、3階は民間が任意で上乗せする部分という。つまり、政府が建てた2階建ての屋上に自分でプレハブを増築して3階にしてもよいという仕組みらしいのだが、困ったことに国民年金には2階がない。2階がないのに3階だけ増築するのはきわめて困難だから、当然、厚生年金と同じ構造の3階は作れない。「共済年金」という独自工法の別棟もある。まったく造りの違う建物を無理やりひとつに繋げた結果、温泉旅館の本館と別館と新館のようにわかりにくい構造ができあがったという次第。

用語は不親切、名称は紛らわしい、構造は複雑すぎるというわけで、よほどの専門家でなければとうてい理解できないのが、わが国の年金の仕組みである。「いや、専門家だって全部わかっている人はいませんよ」「マスコミも政治家も、もちろん理解していません」「厚労省の人間だって担当以外はわからないと思いますよ」と、他ならぬ厚労省自身が断言するのだから、すごい。そのわかりにくさは、産みの親の折り紙付きである。気のせいか厚労省は、この複雑さに秘かに誇りを持っているかのようにさえ見える。しかし、複雑きわまりない仕組みや、わけのわからない用語は、それ自体が国民を拒絶するものである。

専門家もマスコミも政治家も、本当のところはわかっていないのが事実なら、お下げ渡しの情報を理解するだけで精一杯の人々の解説を、国民は聞かされていることになる。解説する当人がわかっていないなら、聞いている私たちが理解できないのは当然だ。理解することさえ困難なら、評価や批判はましして困難ということになる。

もともと別々の経緯で作られた異なる年金をドッキングさせたのだから、つぎはぎになるのはやむを得ない、複雑なのも致し方ないと厚労省は言う。しかし、さまざまな年金がばらばらに存在してきた歴史的経緯は、どの先進国も似たようなものである。それでも日本のように、複雑でわかりにくい年金制度の国は少ない。抜本的な改築に取り組んで成功した国もある。

ここにも、官の先送り体質が顔を出していると言いたいところだが、単なる先送りとも違うようだ。もしも彼らが「全体像を国民に知られたくない」と考えているとすれば、この複雑さはむしろ都合が良いというものだからである。

景気が回復すれば、年金財政の危機も解消できる

公的年金は赤字というのが常識だが、赤字になったのはここ数年で、それまでは黒字を続けてきた。黒字でなければ、これほど巨額の積立金を蓄えられるはずもない。高すぎる年金を受け取っていると言われる現在の高齢者はこれまで、十分高い保険料を負担してきたことになる。

このところ毎年、赤字なのは確かだとしても、実は、経済が回復し金利が元に戻れば、巨額の積立金の運用益だけで、消費税の5～6％分に相当する利益が出て、消費税の増税をしなくても年金の赤字は解消されてしまう。本格的に景気が回復すれば、他の先進国と同様に5％を超える利回りは十分に可能だ。

景気が回復すれば、サラリーマンのお給料も上がるはずだから、そうすれば、保険料を上げなくても掛け金収入は大きく改善する。

しかも高齢化は果てしなく進むわけではない。２０４０年から２０５０年頃をピークに、高齢者の比率は小さくなりはじめ、逆ピラミッドは収束に向かう。それまでをしのぐだけの積立金はすでに持っている。

高齢化に備え、やがて取り崩すために積み立てられたはずの積立金の活用が、今回の〝改革〟では計画に入っていないのも、不思議である。そんなに巨額の積立金を温存して、一体何に使うつもりだろう。

年金改革、社会保障改革と、改革を標榜しながら、実態は、緊縮財政、増税の財政改革でしかなかった。国民生活を犠牲にして財政の健全化ばかり主張する財務省主導の経済運営さえやめれば、年金も、医療も財政危機など消えてなくなるはずなのだ。

事実を曲げて、年金の財政危機を煽り立てたために、年金不信が生じ、国民の老後不安を高めただけでなく、若者の年金離れを招いた。年金納付率が大きく下がって、掛け金収入の低下を招き、年金未加入によって国民生活の安定まで奪ったのだから、財務省の罪は深い。

世代間の対立を煽って、助け合いの文化を失わせた

しかし、財務省と小泉政権が犯したもっとも大きな罪は、日本社会の基盤を形作ってきた「助け合いの心」を失わせ、とげとげしい対立の構図を持ち込んだことである。公的年金は本来、社会の「相互扶助」の仕組みであるのに、そこへ「損得勘定」を持ち込んだ。

高齢者が得をして若者が損をするという世代間対立を煽るキャンペーンは、社会保障を損得で論じる風潮を生んだ。日本の相互扶助システムは、経済成長だけでなく、社会の安定に大きく貢献してきた。その土台を壊したのである。

ろくな保険料も納めずに巨額の年金を受け取ると白い目を向けられている高齢世代は、戦中戦後の激動期を支え、苦労しながら今日の安定と繁栄の基盤を作った人々である。その高齢者の努力の成果を、若い世代はろくな苦労もせずに享受している。

公的年金は、景気回復さえ果たせれば十分に維持可能である。そのためにも、日本の相互扶助の精神は取り戻さねばならない。

経済苦で自殺する人が毎年8000人、餓死する人も跡を絶たないのに、もう十分豊かだ、景気対策無用と多くの人が言う。治安の悪化も著しい。困っている人々を見捨てないことが、実は私たちの安全と安心の礎《いしずえ》となることに、そろそろ気づくべきときである。

そもそも、世代間対立の考え方は、社会保障の根本を否定するものである。年金をはじめとする社会保障は、個人のリスクを社会全体でカバーする仕組みである。

失業や倒産、事故や病気など、私たちはいつどんな不幸に見舞われるか予断を許さない。運不運で生活が不安定になるリスクを小さくするための相互扶助が、社会保障である。社会保障がなければ、それぞれの家庭、個人が生活のリスクをまるごと抱え込むことになる。個人で備えるより、社会全体で対応した方が、コストもはるかに小さくて済む。

そして、国民の年金資金も外資のために

平成20年5月22日、朝日新聞の朝刊に、「えっ」と目を疑う記事が載った。経済財政諮問会議で、民間メンバーの伊藤隆敏《たかゆき》氏が、日本の公的年金の運用の効率化を提言したというのである。

本当に「効率化」なら大歓迎だが、ベースになっている報告書は、経済財政諮問会議の傘下にある「グローバル化改革専門調査会」のものである。言葉にこだわり過ぎてはいけないが、「効率化」の上に、「グローバル化」「改革」と重なっては、はじめから用心したくなる。

報告書は言う。「日本の公的年金の利回りが低いのは、制約が多く、機動的な運用ができていないせいだ」「そこで、これをいくつかのファンドに分割し、競い合わせる。海外にも複数の運用拠点を置く」「ファンドの理事・役員には外国人も排除すべきではない。高額な報酬を払ってでも、優秀な人材を確保し、運用判断も委ねるべきだ」「現在よりもっと独立性の高い

組織にして、人事権や運用の委託先も、政府でなくファンドの決定とすべきである」と。

さらに、外国人に高い報酬を払うために組織替えまでしようというのである。しかも海外で自由に、運用評価も長期的視点で、というのは、気がついたらファンドがゼロになっていたという事態にならないか。

海外では目が届かない。大和銀行の米国債不正取引事件も、女王陛下の銀行といわれた英国ベアリングズ社を破綻させたニック・リーソンの事件も、海外支店で起きたことだ。高額な報酬さえ払えば、結果は保証されるのか。

それなら、なぜサブプライム・ローン問題は起きたのか。世界の名だたる金融機関が巨額の損失を被ったことをどう見るか。

「外国人を排斥すべきではない」も正論に聞こえるが、残念ながら、わが国では、外資系金融機関の不祥事が跡を絶たない。外圧のせいかどうかは知らないが、わが国の監督当局が外資に甘いのは、市場関係者の間では常識である。

さて、外国の年金運用利回りが6％を超えているのに、日本は3・5％と低いから、外国人に頼めというのだが、運用成績の差は、能力の差とは限らない。ゼロ金利の中で、これだけ運用益を上げたら、立派なものである。デフレ経済を脱却し、他の国並みのまともな経済に戻れば、日本だって、6％以上の収益を上げるのは十分に可能である。

この提言が実現すれば、金融機関とりわけ外資系金融機関に大きなビジネス・チャンスを提供するだろうことは、間違いないだろうが、国民の年金資産は極めて大きなリスクにさらされる。

報告書のメンバーには、国内だけでなく外資系金融機関のエコノミストも加わっている。それだけではない。再三再四にわたり外資系金融機関から意見聴取を行っている。外資系の団体である「国際銀行協会」を交えて議論する日まで設けられていたのだ。なぜ、かほどに外資系のご意見を拝聴する必要があったのか。

この提言は、舛添《ますぞえ》厚労相が慎重姿勢を示して、ペンディングになっているが、決して、なくなった話ではない。財務省が絡んでいる話と思われるから、実現のチャンスを狙っているだけだろう。

この提言がもし実現すれば、年金の所管において、厚労省の影響は一段と小さくなり、代わって運用機関を監督する金融庁の影響が大きくなるからだ。厚生年金まで金融庁の監督下に入る可能性が出てきた。財務省・金融庁の権限はますます大きくなり、それにつれて天下り先も増えるに違いない。

公務員が加入する共済年金は、一般国民が加入する厚生年金・国民年金よりも常に優遇されてきた。数々のムダ遣いからも免れてきた。今回の提言も、なぜか共済年金は対象外で、厚生年金・国民年金だけなのである。

グローバル化改革専門調査会のこの報告書は、副題として「世界の経済成長を生活の豊かさに」と謳っている。もし本当に、国民生活を豊かにすると信じるならば、なぜ共済年金は対象外なのか。怪しすぎる。

この年金運用の改革は、来年までに道筋をつけ、速やかに実現を図るべし、とされている。それほど急ぎたいなら、まずは共済年金を対象に実行したらどうだろう。私たち、一般国民の年金は、厚生年金も国民年金も、その結果が出てから、判断することにすればよいと思う。

第19章　医療崩壊
――社会保障の破壊②

医療保険の財政危機にも嘘がある

当然のことだが、「後期高齢者医療制度」は、きわめて評判が悪い。平成20年10月4日の読売新聞青森版によると、厚労省が全国の市町村に「後期高齢者医療制度」についての住民説明会の開催を求めたのに対し、県内では半数の市町村に実施予定のないことがわかったという。開催しても、制度への批判をぶちまける場に終始することが予想され、理解促進につながらないと二の足を踏んだ格好、と報じている。

これほど国民が怒っているということ自体、社会保障の設計、国の施策として適切ではなかった何よりの証拠ではないか。後期高齢者医療制度が導入されたのは平成20年4月、福田政権になってからだが、決めたのは平成18年、小泉政権である。

そもそも、保険はできるだけ多くの人々が参加することが望ましい。そうであればあるほどリスクが分散され、それだけ支える力が大きくなるからである。公費で5割、他の保険が4割を負担して、75歳以上の高齢者の負担は1割だけと、厚労省は説明するが、なぜ、わざわざ別にするのかの説明になっていない。

別にしたのは、十分にケアするためだと説明するが、誰も信じてはいない。高齢者の医療費がこれほど大きいと宣伝するためか、いや、おそらく保険でカバーする高齢者医療の範囲を狭めるためではないだろうか。

高齢者が怒るのも当然で、老人医療制度はどんどん改悪されている。昭和48年から70歳以上の高齢者の医療費は無料になっていたが、昭和58年有料化に戻し、定額負担。平成13年には定額から1割の定率になった。

さらに平成14年、現役並みの所得者は2割負担に引き上げられた。小泉政権下で行われたこの改定はひどかった。保険証の表に、1割、2割と判が押されているのである。窓口で保険証を出すと、所得がわかる仕組みだ。

近所の人がいるかもしれない医院の窓口で、所得がわかる保険証を出すのを辛いと思う高齢者はたくさんいたのではないか。このやり方を見れば、個人情報保護法は、やっぱり国民のためでなく、役所の情報隠蔽のためだと想像できてしまう。

医療費の負担は、これだけではとまらない。平成21年度から、70歳から74歳までの前期高齢者の自己負担を1割から2割に引き上げる方針。しかし、高齢者の怒りに、これはとりあえず

1年先送りされた。だが、その程度で、国民の怒りは収まらないだろう。しかも、後に述べるように、医療財政の危機は、ほとんどまやかしなのだから。

「日本の医療費は高い」の嘘

高齢化の進展で、日本の医療費が巨額に膨らんでいる、という小泉政権の宣伝を、多くの国民は疑っていないに違いない。しかし、これは真っ赤な嘘である。

日本の医療費は、世界の中できわめて低水準にとどまっている。日本の国民一人当たりの医療費をGDPとの比較で見ると、日本はOECD加盟国の中で21位、主要国の中では最下位である。

OECD加盟30カ国の対GDPの医療費の平均は8・9%であり、日本は8・0%である。ちなみに、主要10カ国の平均は10・8%である。日本の医療費はむしろ低い、低すぎるというべきである。

一方、日本の平均寿命が世界一であることはよく知られている。平均寿命だけでなく、健康寿命も世界一だ。健康寿命とは健康で自立した生活を送ることができる期間を示すもので、日本は75歳。WHOが計測を始めて4年、日本はずっと世界一位だ。

WHOが、日本の医療は世界一と認定してくれている。しかし、現在のような医療費削減では、これが維持できるかどうか危ぶまれる。

高齢化の進展とともに、先進各国の医療費（対GDP）は急速に上昇しているのに、それと比べれば、日本はきわめて緩やかにしか伸びていない。高齢化の進展は世界一と霞ヶ関はよく宣伝しているが、そうであるにもかかわらず、医療費は、世界的に見て異常なまでに、抑制されているのである。

最近はあまり聞かれなくなったが、数年前まで医師および医師会は目の敵にされていた。「医者は儲かりすぎだ」「医師が差額を懐に入れている」という非難もあった。さすがに最近は聞かれないが、「薬価が高すぎる」と、多くの人が思っていた。

しかし、実は診療費を低すぎる水準に抑える代わりに、薬価は少し上乗せ、という約束だったのだ。それなのに、薬価をどんどん引き下げて、その上、診療費まで引き下げたから、病院や医院が経営難に陥って、廃業が増えているのである。

中にはひどい医師もいるから、例外はあるだろうが、多くの患者はかかりつけのお医者さんを慕っている。しかし、その集団の医師会となると、批判の的だった。そうさせるような噂を流していたのは誰だろう。

年金給付削減のときにも、世代間対立を煽って、給付引き下げの味方（?）を増やした。公共事業もそう。ムダな箱物は確かにあった。しかし、それを言い立てて、防災事業まで疎《おろそ》かにされている。「公共事業悪玉論」「土木国家」の宣伝のおかげである。

社会保障も社会資本も、どちらも国民の安心と安全、生命と生活を守るために重要なものである。変な世論誘導に惑わされていると、結局、そのつけは自分に回ってくる。

「医療保険が赤字」という嘘

政府はなにかにつけて、少子高齢化を理由に社会保障予算を削ろうとする。そのために、財政危機を演出する。年金だけでなく医療もそうである。医療保険の財政危機もずっと以前から、声高に叫ばれてきた。

大企業を中心とした組合健康保険も赤字、中小企業のための政府管掌健康保険も赤字、自営業やリタイアした人を中心とする国民健康保険も赤字だと、国民は思い込まされてきた。

ところが、ここにからくりがある。組合健保も政管健保も毎年赤字と発表されるが、これは全体ではなく、赤字の部分だけを発表しているのだという。このことは、もう8年も前に医師会が調べて、その嘘を暴いている。

データが古いが、平成9年度の組合健保収支は前年見込みで500億円程度の赤字と発表されたが、実際の決算では17億円の赤字にまで縮小、さらに、民間の企業会計ルールで計算しなおすと当期純利益が1000億円の黒字だったという。

なぜ、そうなるかと言えば、全体の収支を示す一般収支ではなく、経常収支のみを発表するからだという。全体の損益を発表しない理由は明らかにしないそうである。

政管健保も同様である。政管健保の会計は、健康勘定と業務勘定に分かれるが、赤字の発表は、健康勘定のうちの、さらに小項目である単年度収支の部分だそうである。そもそも、資産や負債、剰余金などを示すバランスシートがないことが問題と医師会は指摘している。

それでは全体像はつかめない。赤字、赤字と国民を脅しにかけているが、実態を示す会計資料さえ作っていないのだ。いや、本当はこっそり作っているのかもしれないが、少なくとも一切発表していない。

そこで、医師会が平成9年度について、損益を試算したところ、組合健保、政管健保に、さらに共済組合、船員保険を含めると、当期純利益は1473億円の黒字、正味財産は最低でも4兆円に上ったという。

「組合の55%が赤字」などとよく報道される。しかし、大きい組合ほど黒字になる傾向があり、従業員についてきちんと平均をとれば、黒字になるはずだ。医療は個人が受けるもので組合が受けるものではないのだから、従業員で平均をとるべきだろう。何の意味もない赤字組合の比率を発表すること自体、医療保険財政が危機であると、世論誘導するためとしか思えない。

いや、それ以前に、赤字になっている部分勘定だけでなく、保険財政全体の正確な収支を発表すべきであろう。かりに、きちんと計算していないとするならば、それこそ問題だ。会計をきちんと把握もせずに、保険料の値上げや、自己負担の増加を求めているからである。

研究報告が出た平成12年以降も、医師会は調査を続けており、その後も会計状況は基本的に変わっていないそうである。

ところが昨年、後期高齢者医療制度の導入のために、会計の項目など、それまでとガラリと変更してしまったそうである。そうなっては、医師会にもすぐには何もわからない。また、どの項目がどういう内容の数値であるか、一から調べ直しであると言う。

後期高齢者制度は、他の健保に保険料の拠出を求めているが、それを好機として（?）、それぞれの保険勘定の会計項目を全体的に変更したらしい。

ついに日本の医療は崩壊した

医療保険の財政危機についても、年金とまったく同じごまかしがあった。もっとある。厚生省は平成7年、30年後の医療費推計値を発表した。高齢化でいかに医療費が増大するかを示すためである。なんと141兆円という巨額だった。平成7年の国家予算は70兆円だから、ちょうど倍である。「これは大変、医療費の削減が必要」と思わせるためであろう。

しかし、誰が考えても急増のしすぎだ。医療関係者から疑問の声が挙がった。そのせいかどうか、これが時を追うに従って減っていくのである。平成9年104兆円、平成12年81兆円、平成14年70兆円、そして、平成18年65兆円である。こんないい加減な予測に基づいて、医療費を削っているのである。

さて、年金をはじめとして社会保障費は、高齢化の進展に伴い毎年7000億円程度の「自然増」がある。小泉政権は発足直後、社会保障費の自然増を5年間で1兆1000億円削減すると決めた。平成14年以降、毎年2200億円削減し、毎年5000億円程度の増加にとどめるのかと関係者は思った。

ところが違ったのである。「毎年2200億円」のはずだったのに、「毎年2200億円を追加」して減らしているのである。つまり、初年度は2200億円、2年目は4400億円という具合で、平成18年には、1年で1兆1000億円削減された。

5年間で1兆1000億円削減のはずが（それでも十分ひどいが）、実際には、5年間で3兆3000億円を削減したのである。

しかし、このインチキに気がついたのは医師会だけ。実は私も医師会の資料で知った。新聞をはじめマスコミはまったく問題にしていない。こんなに削ったら、ただでさえ、足りないのに、日本の社会保障は壊れてしまう。いや、もう壊れてしまった。年金はそう簡単には減らせないから、しわ寄せは医療費に向かった。医療崩壊である。

診療費も引き下げられ、各地で病院、医院の倒産、廃業が相次いでいる。まさしく医療崩壊である。また、平成18年には療養病床を38万から15万に減少する方針を打ち出し、療養病床の診療費を大幅に引き下げた。医療の要らない社会的入院がほとんどというのが理由だが、これが医療難民の最大の原因になった。

小泉政権は平成15年、サラリーマンの自己負担を2割から3割にアップした。しかし、実は平成9年橋本政権の厚生相として、1割から2割に引き上げたのも小泉氏である。ちなみに昭和59年までは、サラリーマン本人の自己負担はゼロであった。国保の保険料を1年以上滞納すると保険証を取り上げられ、全額自己負担になるという仕組みを決定したのも同じく平成9年で、平成12年から実施された。

失業、倒産などで所得を失うと、前年の所得で決まる保険料を、40万、50万と納めなければならず、払えないと、資格証明書が交付され、保険料を納めると自己負担以外の分を返却してくれるという仕組みである。平成10年以降、自殺者が3万人を超えるという事態がこの10年続いているが、保険証を取り上げられて、医師にかかれず、助かる病気で亡くなる人は、それ以上いるといわれている。

ちなみに国保は最初から自己負担が3割であり、小泉政権はこれをその他の保険の自己負担引き上げの理由とした。しかし、公的医療保険で自己負担が3割の国はなく、国保を引き下げるべきだったのである。

「混合診療」に外資の影

「混合診療」というのをご存知だろうか。「保険診療」と「保険外の自由診療」を同時に受けるということだ。医療の世界では、混合診療の解禁、規制緩和が今、熱い問題のひとつである。オリックスの宮内義彦《みやうちよしひこ》会長が議長を務めていた「規制改革開放民間会議」が、だいぶ以前から熱心に、これを促進しており、一方「医師会」「厚労省」が断固反対という構図を聞けば、それだけで、多くの人が「また医師会がごり押し」「また厚労省が省益ばかり」と思い、規制改革会議の主張どおり混合診療を認めるべき、と思ってしまうだろう。

改革者である小泉首相が、規制改革会議を強く後押し、平成15年9月、「年内解禁をめざす」と明言と聞けば、なお、「混合診療の解禁」は良いことだと思ってしまうかもしれない。

ところが、これがそう単純ではない。結局、部分的解禁にとどまり、原則解禁は見送られたが、いまだに、規制改革会議も、そして米国もあきらめてはいない。そうそう、それに保険会社を経営している宮内氏もたぶん。宮内氏は、総合規制改革会議の時代からあわせて10年、規制改革の旗振りを行ってきたが、小泉政権が終わる直前、議長の席から（余儀なく）引退した。

混合診療の規制緩和は、米国の改革要望書にも記載されている。混合診療が認められれば、保険会社は医療保険のビジネスを拡大できるから、第三分野、中でも医療保険が得意な米系保険はとくに、手ぐすねを引いて待っているだろう。

しかし、民間保険会社のビジネスが拡大するということは、公的医療保険の縮小と表裏一体の関係である。くれぐれも「規制緩和」「改革」の名称に惑わされないでほしい。

混合診療とは？

平成16年10月、公開で行われた規制改革会議の終了間際、一人の傍聴人が突然発言を求めた。「私はガンで余命3カ月と言われているが、有効とされる薬が保険外で使えない。使えば他の診療費まで全額自己負担になるからだ。今は保険の治療を受けているが、後はホスピスに行くしかない。早く混合診療を認めてほしい、自分には時間がない」。

TVカメラが回る中で改革会議の主張を強固に裏付ける証言であった。あまりにピッタリでグッドタイミングだったので、演出ではないかと邪推する向きもあったほどである。

会議後の記者会見で、宮内議長は「患者さんのご発言にいてもたってもおられない気持ちだ」と語り、草刈総括主査（現議長）も「患者さんが悲痛な声を出されて混合診療の必要性を訴えられた。皆さんの筆の力で」と、マスコミの後押しを求めた。

たしかにガン患者にとって、全額自己負担は、命の可能性を捨てるに等しい過酷な措置と思える（もし本当なら）。保険外診療を受けることがあたかも罪でもあるかのような懲罰的な措置は一刻も早くやめ、混合診療を解禁すべしという改革会議の主張につい同調したくなる。ところが、これが事実ではない。そんな規則はどこにも書かれていない。

「保険外の診療に関しては保険から支払わない」と、ごく当然のことを決めているだけである。医療機関は治療費を自分で負担するか、患者からもらうしかないのだが、患者から保険外の支払いを受けると、保険診療の部分まで保険請求できなくなる。

混合診療を行ったことを隠して、保険適用の分だけ請求する病院もあるだろうが、その場合でも、保険外の部分は医師側が負担する。

医療機関がすべてを自己犠牲で処理しているわけではないのも事実である。とりわけ高価な診療については、保険請求のつけ替えが行われているらしい。

肺ガンにしか認められていないが、胃ガンにも効くとわかっているとき、肺ガン併発ということにしてしまうケースもあると聞いた。不正行為には違いないが、苦しい病院経営の中、患者にも自身にも負担をかけまいとすれば、そうするしかない緊急避難とも言える。

しかし、規則違反がばれると全額還付を求められ、最悪の場合、保険医免許取り消しの恐れもある。したがって、医療機関が泣き寝入りするのがふつうである。つまり混合診療が禁止されているために、経済的負担を受けているのは、医療機関であって患者ではないのだ。同一の患者でも、別の病気の分は、もちろん請求できる。

医療機関は、保険から受け取れるはずだった分まで含めて全額を患者に請求することもできるが、患者に請求する医療機関はほとんどない。もし医院や病院がそうすれば、規制改革会議の主張どおりなのだが、請求ができる分だけ保険から受け取り保険外の部分は自らの負担としているのが通常である。患者に限れば、現状は「混合診療」解禁以上であり、保険の自己負担分だけで保険外の診療を受けているというのが、事実に近い。

混合診療の解禁は改悪

つまり、現行制度が患者に全額自己負担を強いるとの解説は、間違いなのである。あるいは、意図した世論誘導なのである。

もちろん、費用の負担を嫌って保険外診療を拒否したり、全額患者に支払いを迫る医療機関がないとは言えない。しかし、それはごく少数にとどまっている。もし、規制改革会議の言うとおりなら、私たちは、全額負担を求められた話を、どこかで耳にしているはずだからである。抗ガン剤のような特殊なものに限らず、日常茶飯の治療の中にも多くの保険外がある。治療法や薬だけでなく医療材料も日進月歩であるのに、保険認定は2年に一度だからである。それにもかかわらず、診療拒否や全額請求の経験をほとんど耳にしないのは、そのほとんどが、医療機関の負担になっているからである。

こうした現状を踏まえるなら、必要な診療を保険外のまま患者に自己負担させる混合診療が、なぜ改革なのかわからなくなる。真に国民医療の充実、患者負担の削減をめざすなら、行うべき改革は、保険承認の迅速化と範囲の拡大のはずだからである。

保険診療化すれば、患者は必要な診療のすべてに保険の適用を受け、もっと負担を減らすことができる。規制改革会議は、どうして患者にとって最も望ましい改革ではなく、患者に負担を求める道を選んだのだろう。

宮内氏は、かねてより規制緩和で民間ビジネスの拡大を図るべきと公言してきた。混合診療の解禁が、民間の医療保険ビジネスの市場を拡大することは間違いない。公的保険が適用されない医療の解禁は、民間保険の新たな市場の創出を意味する。宮内氏が保険会社の経営に携わっていることとは、単なる偶然ではあろうけれど……。

公的医療保険が崩壊する

混合診療の解禁は、財務省にとっても好都合だ。保険外診療の敷居が低くなれば、保険適用の圧力が弱まり、新しい治療や薬をいつまでも保険外にとどめやすくなる。

自費負担であっても患者は最良の医療を受けたがるから、保険適用の診療はどんどん縮小し、財政支出を削減することができる。医療保険改革や年金改革が、表向きは国民のための社会保障改革を標榜しながら、実態は財政支出を国民負担に転嫁する財政改革であったことを思い出せば、財務省が、混合診療の解禁を利用せずにおくとは到底考えられない。

かつて「高齢者がタダなのを良いことに医者に茶飲み話をしにやって来て、サロン代わりにしている」とさかんに喧伝されたことがあった。無料であった高齢者にも医療費の自己負担を求める「改革」が議論されたときである。

無駄な受診をなくして社会保障の効率化を図ろう、そのためには自己負担の導入は不可欠、と世論を誘導するためのキャンペーンだったのだ。今回の殺し文句は、「患者が希望しているのだから選択肢を増やすべきだ」である。

しかし、前述のように、患者はすでに必要な保険外診療を受けており、しかも、その多くが医療機関の負担で無料提供されている。医療改革が医療の現実を無視して進められているわけだが、真の目的が医療でなくビジネス拡大や財政支出の削減なら、医療の現状などどうでも良いに違いない。

混合診療の解禁は、貧富による医療格差を生じるというマイナスも指摘されている。このことは裏返せば「現状の日本の医療に貧富の差がない」という感嘆すべき事実を示している。日本医師会をはじめ混合診療解禁に反対する人々が、「国民皆保険の崩壊」の危機を強調するのも、まさにそれ故である。医療の公平が崩壊の危機に直面しているからである。

貧富の格差がないということは、「必要な医療がすべての国民に約束されている」というのと同義でもある。世界21位の低いコストで世界一の成果を上げている日本の医療は、「現物（医療）給付」という世界でも希な制度によって支えられている。

「保険」は通常、経費や損失を金銭的に補塡する。金銭保障だから、掛け金に応じて保障の範囲が異なるのは自然である。しかし、わが国の医療保険が国民に保障しているのは「経費の補塡」ではなく「医療の給付」なのである。

金銭保障であれば全部ではなく一部ということがあり得るが、「医療保障」である以上、必要な医療が担保されていなければ意味がない。治療を途中でやめるのでは医療が保障されたことにならないからである。

現状でも、全額自己負担の診療として、差額ベッドや一部の歯科治療、高度先端医療などがある。しかし、差額ベッドや金歯は必ずしも必要な医療ではないし、高度先端医療は必ずしも合意がされていない医療であるという点に、注意が必要だ。

つまり、多少の問題はあるとしても、わが国の保険診療は、必要な医療をすべての人に等しく提供することをめざしており、追加として必ずしも必要ではないがニーズのあるものを自由選択で取り入れているという形になっている。

混合診療の解禁は、「必要な医療を保障する」わが国の医療制度と抵触し、両立し得ないものである。有効であることが確認されている医療は、すべて保険対象とすべき必要な医療であり、混合診療の解禁は、差別的医療、効果が確認されない医療の存在、跋扈を許すものである。

では必要な医療とは何か。その時点でやるべきことはやったと多くの専門家が合意できる医療ということになろうか。現状では、中央医療協議会がその役割を担っている。

市場メカニズムの下で患者の選択に委ねるという発想は、制度の如何《いかん》にかかわらず、根本的に医療と相入れない考え方である。

インフォームド・コンセントは重要だが、セカンド・オピニオン、サード・オピニオンを得たからと言って、情報の正否を判断できない素人に医療を選択できるわけがない。自己責任と市場メカニズムを旗印に行政責任を放棄し、素人に銀行の選別を迫った金融ビッグバンとまさしく同じパターンだ。

米国の医療は民間医療保険が主流である。そのため医療費は世界一高く、かつ医療は貧しい。保険によって、治療の範囲が決められてしまう。必要な薬も飲めなかったり、手術を受けられなかったり、助かる命を落としている人がたくさんいる。

日本は、小泉改革のおかげで、米国型に近づきつつある。これ以上近づけてよいのだろうか。世界一とWHOも認める日本の医療を、保険会社のビジネスに変えて、世界一高く、貧しい米国式医療に変えてよいとは思わない。もちろん、営利追求の株式会社組織の病院は認めるべきではない。医療より配当が優先されるだろうから。

さて、社保庁改革の一環として、これまで国が管理してきた政管健保が、非公務員型の法人、全国健康保険協会に組織変えされ、平成20年10月から「協会けんぽ」になる。今後は、都道府県単位で保険料が変わりうる。つまり、医療費を抑えることに成功した都道府県は保険料が低くなる、という趣旨のようだが、医療費は、すでに、これ以上削減できないところまで来ている。

医療にまで、競争原理を導入するかのごとき、協会けんぽが、医療の改善に結びつくとは到底思えない。必要な医療の提供よりも、医療費の削減を目的としていることは明らかである。後期高齢者医療制度といい、協会けんぽといい、日本の医療には、医療財政の視点しかないようである。

解決策はある

医療費の増加を補う財源はある。医療保険の保険料は、所得に比例するが、上限がある。この上限を撤廃し、完全比例にすれば、それだけで数兆円の保険料収入の増加になると、医師会が試算している。

組合健保や政管健保など被用者保険の場合は、年収2000万円が上限だが、この上限を撤廃すれば、それだけで、2兆5000億円の増収になる（平成18年度）。

国民健康保険の場合、保険料は世帯単位である。世帯所得が、約490万円で保険料の上限53万円に達し、いくら高額所得であっても、保険料はそれ以上増えない。だから、たとえば芸能人一家で、世帯の所得が巨額に上っても、保険料は一家で53万円ということになる。

世帯所得が数千万円、あるいは億円以上であっても、保険料負担は490万円の一家と同じなのである。所得が500万円以上の世帯は5％強だそうだが、世帯収入が大きい世帯もあるはずだ。上限をはずせば、ここでも数兆円単位の増収が見込めよう。

また、非正規雇用の増大と共に、医療費に占める事業主の負担が年々減ってきている。ただでさえ、収入が低い非正規雇用の人々に、社会保障を整備することは、格差拡大の中で必要な施策である。

なぜ、政府は、医療崩壊を招くような医療費削減を行う前に、保険料の上限を撤廃しなかったのであろう。低所得の人々により重い負担を強いる消費税増税より先に、保険料の完全比例を実施すべきであろう。そうでなければ、ただでさえ所得格差が拡大する中で、生活格差はますます大きくなるばかりだ。

年金も医療も、財政改革から離れて、まずは「あるべき年金」「あるべき医療」を考えるべき時である。財源はいくらでも工夫できる。年金財政、医療財政の視点だけでは、日本の社会保障の崩壊は止められない。

国民生活の健全性を犠牲にして、財政健全化ばかりを目指してきた財務省の政策が、逆に財政悪化を招いただけでなく、ここまで国民生活の基盤を破壊したのである。

日本経済がデフレから脱却し、他の国並みの成長率を達成できるようになれば、税収も増え、保険料収入も増えるはずなのである。歳出削減と増税だけのこの20年が、国民生活をほとんど破壊してしまったことに、そろそろ気づくべきである。

第20章　誰のための郵政民営化

小泉さんのせいで、小泉さんが困っている

平成19年10月1日、郵便局は政府の公社から、株式会社になった。ついに郵政民営化がスタートしたのである。

新聞もテレビも大きく扱いはしたものの、いよいよ「改革の本丸」が、という前向きの雰囲気はどこにもない。刺客やホリエモンの登場でにぎやかだった郵政選挙からわずか2年、報道の空気はずいぶん変わった。ある新聞の社説のタイトルは〝小泉「改革」の痛み一段と〟であった。

なかでも9月30日の毎日新聞の社会面は秀逸だった。〝無集配あえぐ過疎地〟〝払込手数料値上げ〟〝高齢者「今後も声掛けあるか不安」〟の大見出しと共に、79歳の男性が写真つきで紹介されている。

配達も顔なじみの局員ではなくなり、とても困っているこのお年よりの名前は「小泉さん」。

偶然なのか、いや、やはりわざと選んだにちがいない。

これまで過疎地の郵便局員は、配達のついでに、さまざまなサービスを行い、地域をささえてきた。一人暮らしの高齢者に声をかけたり、年金を届けたり、足の不自由な高齢者や車のない家庭にはありがたいサービスだったのである。

しかし、民営化と同時に、郵便配達は、貯金や保険など他の業務とは、別会社になってしまったから、配達のついでに貯金や保険の手続きなど、したくてもできなくなった。

小泉さんの場合、バス停まで山道を1時間、さらにバスで12キロ行かねば、商店のある村の中心部にたどりつかない。買い物はまとめ買いにならざるをえず、重い荷物は局員が配達のついでに運んでくれた。しかし、今後はそれもできない。地元の郵便局は集配を行わなくなったし、局員も12人から3人に減ってしまったからである。

小泉さんのせいで、小泉さんが困っている――。

すでに何百もの郵便局が閉鎖されている

「郵便局はなくならない」と政府は言明したが、それも本当ではなかった。民営化スタートの時点で、すでに148の郵便局が閉鎖されており、一時閉鎖になっている局も417におよぶ。

送金したり、貯金をおろしたり、年金を受け取るのも、遠い隣町までバスに乗らねばならない人が、各地で増えている。

小泉さんの檜原《ひのはら》村のように集配をやめてしまった局も1048ある。遠くから来るので配達が遅れ、誤配も増えた。集配をやめた郵便局は、ほとんど過疎の局だ。利用率が低いATMもどんどん撤去されている。

それもこれも民営化にそなえた〝効率化〟の努力だったそうだが、晴れて民間企業となった今後は、ますます効率化されるだろう。

しかし、こうなることは、初めからわかっていたはずだ。民営化した国は世界に多いが、どの国でもおきたのが、郵便局の減少だ。3分の2になったイギリス、半分になったドイツはましな方で、スウェーデンは5分の1になった。それも新たにつくった委託局をくわえての話だ。

それだけでなく、どこの国でも「公共サービス」は低下した。ほとんどの国で、手数料が上がった。配達の遅れも増えた。郵便貯金がなくなって金融サービスが受けられない地域があちこちにできた。国民の不満と不安があまりに大きくなったので、国営にもどした国もあるほどだ。

郵政民営化を行った国で生じた、これらの問題は、1990年代から明らかになっていたにもかかわらず、政府は一顧だに与えなかった。真に国民のための改革をめざすなら、他国の失敗に無関心ではいられないはずだ。だが、失敗した国々よりも、もっとラジカルな民営化を、わが国は断行した。

異常なまでに「郵政民営化」にこだわる

国民が、小泉政権にもっとも望んだことが「改革」ではなく「景気対策」だったことは、数々の世論調査が示している。しかし、「改革なくして回復なし」の小泉政権は、景気対策にはまったく関心を持たなかった。いや、景気対策どころか、景気悪化政策がとられた。しかし、小泉首相の関心は「民の竈《かまど》」にはなかった。「郵政民営化」の実現にだけ注がれていたのである。経済悪化は、小泉改革の当然の帰結であった。その意味では、経済の悪化は、小泉政権を支持する国民自身の選択であった。

小泉首相が、「郵政民営化」を持論とし、30年以上の長い間、主張し続けてきたことは有名な話だ。しかし、マスコミは、郵政民営化が首相の持論であることをしばしば語りながら、郵政民営化だけを強調する理由や動機については、ほとんど説明していない。

記者アンケートでも「政策オンチ」「政策無関心」を指摘する声が相次いだとされ（文藝春秋2002年7月）、政局は好きだが政策には無関心というのは、永田町でも霞ヶ関でも有名だそうだ。もしそれが本当なら、政策に無関心な小泉首相が、郵政民営化にだけはかくもこだわり、熱を込めるのはなぜかというのは、ますます興味深いテーマではないだろうか。

ジャーナリストであればもちろん、国民だって知りたいはずだ。それなのにマスコミは、このテーマを追究し、明らかにしようとしない。せいぜいが「大蔵族」だからだろう、で済ませており、大蔵族ならなぜ郵政民営化なのかも説明しない。「郵政民営化が改革の本丸」という小泉首相の言い分を、論理的、実証的に検証することもしなかった。小泉首相自身は、郵政民営化がなぜ本丸なのか、について文藝春秋『日本の論点98』の中で、こう書いている。

国家財政の危機を救うには「民にできることは民に任せて、民間経済を活性化させるとともに、政府をスリム化して財政支出を抑える以外に道はない」「それが行財政改革の大事なポイントであり、その目玉となるのが、行政肥大化を陰で支えてきた財政投融資制度の改革である」。

「出口の特殊法人の統廃合ばかり論じてきたのは本末転倒」であり、入口の「郵貯・簡保を民営化」すれば、「資金が減り」、中間の大蔵省資金運用部も縮小、出口の特殊法人も効率化される、と。

目的である出口を論じることこそ本丸のはずだが、それは本末転倒で入口の「郵政三事業見直しが突破口」だと断言する。しかし、「そこに資金があったからだ」という入口論は、「盗んだのは、物があったからだ」というに等しい暴論だ。

入口、中間、出口を一体として考えた改革案が必要としながら、中間・出口には一切言及していない。あくまで入口＝資金源なのである。しかも、資金源として「郵貯・簡保・年金」を挙げてはいるものの、年金をどうするのかについても、一言も語らない。

蛇口の片方を開けたままで、どうして入口改革になるだろう。資金さえ減らせば、大蔵省資金運用部も、特殊法人も自然に縮小、効率化されるというのも疑わしい。

財政危機が叫ばれて久しく、つまり財政資金はきわめて窮屈であったわけだが、それによって大蔵省や特殊法人の縮小、改革は進んだであろうか。〝効率化〟の名の下に行政サービスは削られたが、大蔵省、特殊法人のリストラは進んでいない。

そもそも、小泉首相が、30数年前、郵政民営化を言い出したころ、財政危機は全く深刻ではなかった。行政のスリム化も言われてはいなかった。先見の明があると言えばそれまでだが、いずれにしろ、小泉首相が行財政の問題を論じたり、その解決を模索した足跡をたどることはできない。いきなり「郵政民営化」の結論ありきだったのである。

しかし、すでに述べたように、橋本改革によって、郵政はすでに財投の資金源ではなくなっている。財投の資金源は大蔵省が発行する財投債に変わったからである。

あくまで入口＝資金源にこだわるなら、小泉首相が主張すべきは、郵政民営化ではない。大蔵省民営化（?）、あるいは「財投債改革」でなければならない。しかし、小泉首相は、断固

「郵政民営化」を撤回しない。

小泉首相の目的は、行財政改革ではなく、郵政民営化それ自体にあるとしか言いようのない状況に陥っている。なぜ、それほどまでに郵政民営化にこだわるのか。

かねて囁《ささや》かれるひとつの噂があった。特定局長会への私怨、復讐が、そもそもの動機であるとの噂である。その話は、ジャーナリストの町田徹氏が平成16年11月の「月刊現代」、さらに12月の「文藝春秋」で書いている。

防衛庁長官だった父、純也《じゅんや》氏の急死で、ロンドン留学から呼び戻された若き小泉首相は、弔い合戦である最初の衆院選に僅差で敗れた。純也氏を応援していた地元の特定局長たちが小泉首相は応援せず、中選挙区のもう一人の自民党議員に鞍替《くら》えしたせいだと言われている。

鞍替えの理由は、地元の横須賀ではよく知られた話だそうで、私自身地元財界の人々から口々に聞かされた。小泉氏の人間性を強く疑わせる事件があったそうである。動機がどうであれ、国民のための正しい改革であるなら、そんなことはどうでも良いというべきかもしれない。残念ながらそうではないから、困るのだ。

小泉首相は、異常なまでの執念で「郵政民営化」の実現をめざすのである。アンケート調査でも、国民が求めるのは、第一に景気対策であり、第二に年金など社会保障の安定であった。郵政民営化を求める声はほとんどなきに等しかった。しかし、小泉首相の関心のありどころは全く逆だった。景気には関心がなく、郵政民営化にのめりこんでいく。

自民党がぶっ壊れた——政党政治の破壊

郵政三事業は、橋本行革に基づき、郵政事業庁を経て、「公社化」されることが決まっていた。しかし、小泉首相は、政権についた最初の所信表明演説で早くも、郵政民営化の検討を行うと明言、決着したはずの郵政民営化の議論を蒸し返したのである。

平成14年7月、国会では郵政公社法が成立し、平成15年4月には郵政公社が発足する。しかし、小泉首相は、郵政の新しい体制が着々と進むのを尻目に、民営化へのステップを着々と進めていた。

そして郵政公社発足からわずか半年の10月、経済財政諮問会議で民営化の基本原則を打ち出した。党内外で、異論や反発が高まる中、それをむしろ楽しむかのように、竹中経財相を郵政民営化担当に任命した。そして、平成16年9月には民営化の閣議決定に踏み込んだ。

まったく党内手続きを無視したやり方だった。本来、閣議決定は党の政務調査会、部会の決議を経て行われる決まりである。決議は全員一致を慣例とする。常に全員一致などあり得ないが、映画「12人の怒れる男」の陪審員と同じで、議論を尽くす、という意味合いを持っている。反対者は決を採る際には席をはずすなどの対応をとるそうである。

それなのに多数決さえ採らなかった。怒号の中、「多数と認めます」との宣言だけが行われ、多くの議員が「少数決」だと怒りをあらわにしていた。政党政治のルールさえ踏みにじったのである。

当然、反発や怒りが一段と高まったが、小泉首相は「私は郵政民営化を公約して総裁に選ばれた」「いやなら私を選ばなければ良かったのだ」と語り知らん顔、テレビに出る政治評論家はほとんどが「その通りだ」と彼を支持した。

しかし、それは屁理屈以外のなにものでもない。政治の課題は多岐にわたるからである。総裁に選ばれたというだけで、全権委任されたわけではない。たとえ彼が過半数を得て当選したとしても、残りの議員の意見を無視して良い理由にはならない。

とはいえ、選挙のためかどうか知らないが、信頼や政策ではなく、浮ついた「人気」を当てに総裁選びをした責は党も負うべきである。政党政治のあり方を問う重要なテーマだったはずなのに、党の意思決定ルールを無視したやり方を批判もせず、「そうだ」「そうだ」で済ませてしまった政治評論は、評論の名に値せず、ファシズム容認と見られても仕方あるまい。

だが、小泉首相も竹中大臣も、なぜ郵政を民営化せねばならないのか、説明できない。竹中大臣の説明は滑らかではあっても、根拠がなかったり、矛盾していたり、まったく説得力を持たなかった。なにより民営化が必要な理由がクルクル変わったのである。

当初は、財投改革、民業圧迫に加え、「民営化すれば30万の公務員が減り、税負担が減る」と利点を強調。しかし、「郵政事業が独立採算であり、税金が使われていない」と指摘されると、「民間企業になれば納税するので財政にプラス」と主張し始める。

しかし、郵政事業は、公社化された後は、利益から郵便貯金のための基準額（銀行の自己資本に類似）を引いた残余の半分を「国庫納付金」とすることになっていた。つまりは「納税」が決まっていたのである。郵政事業はこれまでも、国鉄清算事業団の赤字を埋めるために1兆円の拠出も行っている。

「民営化」を正当化する理由が見つからない

民営化を正当化するために、さまざまな理屈が繰り出された。「株式を売り出せば売却代金が財政を改善する」「小さな政府の実現」、果ては、「民営化すれば効率化され料金が安くなる」「コンビニの兼営などサービス改善が見込める」などなど、思いつく限りを並べたてる。

とうとう「郵政事業はこのままでは赤字になって持たない」「民営化して事業拡大の必要がある」との理由まで登場した。しかし、当初の「民業圧迫」と明らかに矛盾する上に、試算すると、民営化しない方が、利益も「納税」も大きいとわかるのだ。

偉大なるイエスマンとみずから称した、当時の自民党幹事長、武部氏は、ついに紙芝居まで作った。「あすなろ村の郵便局」だ。

あすなろ村は山あいの小さな村である。民営化で村の郵便局がなくなるのではと心配するおばあさんと郵便配達員のまえに、とつぜん煙とともにあらわれたのが、日本の郵便制度の父、前島密《まえじまひそか》公、そして「郵便局はなくならない」「便利になる」と説明する。

村の郵便局はコンビニみたいになって、コンサートや飛行機の切符も買えるようになる。オープンカフェやレストランまで営業する。田舎の暮らしが便利になるので都会に出ていった若者だって帰ってくる。郵便局の民営化は村おこし、町おこしにもなると、まさに夢のような未来を語るのだ。

聞いたおばあさんは夢を膨らませ、ハワイでムームーを着てフラダンスを踊る自分を想像する。しかし、おばあさんの夢は、残念ながら夢のまま終わりそうである。

たしかにコンビニが同居する郵便局はできたが、大都会の話だ。これまでコンビニができなかった過疎の村で、郵便局がコンビニを経営して成功するのだろうか。ましてオープンカフェやレストランが若者をよび返すなんて、無責任なホラ話だ。

武部さんの選挙区は北海道だそうだけれど、地元の郵便局は、いつレストランを始めるのだろう。

民にできること、できないこと

「民にできることは民に」は小泉改革のキャッチフレーズだった。このキャッチフレーズはきわめて正しい。小泉改革の誤りは、「民にできないこと」を民にやらせようとしたことだ。

宅配会社はたしかに郵便物を配達してくれる。書類も本も荷物も配達「できる」のである。郵便貯金がなくても民間の金融機関で預貯金「できる」し、簡易保険がなくても民間の生命保険会社で生命保険に入ることが「できる」。民にできるのだから、郵政三事業を公的に行う必要はない、というのが郵政民営化論の大きな根拠だった。

だが議論すべきは、宅配ができるか、預貯金・生命保険が提供できるかどうかの点ではない。「どこでも」同じ料金で配達できるか、「過疎地でも」サービスできるか、「小口でも」同じ手数料でサービスできるか、であるはずだ。だが、郵政民営化の議論では、技術的に可能かどうかと、ビジネスとして採算があうかどうかの問題が必ずしも区別されず、論点が整理されていない。

その気になればできることでも採算がとれなければ、「民にはできない」。民間企業が責任を負うべきは「国民」ではなく「株主」だからである。「営利追求」のビジネスとしては成り立たないが、国民生活を守るために必要なことは数多い。自由競争の民間の市場メカニズムだけで、国民生活が成り立つなら政府は要らない。小さな政府どころか政府そのものが無用なのである。

必要だが営利追求の「民にはできない」ことがあるからこそ、どこの国にも政府が存在し、公的な行政サービスを行い、その経費として国民は税を負担しているのである。民間企業は株主のために働く。国民生活を守るという「志」は公務員には望めても民には望むべくもない。阪神大震災や中越地震などに際して、宅配会社が業務を停止したにもかかわらず、郵便は毎日配達されたことはもっと報道されて良い。

まず議論すべきは「どこでも」「過疎地でも」「小口でも」同じようにサービスを受けられること(料金を含めて)が、つまりユニバーサル・サービスが国民にとって「必要かどうか」の点である。必要であるというのが国民の結論なら、次に議論すべきは、それをどういう形で提供すれば、国民負担がもっとも小さくて済むかである。公的事業として行うより民間に補助金を出してやらせた方がコストが低いならそれでも良い。しかし、民営化された暁《あかつき》に郵政三事業が納める税金と補助金とどちらが大きいかさえ論じられていない。

最初から「民営化」の結論ありきで、正しい改革が行えるわけがない。「国民生活を守る」というもっとも重要な政府本来の役割を閑却しているとしか言いようがない。もしも本当に改革をめざすなら、政府が真剣に検討すべき課題は「民にできること」ではない。「民にできないこと」である。

公共サービスの維持と民営化は、そもそも「二律背反」である。公共サービスを民営化した国々が、全株式を政府保有にしたのは、公共サービスが維持されるかどうかに懸念があり、問題があればいつでも必要な処置をとれるように、と考えたからである。

ところが日本は「民営化万能主義」である。民営化すれば公共サービスも良くなる、という楽観論にあふれていて、相互矛盾はほとんど問題にもされなかった。ご存知のように、郵政事業は郵便と貯金と保険の三事業を行っている。郵便貯金の利益で、郵便事業の赤字を埋めているのだから、三業種一体でなければ、郵政事業は持たないと反対派は主張したが聞き入れられなかった。

「郵便」「郵貯」「簡保」はばらばらに分割され、箱である郵便局まで別会社になった。4社は、親会社（持ち株会社）である日本郵政の傘下に入る。郵便局は、他の3社に窓口を開放し、「ゆうちょ銀行」も「かんぽ保険」も「郵便事業会社」も、「郵便局」の窓口を借りて営業を続けることになったのだ。

しかし、ゆうちょ銀行とかんぽ保険が、郵便局の窓口を使うように義務付けられたのは、当初の10年間だけである。10年たてば、いつでも出て行くことができる。採算の取れない地域で、営業を続ける義理はない、というわけである。

民営化を行った国々でそうだったように、過疎地や低所得の地域の郵便局から、金融サービスが消える日はそう遠くない。逆に、郵便局のほうが消える可能性だってある。東京駅前の丸の内郵便局は高層のオフィスビルになるそうだ。持ち主が外資に変わる可能性だってゼロではない。

郵政民営化の基本計画はこうだ。「ゆうちょ銀行」と「かんぽ生命」は10年以内に完全民営化。早ければ3、4年で全部の株式を売却、上場をめざす。「郵便事業」と「郵便局」については、「日本郵政」が100%株主だが、その日本郵政の株式も10年以内に売却・上場され、政府が保有するのは3分の1超と定めた。過半数さえ持たないのだ。

日本では、政府が100%ないし過半の株主であり続ける道を選ばなかった。公共サービスの維持という責任を放棄したのである。

10年以内だなんて、どうしてそんなに急いで株式を売らねばならないのだろうか。その理由はなんだろう。10年では、結果を見極められないかもしれないのに。仮に民営化が失敗だったとわかっても、元には戻せない仕組みになっている。放出される株式は、一体誰が買うのだろうか。

民営化計画は米国の要求どおり

そうした中、とんでもない事実が判明する。日米構造協議以来、恒例化した米国の対日要求に、「郵政民営化」についてこと細かな要求があり、それは、竹中大臣の作成した「民営化計画」とそっくり同じであることが露見したのである。

平成6年以来、米国は毎年、「年次改革要望書」をわが国に突きつけており、平成7年以降毎年、郵政民営化が要求されている。彼らが特に関心があるのは「簡保」である。前述した第3分野をめぐる日米保険協議は平成6年に始まっている。120兆円を超える簡易保険は、米国の保険会社にとって垂涎の的と思われる。

国民の声にも、与党の声にも耳を傾けようとしない小泉首相だが、どうやら米国の声だけは十分すぎるほど届いたようだった。郵政民営化法案は、米国の要求をほぼ100%呑み込んだものだったからである。

この事実を発見した関岡英之氏は、「米国側から見れば、郵政民営化イコール日米保険摩擦なのです」と語っている。米国は、簡保を郵便事業から切り離して完全民営化し、全株を市場で売却せよ、と要求しており、小泉・竹中案は、このラインに完璧に沿ったものである。

国会で問題になり、野党の質問に対して「年次改革要望書など見たこともない」と竹中氏は答えたが、米国側は、なんと翻訳までして米国大使館のホームページに公開しており、米国側の要求どおりにシナリオが作られたことが白日の下に晒されたのである。

米国が自国の利益を追求するのは当然のことであり、何も隠すべきことはないのだろう。後ろ暗いなどとは思っていないから、堂々と文書を公開したのである。

問題は、証拠を突きつけられるまで嘘をつき、隠蔽しようとした小泉首相と竹中大臣である。やはり後ろ暗いところがあるのだろう。そうでなければ、なぜ隠そうとするのだ。

その上、実は、政府は郵政民営化に関して米国と18回もの会合を重ねており、うち5回は米国の保険会社との会合だったことまで明らかになる。

米国は、民営化後の簡保は金融庁の監督下におき、巨大な保険会社は市場支配力があるから独占禁止法を厳格に運用し、適切な処理をとるように求めている。

つまり、銀行に対してそうであったように、金融検査で簡保を追い込み、独禁法で分割、解体し、市場で買収する狙いではないか、と関岡氏は推測している。あるいは自国の保険会社が120兆円の契約を奪えるように。

「米国の言うままではないか」と追及された小泉首相は、自分は米国の要望のずっと以前から、郵政民営化を主張してきたのだから年次要望書など関係ない、と主張した。だが、昔から民営化をめざしていたことは、米国の要求を受け入れた反証にはならない。一石二鳥だっただけである。いや三鳥かも。

米国の要求は、財務省・金融庁にとっても望ましい。巨大な2つの金融機関が監督下に置かれ、権限が拡大するだけでなく、天下り先が増えることでもあるからだ。現に、前金融庁長官が、日本郵政の副社長になっている。

損をするのは、国民だけである。米国は、要求が満たされたと、国務省のホームページに書いているそうな。そして、竹中氏には米国から感謝状が届いていることが、国会で暴露された。ひょっとしたら、感謝状の他にも……。小泉首相は、大好きだったプレスリー邸で遊ばせてもらったし……。

ニュージーランドの失敗、小泉首相の失敗

ニュージーランドが民営化に失敗した話は、わが国でもよく知られている。細川政権のときには、行政改革のお手本としてもてはやされたが、ほどなく悲惨な失敗があきらかになった。

小さな政府をめざした改革は、無責任な政府をつくっただけだった。鉄道、通信などの国有資産が民間（ほとんどが外資）に売却され、財政はもち直したが、公立の病院や大学まで利益最優先の組織に変わり、国民の生活インフラは壊滅的な打撃を受けたのである。

こうした市場化の流れの中で、郵便（ＮＺポスト）と郵便貯金（ポストバンク）は分離され、民営化された。平成元年、ポストバンクはオーストラリアの銀行に転売され、金融自由化とあいまって、大手銀行はすべて外資になった。支店は激減、手数料も上がり、低所得や過疎地の人々は容赦なく切り捨てられた。郵便局どころかＡＴＭさえなく、金融サービスがまったく受

けられない町ができたほどである。

ようやく方向が転換されたのは10年後の平成11年、「国民のための国民による銀行」を公約にかかげた政党が選挙に勝ってからである。新政府はあらたに国有銀行をつくることとし、NZポストの完全な子会社としてキウイ銀行を立ち上げ、平成14年、郵便局の窓口でふたたび金融サービスが開始されたのだ。

つまり、国営の郵便貯金が復活したのである。さいわいNZポストの株式は国有のままだったので、方向転換が可能だった。

そのニュージーランドを、郵政民営化論議のさなかの平成14年、小泉首相がおとずれた。クラーク首相とともに歩道にでて、国営のポストと民間のポストを視察した様子が報じられた。NZポストは国有だが、郵便事業が全面自由化されていたので、民間のポストもあったのだ。

小泉首相は民間ポストをたたいて「これが民間か、民間の方が立派じゃないか」とほめてみせたが、クラーク首相は「国有の方が効率的で取り扱いも多い。民間のポストはほとんど誰も使わない」とあっさり否定、とりあわなかった。

「小包はどうか」ときいても、「郵便よりは競争的だが、国営の方がしっかりサービスしている」と、またもや期待した返事はひきだせない。民営化の失敗を修復すると公約して政権についたのが、クラーク政権だ。かみあうはずがない。

どうやら小泉首相は、あれだけ郵政民営化にこだわりながら、ニュージーランドが民営化に失敗したことをご存じなかったようである。しかも、小泉首相がほめたポストは、経営失敗ですでに廃止されているポストだった、とのおまけまでついた。

国民の命にかかわる問題で、「どこが危険地域か、私にわかるわけがない」と平然と言い放った人だから、当然かもしれない。

成功例といわれるドイツだが……

政府が成功例として称揚するドイツはどうか。

日本では郵政三事業というと、郵便・郵便貯金・簡易保険のことだが、海外で三事業というと、ふつうは郵便・郵便貯金に通信をくわえたものである（保険は扱っても受託）。

ドイツはこの三事業を分割、平成7年に民営化した。郵便局は郵便事業を行うドイツポストに属し、郵便貯金はドイツポストバンクになった。

大赤字だったドイツポストだが、民営化後すぐに黒字に転換、8年で売上げは3倍になった。株式も上場され、政府は66億ユーロの売却収入を得る。つぎつぎと海外の物流企業を買収して国際物流企業に成長、ついに世界の4大物流の一角を占めるにいたった。

大成功といわれるゆえんだが、公共サービスはどうなったか。

もともとドイツの郵便料金は他国に比べ高かったのに、民営化そうそう料金を値上げ。かつて3万近くあった郵便局はすべて直営だったが、5000局に減らして、かわりにスーパーやコンビニ、書店やガソリンスタンドなどへの委託にかえた。

委託によって営業時間が延長されたり、他の買い物もできたり、便利になった面もあるが、専任局員がいないためのトラブルも発生。郵便局の数は、委託を合わせても1万3000と半分以下に減少、ポストも4分の1近く撤去された。

もちろん、職員も減った。民営化の前からいる職員は、希望すれば公務員のままでいられたが、給与は民間社員より低い。

黒字転換は、こうした〝効率化〟の成果でもあるが、営利企業として成功させるべく、民営化後も独占的営業が認められていたことが大きい。値上げできたのも独占のせいだ。買収資金を得るには有利だったが、独占による不当利益や、公共サービスのための補助金を流用したと批判された。直営の郵便局を閉鎖して跡地を売った資金も買収にまわされたのである。

一方、郵便局の急激な減少は社会問題となった。郵便局のない町があちこちにできた。再配達もしてくれないので、配達時に留守だと、遠い隣町の郵便局まで受け取りに行かねばならないなど、国民の不満は無視できないまでに高まった。

政府はついに、最低でも1万2000局を維持するなど、再度にわたって法的に歯止めをかけねばならなかった。

ドイツポストの営利企業としての成功は、公共サービスを犠牲にした成果なのである。

ドイツは分離した郵便貯金をまた一体化した

郵便と郵便貯金を別会社にしたことも問題を生じた。結局、分離した郵便貯金をもとにもどして、郵便と一体化させざるを得なくなったのである。

ポストバンクは、郵便局を保有するドイツポストに手数料を払い、その窓口で営業することになっていた。だが、郵便と違い、金融については全国一律のユニバーサル・サービスの義務が課されなかった（わが国も同じ）。

そのため、ポストバンクは、ドイツポストから負担金の引き上げを要求されると、不採算の局から撤退しようとした。

いまや民間銀行なのだから、高い手数料を払ってまで採算の悪い郵便局で営業する理由はない。どうせなら、もっと利益が出る場所で自前の支店をもちたいと考えたのである。なんと全郵便局の85%から撤退すると宣言した。手数料収入が減って、ドイツポストに痛手を与える。

ただでさえ郵便局が減ったことへの苦情は多かったのに、さらに過疎地や小口の利用者が金融サービスを受けられないということでは、国民の不満は抑えきれない。

そこで政府がのりだして、ポストバンクに、これまでどおり郵便局で営業を続けさせることにした。政府は、ポストバンクの株式を100%保有する株主だから、ポストバンクは抵抗できないからだ。

とはいえ、営利企業である以上、採算のとれないことはやりたくない。4年後に、また同じ騒動がもちあがった。

これでは、国民も政府もおちつかない。政府は、ポストバンクの株式をすべてドイツポストに売りわたし、その100%子会社にし、再統合した。実質的に郵便貯金を復活させざるを得なかったのである。成功したといわれるドイツだが、公共サービスという点では、明らかに失敗したのである。

わが国でも、ゆうちょ銀行とかんぽ生命保険は、窓口である郵便局会社、郵便事業会社と分かれて4社に分断された。ゆうちょ銀行もかんぽ会社も、窓口会社に業務を委託する義務を負っているが、民営化後10年だけだ。ドイツと同じ問題が起きる可能性はきわめて高い。

ドイツと異なるのは、同じ10年後までに、3分の1だけ残して全株を売却すると決まっていることである。ドイツのような手当てはわが国では不可能なのである。

郵便事業の完全自由化というEUの方針

イギリスのブレア首相が、小泉首相の郵政民営化を皮肉って「日本だけが逆行している」と語ったのは有名な話だ。国の行政にも流行がある。一時期、EU諸国を中心に、郵政民営化が相次いだが、成功例はひとつもないといって良い状況だ。

EU諸国の民営化の最大の理由は、EUが域内統一のため、「郵便の完全自由化」の指令を出したことである。各国の郵便事業の競争が始まるのだ。

どこの国も、郵便事業には一定の範囲の独占を認めてきた。そうしなければ、全国一律のユニバーサル・サービスを維持できないからである。都会や大口顧客から得た独占利益で、採算のとれない地域の損失をカバーしているのだが、民間の参入を認めると、都会や大口取引に集中し、損失をカバーする利益を上げるのが難しくなる。

しかし、域内完全自由化が決まり、ユニバーサル・サービスのコストをカバーする他の手段を考えねばならなかった。また、自由化できびしい国際競争にさらされ、自国の郵便事業がのっとられる恐れもあった。

競争に勝つためにも、ビジネスをひろげるにも、国営や公社では制約が大きく機動性もない。株式会社にして自由を与えるための民営化だったのだ。だから民営化とは名ばかりで、全株式を政府が持っている。かたちは株式会社でも、国有企業なのである。

民営化して国有というのは、公共サービスの維持と、営利企業という相矛盾する目的におりあいをつけるための、苦肉の策だったのである。

株式を完全に放出したのはオランダだけ。ドイツもつい最近、50％を割ったが、10年以上もの間、政府は3分の2を越える株式を持っていた。逆にいえば、ドイツも成功が確認できるまでは、過半の株式を持ち続けたのである。

各国の民営化郵便事業会社が国際物流企業をめざしたが、成功したといえるのは、もともと世界物流の拠点だったオランダと、他国から訴訟を受けるほど戦略的だったドイツだけである。日本の郵便会社も国際物流をめざすそうだが、さらに周回遅れで、はたして成功できるのだろうか。

しかも、オランダ・ドイツも、民営化企業として成功しただけであって、公共サービスはむしろ、そのための犠牲とされたことを忘れるべきではない。ユニバーサル・サービスをまもるため、イギリスをはじめ、多くの国が補助金を出し続けている。ちなみにフランスは公社のまま、スイスは国営である。

不親切、非効率、赤字の問題は日本にはなかった

官業にありがちな問題も民営化の動機だ。不親切、非効率で苦情が絶えなかったり、赤字が財政の負担になっていたり、その両方だったり。

オランダがEU指令以前に民営化したのも、赤字と苦情が原因だ。ドイツの郵便局は誤配や遅配がきわめて多く、客が窓口で長い列をつくっていても、定時になるとおかまいなしに閉じてしまうので有名だった。イギリス郵政への最大の苦情はストライキだ。ストライキ大国のイギリスで、半分が郵便ストライキといわれた。

しかし、日本の郵便局は、官業としてはもっとも評判がよかった。国鉄には赤字も苦情もストライキもあったが、近年は郵便局がストライキをしたことはない。誤配も遅配も少なかった。金融機関としての郵便局は、毎年のアンケート調査で民間より高い評価を得てきた。

赤字でさえなかった。基本的には黒字であり、たまに赤字になっても利益の積立で処理できた。日本の郵政は独立採算で、職員の給与は自分たちで稼いでいた。公務員ではあったが税金は使っていなかったのである。

補助金も受け取っていない。割引される第三種、第四種郵便は、むしろ郵政から社会への補助金だ。他の国は国営、民営にかかわらず、公共サービス維持のための補助金を受けているが、日本はそれもなかった。

税の免除は「見えない補助金」ともいわれるが、郵政公社が、「国庫納付金」をおさめる決まりになっていたことは、なぜか知られていない。

日本の郵政には、他国が民営化した理由を何ももっていなかったのである。国民が民営化を望んだわけでもない。郵政を民営化する必要は、わが国にはなかったのである。

郵便局の利用法

各国の実態をみてもわかるように、民営化の犠牲になったのは、どの国でも国民だ。郵便局の数が激減した。3分の2に減ったイギリス、半減したドイツ、スウェーデンは5分の1だ。料金も上がった。アルゼンチンでは4倍にもなった。スウェーデンは、小口は60％上げたのに、大口は40％も下げている。大口優遇は資本の論理だ。

日本の郵政民営化は、海外の失敗と同じ轍を踏むことを恐れていない。アルゼンチンのように破綻する可能性もゼロとは限らないのに。

イギリスもドイツも、選択肢を保持するために、営業権を支配するに十分な株式を政府が持ち続けた。しかし、小泉政権は、支配権を維持できる道を選ばなかった。公共サービスの維持という責任を放棄したのである。

株式売却利益は、10兆円と試算されたそうである。800兆円に及ぶ国の借金にとって焼け石に水であろう。130年かけて作り上げた郵便局のネットワーク、行政のネットワークとして活用する道を考えるべきである。

郵便局を使えば、地域マネーの全国ネットを作ることができる。都会に出て行った息子や娘が出先で行ったボランティア活動で得た地域マネーを貯金するシステムを作れば、ふるさとの両親が引き落として地元の人々の世話を受けることもできる。

そもそも、郵貯・簡保を民間の金融機関と比べて肥大と断じるのがまちがっている。そこが集める公的資金が、必要とされる公的資金と比べて大きいか小さいかを論じるべきである。資金運用部が財投債に変わっても、郵便局は、財務省（金融庁）の要請で国債、財投債を買い続けるであろう。だが、民営化後も、国債の安定的保有を求めることができるかどうか懸念する声があった。

懸念があるくらいなら、はじめから民営化すべきではなかったのである。日本の人々は、他の先進国に比べて極端なほどに証券を好まない。いずれ変わるかもしれないが、現状ではそうだ。証券投資の教育さえろくに受けないまま、リスクのある投資を勧めるのは危険でもある。郵便貯金は、出し入れ自由な「国債」だったのだ。個々の貯金者が資金の出し入れを繰り返しても、マクロで見れば安定した資金量が維持されている。流動性がある分だけ、国債よりも低い金利で資金調達ができる。

国に資金需要がある限り、貯金という形をとった国債の利便性を捨てるのは、もったいなくはないか。しかも、金融の再編やリストラで、金融機関の店舗は激減している。金融サービスから排除される人々を増やさないためにも、郵便局の金融ネットワークはこれからこそ必要である。

国民に必要以上の自己責任を押し付けるよりも、ただで使える国の信用を利用すべきである。その分低いコストで資金調達できるのだから。

小泉政権の郵政民営化は、国民に利便も利益ももたらさず、不利益と不便をもたらしただけである。もともと、国民の利益のためではなく、米国と財務省（金融庁）のための改革でしかなかった。

株式を売却していない今ならまだ間に合う。少なくとも、株の売却を止めるような緊急措置を講じるべきである。

議会制民主主義まで踏みにじった郵政国会

郵政民営化は、わが国の政治史の汚点である。それだけではない。郵政国会における議会制民主主義の破壊を看過しただけでなく、郵政選挙において、小泉自民党に勝利を与えたことを、日本の恥辱として、長く記憶にとどめるべきである。

参議院の郵政特別委員会の採決の直前、反対派の議員が全員、賛成派の議員と入れ替えられた。これは国会法違反である。１００時間以上協議した、と小泉首相は言うが、何万時間協議しても、採決の直前にメンバーを入れ替えるなら、何の意味もない。

議会制民主主義を足蹴にしただけでなく、国民をも冒瀆している。さらに、この事実を批判もせず、「特別委員会はメンバーを入れ替えていい」などと、でたらめの解説をしていた某新聞出身の政治評論家は恥を知るべきだ。国会法45条には、特別委員会の委員は「議決されるまで、その任にあるものとする」と書かれている。

もともと、「民営化等の見直しは行わない」と明記した中央省庁改革法33条に違反している。決めたことは一切変更すべきではない、などと言いたいのではない。33条6項の削除修正を行うという手順を踏まなければ、法体系はめちゃくちゃになってしまうだろう。日本は曲がりなりにも法治国家だ。

さて、郵政民営化関連法案は、衆院を僅差で通過したが、参院では否決された。すると小泉首相は、衆院を解散したのである。憲法7条が無条件の解散権を認めているのだとすれば、小泉内閣にはその権利があるのかもしれない。

しかし解散権は、議会と政府、立法と行政のチェックアンドバランスを左右する重要な権限である。なぜそれが、内閣や国会の章でなく、天皇の章にあるのか。7条は単に国事行為としての儀式の羅列と解釈するのが自然だろう。

しかし、そうした法解釈以前に、「異常だ」と思わないのだろうか。国民が望みもせず、さまざまな問題が露呈した郵政民営化法案、多くの人が重要とは考えない一法案を通すために、

1カ月以上の政治空白を作り、800億円もの国費を使ってよいのだろうか。

小泉首相は「国会は否決したが、国民にもう一度問いたい」と語ったが、衆議院選挙は国民投票ではない。両院協議会で歩み寄るための努力もせず、なぜ国会は否決と断定できるのか。解散会見において、小泉首相は自らをガリレオ・ガリレイになぞらえたが、ガリレイは自らの信念と真実のために命をかけたのであって、偏執のために権力を乱用したわけではない。

かねて小泉首相は、「郵政法案の否定は内閣不信任案だ」と明言していた。しかし、もちろん不信任案ではない。郵政解散、郵政選挙は、議会制民主主義、政党政治の根幹にかかわる重要問題を内包していたにもかかわらず、マスコミ報道は、刺客騒ぎのお祭り選挙と化したのである。

党内手続きも踏まず、一法案に反対しただけで公認せず、刺客まで立てる行動は、政党政治の常道を踏み外しているだけでなく、異常である。

新党を立ち上げた反対派議員の離党届けは受理したわけではないと、選挙後、除名処分にしたが、新党設立は、他党に所属していないことが要件だ。政府は新党の申請を受けつけたはずだ。政府と与党は違うという言い分が通るのか。

小泉政権下の自民党には、自由も民主もなくなっていた。小選挙区制では、公認権はかつてないほどの生殺与奪の権力となる。政治資金の分配も執行部に委ねられている。小泉執行部のような横暴が二度と現れないと誰が保証できるだろう。

今日を招いたのは、政治を評価せず批判しかできなかったつけであろう。「自民党をぶっ壊す」という勇ましい掛け声を面白がっている間に、あらゆるものが「ぶっ壊された」。

安倍首相や福田首相の政権投げ出しを批判する資格は、私たちにはない。政党政治の折り目も、民主主義の重みも、棄ててしまったのは私たち国民自身だからである。

「改革」はハメルンの笛のように、生活と経済を、日本の伝統と精神文化を破滅に導いた。失ったものを取り戻すことは容易ではない。いや、おそらく取り戻せないであろう。平成の20年は、後世に詫びるべき20年であったとしか思えないのだ。

最終章　サブプライム・ローン問題の教訓

米国発の金融市場の溶解

世界を席巻してきた米国金融だが、大恐慌の再来かと言われるほど、熔解の様相を呈している。昨年夏以来、顕在化したサブプライム・ローン問題は、時を追ってますます深刻化して歯止めがかからない。日本と違い、迅速な対応のはずの欧米の政策当局の対策が、後手に回るほどの底知れない深さと広がりを見せている。

ＩＭＦ（国際通貨基金）は、世界の金融機関の損失は１兆４０５０億ドルとの推定を示した。すでに当初推定の4、5倍に膨らんでいる。もともとサブプライム・ローン自体が１・5から2兆ドル程度であり、そのすべてが破綻するわけではなく、せいぜい3割とされていた。

それにもかかわらず、数兆ドル、数十兆ドルの証券取引が凍り付き、買い手が現れない状況に陥った。日本円にして１４０兆円を超える損失と推定されるのは、「証券化」と言われる手法のせいである。

証券化というのは、多くの債権や証券を集めてリスク分散を図り、小口に分ける手法である。大量に集めることによって、アウトかセーフかではなく、確率計算可能なリスクに置き換えることができる。

サブプライム・ローンは、返済能力の脆弱な人々を対象にした住宅ローンで、きわめて高リスクであったが、その分高利回りであり、住宅価格上昇の甘い期待の上に、格付け会社が高すぎる格付けを与えたこともあって、ローリスク・ハイリターンとの誤解を生んだ。問題は、それが他のさまざまな証券や債権と組み合わされ、切り分けられ、また混合され、という証券化のプロセスを何回も重ねることによって、次第に複雑に、拡散されていったことである。

元々のサブプライム・ローンの何十倍、何百倍もの金額に相当する関連金融商品が作られた。あまりにも証券化が重ねられた結果、どの商品に何がどのくらい含まれ、どの程度のリスクがあるのか誰にもわからなくなり、住宅バブルの破裂とともに買い手を失った。

汚染米の問題とよく似ている。汚染米そのものは、全体から見れば少量であっても、今となっては、どこにどれだけ含まれたか知るすべがない。そのためにまったく問題がないかもしれない商品まですべて、価値を失い、買い手を失った。

リスクを下げ、利益をあげ、ビジネスを拡大、活性化するはずだった証券化という金融テクノロジーが、逆にリスクを大きくし巨額の損失を発生、金融市場そのものを凍りつかせたのである。

自らの罠にはまった米国金融資本

いや、証券化という手法そのものが悪いわけではない。不正行為も厭わぬほど貪欲に利益を追求してきた米国金融が、自らに返り血を浴びせたと言うべきだろう。どんなにリスクの大きい住宅ローンであっても、証券化によって転売できるなら、リスクは他に転嫁できる。どうせ転売するのだから、とリスクへの感覚が次第に麻痺していったのではないか。

しかも、転売によって現金化できれば、その資金を新たな投資に向けることができる。こうして、資金は二重、三重、いやもっと多くの、無限とも思える自己増殖を重ねたことであろう。しかし、投資の拡大は、リスクの拡大を意味する。そうでなければ、対象にしなかったはずのものまで、投資の範囲に加えられるからである。

サブプライム・ローン自体、本来なら住宅ローンの対象とならない貸し倒れリスクの高い人々への貸付である。

さらに、詐欺的な要素が多分に加わった。かつて日本でも、プリンストン債など、デリバティブズ（オプション、スワップ、先物などの金脈派生商品）などを駆使して複雑にした、詐欺的金融商品を外資は売った。言葉巧みにリスクを減らす商品だと説明したが、逆に大きなリスクを負わせる商品だった。いや確実に損を負わせる商品だったのである。買い手の損失はそのまま売り手の利益である。売り手のリスクはゼロに近く、ほぼ確実に巨額の利益を得られる商品だった。

日本の多くの金融機関や企業が、騙されて、巨額の損失を被ったが、彼らはその手法を米国やEUその他でも拡大した。あまりに多くの落とし穴が掘られたので、やがて自らがその罠に落ちることになったのだ。

格付け機関ももちろん仲間である。顧客にとって望ましい格付けをつけなければ、手数料は手に入らない。危険な商品に、証券の売り手が希望するような高格付けをつけた。

日本では、格付け会社を公正な第三者のように扱うが、決してそうではない。日本の金融危機において、ムーディーズやS&Pなどの格付け会社は、銀行の不良債権を過大に喧伝し売り浴びせる外資系証券会社に呼応するように、邦銀の格付けを必要以上に引き下げた。

日本の国債を先進国の中で最低、どころか開発途上の小国であるボツワナと同程度かそれ以上にリスクが高いと位置づけたことさえある。日本国債のほとんどが国内で消化されており、しかも日本は経常黒字である。日本の国債の格付けが、そんなに低いわけがない。

きわめて戦略的な格付けなのである。それなのに、日本の改革派の人々は、素直に彼らの戦略に乗ってしまい、国債の格付けの低下は改革の遅れのせいだなどと主張した。

もっとも、その責任の一端は、財政危機を実際以上に喧伝し、不安を煽ってきた財務省にも負ってもらわねばならない。格付け機関は、財務省の情宣活動を、利用しただけだ。

米国をお手本とし、株価下落や格付け低下を、改革と遅れのせいと解説する改革派の人々の存在は、彼らにとって、どんなに都合が良かったろう。

今回も、彼らはおそらく同じような手法を駆使したのだ。EUをはじめ、多くの国々の金融機関がその罠にはまり、被害は世界中に広がった。しかし、それはブーメランのように、自らに還ってきたのである。巨額の損失が生じ、その結果、世界の資本市場を支配してきた米国の投資銀行=証券会社は、大手5社のすべてが姿を消した。

格付け機関と呼応して、他国を餌食にしてきた人々が、自ら、その罠にはまったのは、なぜだろう。ゲームを楽しむように詐欺的な行為を重ねているうちにリスク感覚を失ったのか、住宅バブルによって楽観的になりすぎたのか、あるいは、商品を設計販売するセクションと、運用するセクションが異なっていたせいかもしれない。

それでも金融市場は変わらない

問題は大きく深く広がって、世界中が必死で対策を取る事態に至ったが、米国の金融当局が、そうした自国の金融資本の手法に疎かったとは思えない。クリントン政権のルービン財務長官も、ブッシュ政権のポールソン財務長官も共に、米国最大の証券会社ゴールドマンサックスのトップだった人物だ。

かつては神様のように崇められたＦＲＢ議長であるグリーンスパン氏も、今は、住宅バブルとリスクの高い金融商品を放置した罪を問われている。だが、グリーンスパン氏が、こうした手法をまったく知らなかったとは思えない。被害が自国に及ぶ、と考えていなかっただけではあるまいか。

損失がここまで広がったのは、証券化だけでなく、融資やデリバティブズなどを駆使して、手持ち金の何倍、何十倍の投資が行われたからである。これをレバレッジ（梃子）効果という。10億円の元手を融資によって１００億円に増やして運用すれば、５％の収益率でも5億円の収益になる。元手の10億円に対して50％の収益率だ。投資ファンドや金融機関は、高収益を競って、挙ってレバレッジをかけた。しかし、見込みが外れれば、逆に50％の損失になる。レバレッジ効果によって、リスクはいやが上にも巨大化した。

サブプライム・ローン関連商品の価格は、あまりに複雑で、どれがどれほどのリスクなのか、もはや誰にも判断できない。判断するための取引さえ行われていない。金融機関は、互いに相手の損失がどれほど大きいか測りかねて、疑心暗鬼に陥った。結果、世界の金融市場は凍りつき、信用収縮に陥った。

世界の中央銀行が市場に巨額の資金を提供する必要が生じた。さらに、損失の拡大によって、自己資本が減少した金融機関は、破綻を避けるために増資の必要を生じた。中東の政府ファンドや、余力のある他の金融機関が一部応じたたり、合併統合も行われたが、それだけでは足りず、結局、各国政府は、巨額の公的資金注入を決断せざるを得なくなった。

日本の平成の金融危機が、世界規模で再現されたかのようである。危機の底は見えないものの、各国政府は懸命の対策に乗り出しており、事態は解決に向けて動き始めている。とはいえ、40%を超える株価下落は、短期間に元に戻る傷ではないことは、経験が教えている。

融資のパイプは極端に細くなって、住宅ローンだけでなく、キャッシュカードや、自動車ローンなど、すべての融資が滞り、そのせいで実体経済も動かなくなった。世界大恐慌の懸念が生じるゆえんである。信用の崩壊は、金融機能の停止を招き、ついに経済の収縮に至ったのである。

行き過ぎた自由放任のつけと、金融監視と規制の強化を求める声が挙がっているが、おそらく、金融市場は、大きく変わらないだろう。

金融は、最も規制が必要な産業であることは間違いない。金融には、国境がない。キーボードを叩くだけで、一瞬にして、巨額の資金の移動が可能である。巨額の資金が逃げ出して、外国の資金に頼るしかない新興国が、今回も数多く致命的な打撃を受けた。

しかし、今後、世界の金融・証券市場が、規制によって様変わりするかといえば、おそらくそうはなるまい。危機脱出のためには協調する各国も、規制については百家争鳴だからである。歴史上、バブルが何度も繰り返されているように、喉もと過ぎれば熱さを忘れるからでもある。

日本の金融機関がサブプライム・ローンへの関与が比較的小さく、傷も浅かったこともあって、日本の政策当局も、マスコミも、この金融危機をどこか他人事と思っている。しかし、今回の事態から、もっとも多くを学ぶべきは、実は日本だ。

真のグローバル・スタンダードとは

日本は、ついこの間まで、アメリカン・スタンダードをグローバル・スタンダードとしてきた。少なくとも、多くの改革派はそうだった。しかし、今回の問題で、米国金融市場が公正で効率的である、と主張してきた改革派の人々の勢いが、殺がれるなら、不幸中の幸いと言うべきだが、その期待も薄そうだ。

もっとも、今回、明らかになった米国金融資本の問題は、日本市場における彼らの行動を冷静に見ていれば、すでにわかっていたはずのことである。

平成9年以降、日本の大証券、大銀行が、米国金融資本の情報操作を伴う売り浴びせによって、破綻に導かれた。もちろん破綻した金融機関自身に一義的な責任があろう。

しかし、自由競争、市場経済を標榜しながら、実際に彼らが行ってきたことは、米国政府と歩調をあわせて日本政府に圧力を加えることであった。長銀のリップルウッドへの売却はそうして実現したことである。小泉政権においては、ほかならぬ日本政府が、米国政府・米国金融と共謀した疑いが強い。日本政府は、米国に従うために、国民を犠牲にしてはばからない。

日本の金融機関を外資に売り渡そうとする動きは、再三再四繰り返された。とはいえ、米国政府および米国金融の要求に行き過ぎがあるとしても、自国の利益を守る当然の行為とも言える。唯々諾々と従い、自国民の利益を守ろうとしなかった日本政府にこそ、問題があるのだ。米国政府は金融資本と一体だが、日本政府は米国と一体であった。

日本のメガバンクが、米国金融の増資に応じ、攻守ところを入れ替えたとの報道もあるが、おそらく、そんなに甘い結果にはなるまい。三菱地所によるロックフェラーセンターの買収がいかなる顚末を辿ったか思い出しておいた方が良い。結局、半値でロックフェラーが買い戻し、日本企業は大損したのである。その裏には、それを後押しする米国政府の支援があったと思われる。

日本が米国から学ぶべきは、金融市場のありようではない。自国民の利益を守ろうとする政策当局の姿勢である。グローバル・スタンダードというなら、政府が自国民を守ることこそが、グローバル・スタンダードなのだから。

危機においては何でもあり

欧米が日本の不良債権対策を手本としているとの報道もあるが、逆である。日本が金融危機に際して行った対策は、欧米のかつての対策を模倣しただけだ。

各国政府の対応から、学ぶべきことは他にもある。緊急事態に直面した欧米の政策当局は、従来のルールを無視して、なりふりかまわぬ対策を繰り出している。中央銀行が、銀行ではない証券会社に資金を融資した。市場に対する空売り規制、会計ルールを棚上げした時価会計の緩和、ペイオフの停止、あるいは預金保護の拡大などなど。「危機においては何でもあり」「危機脱出が最優先」だからである。

しかし、日本は、金融危機において、こうした対策を打てなかった。外資が日本の金融機関の株式を売り浴びせ、そのために金融が機関が危機的状況に追い込まれているにもかかわらず、手を拱いていた。ようやく、空売り規制を行ったのは、すでに金融不安が鎮まってからである。

わが国は、株価と地価が下落する中で、米国の要求に沿って時価会計を導入した。それが改革であり、グローバル・スタンダードだとして、経済を救うという現実的配慮は無視された。

しかも、日本が導入した時価会計は、グローバル・スタンダードをはるかに超えて無用な厳格さで、金融機能を逆に低下させた。株価と地価が下落する中での時価会計は、金融機関の自己資本を減少させ、貸し渋りを激化させ、経済を悪化させたのである。

そもそも、期末の一時点の市場価格で、企業資産を評価することが、正しい情報公開であろうか。市場価格が「時価」であるというのは、幻想である。企業価値を示すのが株価とされているが、企業の価値が株価のように時々刻々、変動するはずがない。今回、米国は、日本への要求を忘れたかのように、時価会計の緩和の方針を打ち出したが、むしろそれが当然なのである。

時価会計は、会計ビッグバンと呼ばれた改革だったが、会計は、経済システムをよりよく機能させるための手段でしかない。それなのに、会計そのものが目的であるかのような錯覚があった。そのために、経済機能を逆に損なったのである。

サブプライム・ローン問題で、各国の緊急対策を、日本の政策当局はどう見たのか。

なぜ日本の株価暴落が最大なのか

当初考えられたほどではなかったにしろ、サブプライム・ローン問題における日本の傷が、ほかの国より軽いのは事実だ。しかし、それなら、なぜ、日本の株価下落率は、欧米主要国の中で最大なのか。

日本の平均株価は、昨年夏の高値から最大6割暴落した。火元の米国の下落率が4割にとどまっているのに、日本の株価は、主要国の中で抜きん出て、大きいのだ。新興国と同じような、大暴落だったのである。

日本の株価暴落が新興国並みに大きいのは、それらの国々と同様、他国に依存している部分が大きいからである。いまだ「デフレ経済」という重病から回復できていない日本経済は、新興国並みに脆弱なのである。

森政権以降、とりわけ小泉政権は、国民生活の安定を奪い、日本経済を悪化させる政策しか行ってこなかった。小泉・竹中改革は、日本経済をとことん傷めた。不況下の増税、限度を越えた社会保障削減という「財政改革」は、大きな重石となって、日本経済の体力を奪っている。自殺、倒産、失業は高止まり、一部を「勝ち組」を除き日本国民の所得は減り続けている。地方経済も、中小企業も壊滅寸前、格差は広がる一方だ。日本の医療は崩壊寸前、防災対策ひとつ進んでいない。

デフレ経済の錘は、小泉改革によって重く大きくなりこそすれ、まったく軽くなってはいない。たまたま米国をはじめとする世界経済が順調だったために、デフレという錘の重さを相殺する牽引力が働いていただけだ。輸出という牽引力が失われたいま、日本経済を支えるものは何もない。国民生活は危殆に瀕している。

日本の株価暴落は、米国より日本の状況の方がずっと危機的だという、市場の警告ではあるまいか。それなのに、この事実はあまり大きく取り上げられることもなく、政府も、問題にもしていない。日本の株式市場の売買の6割が外国人投資家だから、そのせいだろうと解釈しているようだが、本当にそれが理由だろうか。

そうではあるまい。こうした危機意識の欠如こそが問題なのである。危機脱出は、危機の認識があって初めて可能だからである。

今回、欧米の政策当局が緊急対策に乗り出したのは、住宅価格も株価もわずか数%の下落の時点であった。日本はバブル破裂の時も、今回も、株価が6割近く暴落するまで無策であった、わが政策当局との違いはあまりに大きいと言うべきであろう。

残念ながら、わが国の政策当局には、国民生活の安心と日本経済の安定こそが政府の仕事なのだという意識が、ないようなのである。

金利の正常化と財政健全化の不思議

10月8日、世界の中央銀行は同時利下げに踏み切ったが、日銀はこれに協調しなかった。これまでも日銀は、ゼロ金利脱却をめざして不況の中で利上げのチャンスをうかがってきた。早すぎる利上げ、引き締めが、景気回復に向けて歩いている日本経済にいくたび足払いをかけただろう。日銀は、それを「金利の正常化」であるという。しかし、金利の正常化などという考え方そのものが誤りだ。なぜなら、金利もまた、手段でしかないからだ。インフレもなく、むしろデフレ経済が続いているのに、将来の利下げのために、今利上げが必要だとまで言う。いつか糖尿病になるかもしれないからと、やせ衰えている病人に栄養補給を断つというのだ。

金利が正常であるかどうかは、経済状況に見合っているかどうか、でしか判断できないはずである。戦後、どの先進国も経験したことのないデフレ経済、縮小経済という異常な経済にあっては、日銀が異常と思うゼロ金利が、正常な金利なのである。

貯蓄大国と言われてきた日本で、4分の1近くの家計で、貯蓄残高がゼロになった。他ならぬ日銀発表のデータである。これを異常とは思わないのであろうか。

財務省は、ただでさえ需要が不足し、倒産・失業が高止まりしている中で、歳出削減と増税を繰り返してきた。それがなお需要を落ち込ませ、さらなる倒産・失業を招くのが明らかであったにもかかわらず、経済悪化を顧みずに「財政の健全化」をひたすら求めた。

しかし、財政の健全化とは何であろう。財政は、国民が政府に託した国民のための国民の資金である。財政の健全化そのものは政策の最終目標にはなり得ない。あくまでも国民生活の健全化、日本経済の安定こそが目標である。その意味で、財政もまた手段でしかないのだ。

そもそも国民生活の健全化なくして、財政の健全化などあり得ようはずもない。経済が悪化すればするほど、税収は落ち込み、財政の健全性が損なわれるのは当然の成り行きだった。毎年30兆円を超える赤字国債の発行によって税収不足を補わざるを得ない状況を招いたのは、不況下の「財政健全化」である。

歳出削減だけをめざして、公共事業悪玉論を展開し、大規模災害が頻発する中で防災事業に歯止めをかけ、橋や道路など多くの既存の社会資本の劣化を放置して、国民の生命と安全を脅かすに至っている。

それでも、国民が受け入れたのは、財政危機だと信じ込まされたからである。しかし、巨額の財政赤字は、「財政健全化」が招いた税収減の結果である。なによりも、年金や医療保険の赤字は事実ではなかった。社会保障を削減するための虚偽の情報によって、世論誘導を行ってきたのである。

予算配分の権限を実質的に握り、それによって霞ヶ関に君臨してきた財務省にとって、予算配分の自由度の拡大は、権限の拡大でもある。国民生活を守る社会保障や公共事業は、彼らにとって大きすぎる予算シェアにしか見えなかったのかもしれない。

この20年、日本経済は傷み続けた、と思う。少なくとも「日本経済の回復」ではなかった。一時的な回復局面はなんどかあった。だが、立ち上がろうとしては叩きのめされ、また立ち上がろうとしては叩きのめされ、一体いくたび、それを繰り返したことであろう。叩いたのは日銀であり、財務省であり、米国金融であった。彼らは自身の利益のために、日本経済を犠牲にしたのである。

日本の戦後復活と高度成長を支え、経済安定と平和をもたらしてきた経済システムはすでに破壊されたのかもしれない。

この20年は、改革幻想にとらわれた20年でもあった。改革を裏で主導してきたのは、財務省である。「改革」と言われてきたものの多くが、財政支出の削減でしかなかったことを見ても、それは明らかだ。

小泉改革の「官から民へ」は行政責任の放棄であり、「中央から地方へ」移行されたのは財政負担だけだった。「郵政民営化」は、保険市場への参入をめざす米国政府の要望である。小泉首相の持論と一致したのは、米国にとっては幸運でも、国民にとっては不運だった。

改革のたびに日本人の生活が悪化してきたのは、不思議なほどである。本来、改革は、国民生活の改善をめざすものである。国民生活の悪化は、改革が国民のためのものではなかったことを示している。

米国と財務省が主導する「改革」をやめれば、国民生活も、日本経済も良くなるはずである。

著者略歴

紺谷典子
こんやふみこ

1944年、東京生まれ。早稲田大学第一文学部東洋史学科卒業。
卒業後、財務省認可法人・日本証券経済研究所の研究員（2004年退職）。
1999年、女性に経済を学ぶ機会を提供するためのボランティア組織
「女性投資家の会」（バブル破裂後の政策の遅れに鑑み、
株式市場の経済的役割の啓蒙が目的のひとつ。
資産運用や投資リスクや金融機関との付き合い方は勉強するが、
株式投資の啓蒙はしない）を設立、代表幹事。

幻冬舎新書 103

平成経済20年史

二〇〇八年十一月三十日 第一刷発行

著者 紺谷典子

発行者 見城 徹

発行所 株式会社 幻冬舎

〒一五一-〇〇五一 東京都渋谷区千駄ヶ谷四-九-七

電話 〇三-五四一一-六二一一(編集)

〇三-五四一一-六二二二(営業)

振替 〇〇一二〇-八-七六七六四三

ブックデザイン 鈴木成一デザイン室

印刷・製本所 図書印刷株式会社

GENTOSHA

Printed in Japan ISBN978-4-344-98102-7 C0295

こ-9-1

幻冬舎ホームページアドレス http://www.gentosha.co.jp/

＊この本に関するご意見・ご感想をメールでお寄せいただく場合は、comment@gentosha.co.jpまで。

幻冬舎新書

島田裕巳
平成宗教20年史

平成はオウム騒動ではじまる。そして平成7年の地下鉄サリン。一方5年、公明党（＝創価学会）が連立政権参加、11年以後、長期与党に。新宗教やスピリチュアルに沸く平成の宗教観をあぶり出す。

平野貞夫
平成政治20年史

20年で14人もの首相が次々に入れ替わり、国民生活は悪くなる一方。国会職員、議長秘書、参院議員として、政治と政局のすべてを知る男が書き揮う、この先10年を読み解くための平成史。

佐伯啓思
自由と民主主義をもうやめる

日本が直面する危機は、自由と民主主義を至上価値とする進歩主義＝アメリカニズムの帰結だ。食い止めるには封印されてきた日本的価値を取り戻すしかない。真の保守思想家が語る日本の針路。

歳川隆雄
自民と民主がなくなる日
永田町2010年

天下分け目の衆院選後、民主党政権が誕生しても一瞬で終わり、党派を超えた「政界再編」は必ず起こる。今ある党はどう割れ、どう引っ付くか？　確かなインサイド情報をもとに今後の政局を大展望！

幻冬舎新書

東谷暁
世界と日本経済30のデタラメ

「日本はもっと構造改革を進めるべき」「不況対策に公共投資は効かない」「増税は必要ない」等、メディアで罷り通るデタラメを緻密なデータ分析で徹底論破。真実を知ることなくして日本の再生はない！

川崎昌平
ネットカフェ難民
ドキュメント「最底辺生活」

金も職も技能もない25歳のニートが、ある日突然、実家の六畳間からネットカフェの一畳ちょいの空間に居を移した。やがて目に見えないところで次々に荒廃が始まる――これこそが、現代の貧困だ！　実録・社会の危機。

波頭亮　茂木健一郎
日本人の精神と資本主義の倫理

経済繁栄一辺倒で無個性・無批判の現代ニッポン社会はいったいどこへ向かっているのか。気鋭の論客二人が繰り広げるプロフェッショナル論、仕事論、メディア論、文化論、格差論、教育論。

門倉貴史
世界一身近な世界経済入門

生活必需品の相次ぐ値上げなどの身近な経済現象から、新興国の台頭がもたらす世界経済の地殻変動を解説。ポストBRICs、産油国の勢力図、環境ビジネス……世界経済のトレンドはこの1冊でわかる！

幻冬舎新書

村上正邦　平野貞夫　筆坂秀世
自民党はなぜ潰れないのか
激動する政治の読み方

先の参議院選挙で惨敗を喫した自民党。福田政権になって支持率は回復しているものの、「政治とカネ」問題を始めとする構造的腐敗は明らかだ。政権交代は行われるのか。政界・三浪人が検証。

門倉貴史
イスラム金融入門
世界マネーの新潮流

イスラム金融とはイスラム教の教えを守り「利子」の取引をしない金融の仕組みのこと。米国型グローバル資本主義の対抗軸としても注目され、急成長を遂げる新しい金融の仕組みと最新事情を解説。

古田隆彦
日本人はどこまで減るか
人口減少社会のパラダイム・シフト

二〇〇四年の一億二七八〇万人をもって日本の人口はピークを迎え〇五年から減少し続ける。四二年には一億人を割り、百年後には三分の一に。これは危機なのか？未来を大胆に予測した文明論。

上杉隆
ジャーナリズム崩壊

日本の新聞・テレビの記者たちが世界中で笑われている。その象徴が「記者クラブ」だ。メモを互いに見せ合い同じ記事を書く「メモ合わせ」等、呆れた実態を明らかにする、亡国のメディア論。